글로벌 코칭 리더십

GLOBAL COACHING LEADERSHIP

• 김용성 엮음

생능출판

글로벌 코칭 리더십

초판인쇄 2015년 2월 24일
초판발행 2015년 3월 2일

엮은이 김용성
펴낸이 김승기
펴낸곳 (주)생능출판사 / **주소** 경기도 파주시 광인사길 143
출판사 등록일 2005년 1월 21일 / **신고번호** 제406-2005-000002호
대표전화 (031)955-0761 / **팩스** (031)955-0768
홈페이지 www.booksr.co.kr

책임편집 김민보 / **편집** 최일연, 신성민, 손정희 / **디자인** 유준범
마케팅 백승욱, 심수경, 최복락, 최권혁, 백수정, 이재원, 김민수, 최태웅, 김민정
인쇄·제본 천일문화사

ISBN 978-89-7050-836-8 93190
정가 19,000원

- 이 도서의 국립중앙도서관 출판예정도서목록(CIP)은 서지정보유통지원시스템 홈페이지(http://seoji.nl.go.kr)와 국가자료공동목록시스템(http://www.nl.go.kr/kolisnet)에서 이용하실 수 있습니다.
(CIP제어번호: CIP2015005384)

머리말

대우그룹 김우중 전 회장은 일찍이 1990년대에 "세계는 넓고 할 일은 많다."며 글로벌 인재의 필요성을 강조하였다. 오늘날의 세계는 무한경쟁시대로, 나라마다의 욕구 분출과 글로벌 리더의 부재로 인하여 그 어느 때보다도 불확실성의 시대에 우리는 살아가고 있다. 특히, 오늘날과 같이 리더가 필요하고 중요한 시대는 없었다.

삼성이 'Smart 리더십과 신경영 나부터 하자' 라는 프로그램 도입으로 사원들의 창의성과 열정이 뒷받침되어 세계국 글로벌 기업으로 성장하고, LG그룹이 '고객감동 리더십' 프로그램으로 글로벌 경쟁력을 가져온 것은 리더십의 중요성을 일깨워주는 것이다.

코칭 리더십(coaching leadership)이란 환경과 리더십 패러다임의 변화에 따라 개인의 잠재능력을 발견하고, 개인과 조직의 성장과 변화를 가져와 성과를 향상시키는 글로벌 시대의 새로운 리더십이라고 볼 수 있다.

오늘날은 수직 리더십에서 수평 리더십으로 변화해가고 있는데, 마이크로소프트 사의 빌게이츠(위쪽 사진)은 진실성과 도덕성을 강조하고, 사회공헌을 요구하는 진실 리더십(authentic leadership)을, 스타벅스 CEO 하워드 슐츠는 종업원들을 떠받드는 섬김의 리더십(servant leadership)을 강조하고 있다. 이처럼 현대사회는 이상과 논리보다는 공감대 형성과 사교기술이 기반이 되는 감성 리더십(emotion leadership)을 중요한 리더십으로 강조하고 있다.

이러한 리더십에 대한 리더는 타고난 것이 아니라 성장과정에서 생활을 하면서 체득되는 것으로, 성격과 무관하게 꾸준히 노력하여 배워서 익혀야 한다는 점에서 매우 고무적이다. 따라서 누구나 노력하면 될 수 있다는 점이 매우 중요하다.

현대사회에 맞는 리더가 되기 위해서는 간디로부터 비폭력적 정치 행동에 관란 리더십을 배운 마틴루터 킹, 케네디(오른쪽 사진)로부터 카리스마와 희망의 메시지로 대중을 고무시키는 방법에 관한 리더십을 배운 클린턴과 같이 존경하는 사람들의 가치와 행동을 배우고, 성공과 실패를 학습하면서 리더십을 터득하는 것이 중요하다고 할 수 있다.

이 교과목은 EBS와 KBS에서 방영한 글로벌 리더들의 삶의 역경과 고난, 그리고 그들의 신념과 열정, 그리고 그들의 철학, 리더십, 가치관을 코칭기법을 통해서 새롭게 조명해 봄으로써, 자신의 무한한 잠재력을 재발견하고 미래를 향해 나아갈 수 있도록 사이버 강좌로 개발한 신설 교과목이다. 특히, SNS의 소통의 시대에서 중요한 것은 소통뿐만 아니라 관계된 사람들을 이끌어 갈 수 있는 감동의 리더십으로, 정보보다 중요자원이 사람, 즉 감동을 주는 휴먼네트워크(아래 그림)이다. 따라서 대학 초년시절에 도전적 포부와 자신감을 가지고 자신의 미래를 보다 적극적으로 설계하여 성공적인 삶을 성취하는 데 길잡이가 될 것이다.

2011년 2학기 신설 교과목을 개설하기 위해서, 콘텐츠 교안 개발, 교재 집필, 콘텐츠 제작 그리고 운영 등의 일련의 과정에 도움을 주신 폴리텍 대학의 이미경 교수, 전북대학교 상대 황호영 교수, 인문대 권혁철 교수, 최영준 교수, 법대 정영선 교수, 공대 김용성 교수, 교무처 은희주 박사, (주)지니 정혜진 박사, 씨엔아이소프트 김동수 대표, 그리고 김성호 목사, 박사과정 김신웅, 전북권역 이러닝지원센터의 주무관 선인오와 유은미 선생 등에 감사드린다.

또한, 2015년 1학기에서는 3년간의 교재를 활용한 후 여러 가지 측면에서 새로운 내용을 삽입하여 보다 알차게 교과내용을 보완하여 개정판을 출간하게 되었다. 이후에도 3년 단위로 보다 많은 새로운 내용으로 수정 보완할 것을 약속드린다.

끝으로 이 교과목을 이수한 뒤에, 자신의 내재한 탁월한 잠재력을 일깨우고 미래를 향해 자신 있게 자신의 정체성을 갖고 설계하고 도전할 수 있는 저력을 키우길 바라며, 책을 출간하는 데 도움을 주신 생능출판사 임직원 여러분께 감사드린다.

전북권역 이러닝 지원센터에서 저자 대표
김용성 교수 씀

차 례

I 리더십

II 가치관과 비전

III 경제경영 분야의 글로벌리더(I)

IV 경제경영 분야의 글로벌리더(II)

Contents

IX 문화스포츠 분야의 글로벌리더(Ⅰ)

X 문화스포츠 분야의 글로벌리더(Ⅱ)

XI 문화스포츠 분야의 글로벌리더(Ⅲ)

CONTENTS

XII 정치사회 분야의 글로벌리더(Ⅰ)

XIII 정치사회 분야의 글로벌리더(Ⅱ)

XIV 정치사회 분야의 글로벌리더(Ⅲ)

PART

I 리더십

글로벌 리더십에 영향을 미치는 요소

○ 4가지 문화의 상호 작용을 통해 글로벌 리더십 형성

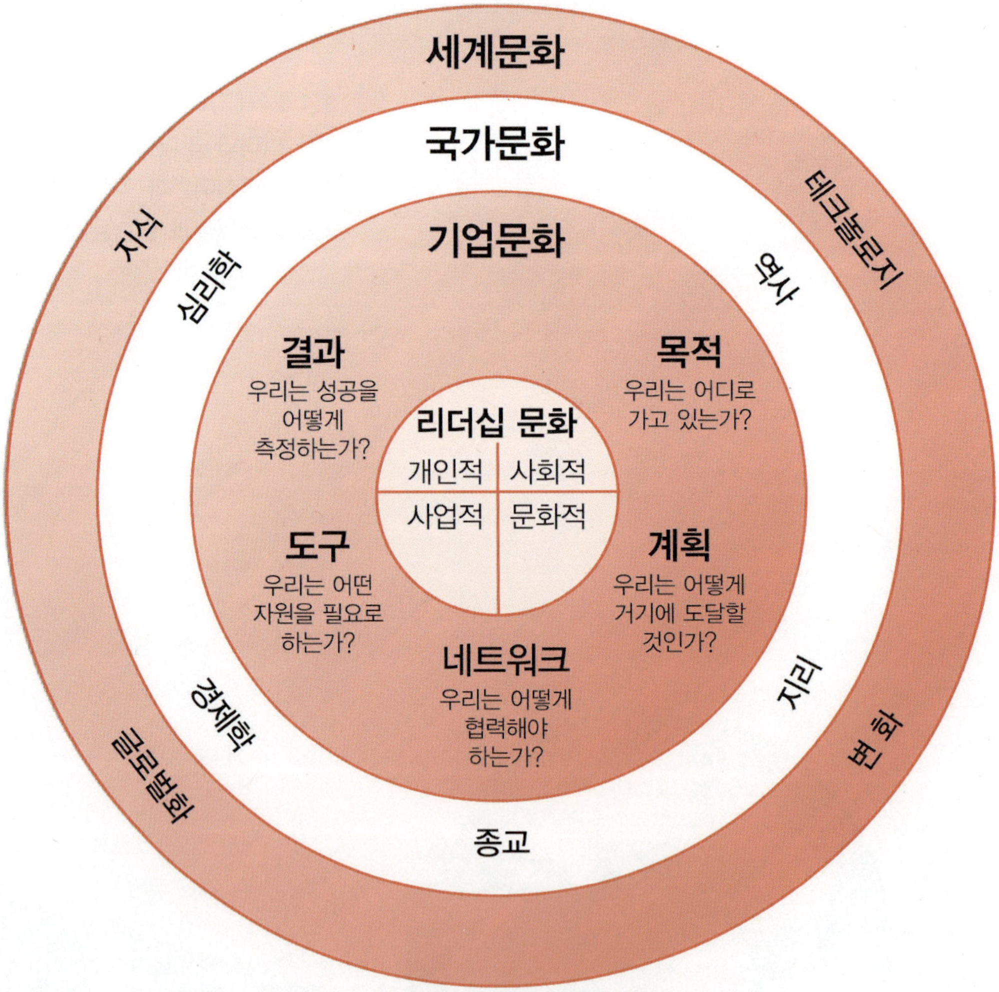

출처 : 이종인, 《글로벌리더십 조건》, 세종서적, 2001

PART

I 리더십

21세기는 소통, 공유, 그리고 공감의 국제화 시대가 되었고, 이러한 글로벌 시대에서 리더십은 매우 가치 있는 개인의 주요 자산 요소가 되고 있다. 이번 차시에서는 대학시절에 도전적 포부와 자신감을 가지고 자신의 미래를 보다 적극적으로 설계하여 성공적인 삶을 성취할 수 있도록 리더와 리더십에 대한 개념과 의미를 알아본다.

1.1 21세기의 리더와 리더십

Prologue

- 21세기 글로벌 시대에 코칭리더십을 강화하여 개인의 문제해결 능력을 배양하고 잠재력을 이끌어내는 방법을 알아본다.
- 현대사회에서 리더가 되기 위해 준비해야 할 것이 무엇이고, 필요한 리더십이 무엇인지 알아본다.

창의와 열정을 가진 세계 경쟁력을 갖춘 인재

1.1.1 현대사회에서 필요한 리더십

(1) 리더십(leadership)의 변화

리더십은 그 시대의 경제, 사회, 문화, 정치 등의 환경에 따라 변화되고 있다. 이를테면 1960년대 생산경제시대, 1990년대 지식경제시대, 2010년 창조경제시대에서 리더십은 분업과 표준, 진보와 혁신, 그리고 창조와 혁명으로 빠르게 변화되고 있다.

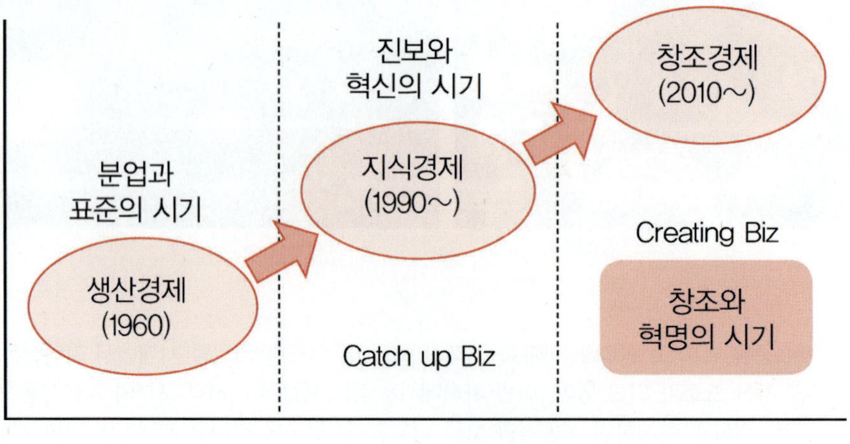

[그림 1.1] 시대에 따른 리더십의 변화

오늘날 창조와 혁명의 시기에는 '근면 성실하고 통제를 잘하는 인재', '창의와 열정을 가진 세계 경쟁력을 갖춘 글로벌 인재'를 글로벌 기업에서 원하고 있다.

[그림 1.2] 기업이 원하는 인재상

다음 [그림 1.3]과 같이 기업에서 새로운 가치를 만들어내기 위해서는 직원들의 창의성과 열성을 이끌어낼 수 있는 추진력의 리더십을 가져야 한다.

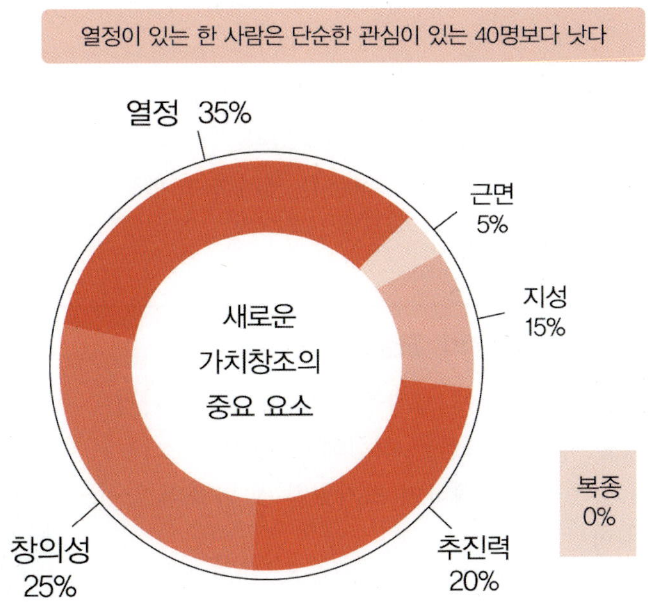

[그림 1.3] 게리 하멜 교수의 새로운 가치창조의 중요 요소

(2) 코칭 리더십(coaching leadership)

리더십에 대해서는 군사적, 정치적, 종교적, 사회적 지도자들의 이야기부터 약 400여 가지가 정의되어 있다.

코칭 리더십이란 환경과 리더십 패러다임의 변화에 따라 개인의 잠재능력을 발견하고, 개인과 조직의 성장과 변화를 일으켜 성과를 향상시키는 새로운 리더십이다.

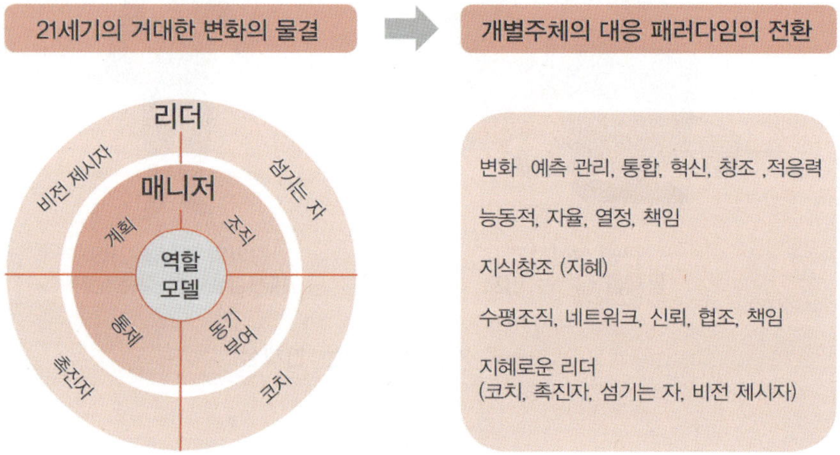

출처 : 최효진, 《다이나믹 코칭 리더십》, 새로운 사람들, 2006

[그림 1.4] 코칭 리더십

코칭이라는 용어는 헝가리에서 기원한 4륜 경마차로서 '코치 Kocs'라는 마을에서 개발된 4륜 대형마차를 일컫는 '코치 Coach'에서 파생되었다.

트레이너는 지식이 풍부하고, 코치는 노하우를 제시하며, 멘토는 지혜를 지니는데, 각각의 의미를 정리하면 〈표 1.1〉과 같다.

○ GE코리아 이채욱 회장의 교훈

큰일이든 작은 일이든 매사에 성심을 다해 열정을 쏟아라!
작은 일을 맡았을 때가 기회임을 명심해야 한다!
나의 열정이 나의 운명을 결정하며 뜨거웠던 첫 마음의 열정(Passion)을 기억하라!

출저 : 이채욱, 《백만불짜리 열정》, 랜덤하우스코리아, 2006
'성공요건' 중에서

〈표 1.1〉 트레이너, 코치, 멘토

용어	정의	설명
트레이너	• 지식 및 기술 전달에 중점을 둔다.	• 지식에 명백한 결점이 있을 때 훈련한다. • 같은 기술을 배워야 하는 사람이 여러 명 있을 때 훈련 코스를 제시한다.
코치	• 현재 직업에 대한 기술 사용 및 역량 개발에 초점을 둔다.	• 지식을 갖추고 있지만 결과가 없을 때 코칭하며 단기간이다. • 직접 결과를 얻고, 행동 지향적이며, 역량 문제를 해결하도록 일상적 도움을 제공해서 일을 표준 이상 하도록 한다.
멘토	• 개인 및 개인의 발전에 초점을 둔다.	• 일할 준비를 하거나 높은 잠재력을 가진 지원을 유지하도록 멘토링한다. • 장기적이며 경력 지향적이지만 여기에 초점을 맞추지 않는다.

〈표 1.1〉과 같이 코치와 멘토를 구분하면 코치는 '무엇'과 '어떻게'에, 멘토는 '왜'와 '누구'에 더 초점을 두는 편이다.

코칭 리더십은 개인 역량을 극대화하여 조직 성과의 극대화를 추구한다.

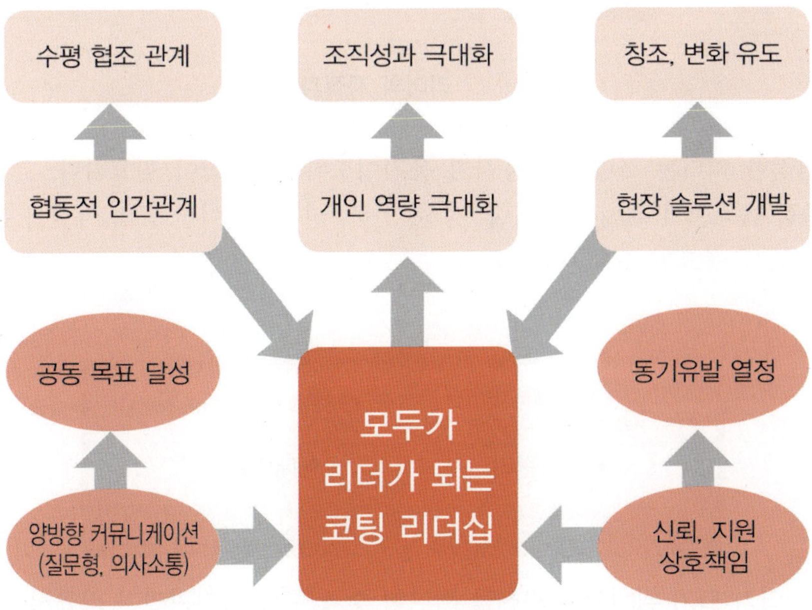

출처 : 최효진, 《다이나믹 코칭 리더십》, 새로운 사람들, 2006

[그림 1.5] 코칭 리더십의 목적

(3) 리더의 자질과 품성

리더는 [그림 1.6]과 같이 하나의 목표를 갖고 자신감과 열정으로 일관성 있게 추진하면서 철저한 자기관리와 항상 변화에 대비하여 개혁과 혁신을 주도하는 자질과 품성을 지녀야 한다.

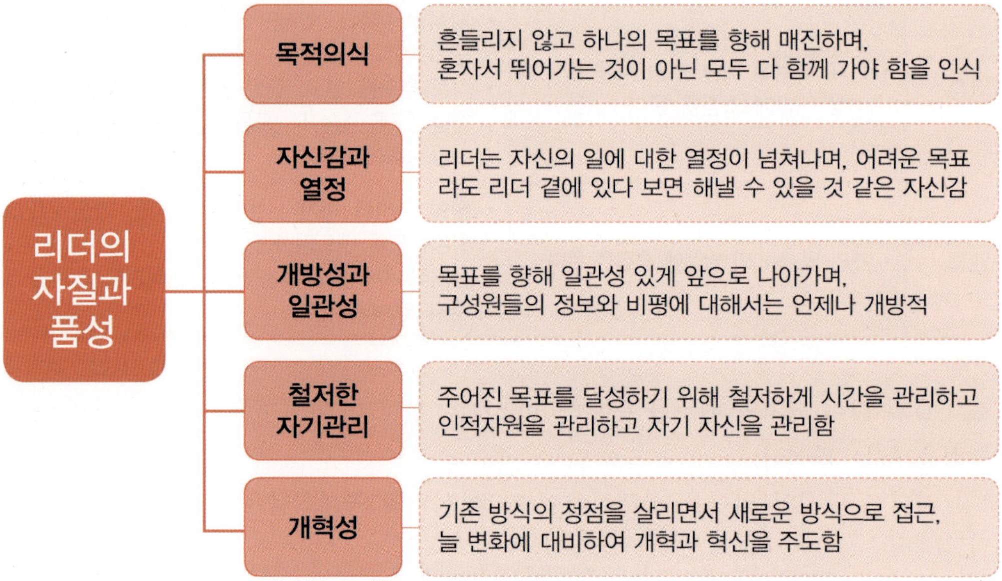

[그림 1.6] 리더의 자질과 품성

따라서 진정한 리더는 사람을 감동시켜 움직이도록 하는 힘이 필요하다.

사람 마음을 움직이기 위해서는 기술, 정신, 인품, 커뮤니케이션 등의 자질과 품격이 요구되며, 자기관리도 중요한 요소가 된다.

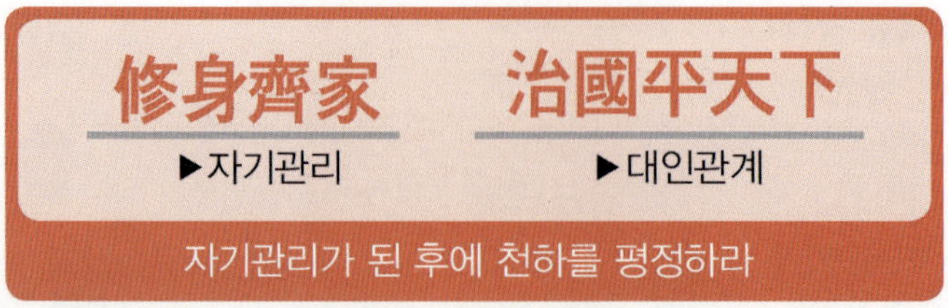

리더가 되기 위해서는 자신을 리드할 수 있도록 자기관리가 필요하다

[그림 1.7] 德勝才(덕승재), 慧勝識(혜승식)

자기관리 리더십(셀프 리더십, 修身)은 자기 개발을 통해 갖추는 내적 리더십으로, 덕승재(德勝才 : 덕성은 재주보다 더 중요하다), 혜승식(慧勝識: 지혜는 지식보다 더 중요하다)이어야 한다.

대인관계 리더십은 신뢰성을 기반으로 구축되며, 신뢰(trust)는 믿을 만한 가치(worthiness)가 있는 자질과 성향을 의미한다.

어떻게 해야 신뢰받을 수 있나?

신뢰성 = 성품 + 역량

Caption 2 당신 안에 리더의 씨앗이 얼마나 있을까?

각 질문에 "예", "아니오"를 체크한다.

No	항목	예	아니오
1	나는 팀과 떨어져 있을 때 편안함을 느끼는가?	☐	☐
2	나는 내 생각을 남에게 분명하게 말하고 전달하는가?	☐	☐
3	나는 스트레스를 잘 견딜 수 있는가?	☐	☐
4	나는 일이 잘못되었을 때 책임을 질 수 있는가?	☐	☐
5	나는 아니라고 얘기할 수 있는가?	☐	☐
6	나는 남들의 얘기를 잘 들어주는가?	☐	☐
7	나는 문제를 잘 해결하는가?	☐	☐
8	나는 모험을 걸 수 있는가?	☐	☐
9	나는 보상을 남들과 함께 나눌 수 있는가?	☐	☐

리더십 씨앗 체크 리스트에서 "예"를 ☐개, "아니오"를 ☐개 체크했다.

내 안의 리더십 씨앗 점검을 통해서 자신에게 리더십이 있는지에 대해 알아보았다. 자신에게 부족한 리더십에 대해 생각해보며 부족한 리더십을 강화시키는 방안과 리더의 덕목을 생각해보자.

❖ 자신에게 부족한 리더십 씨앗은?

❖ 나의 부족한 리더십 씨앗을 강화시키는 방안은?

여러분은 성공적인 리더가 되기 위해 어떤 덕목이 필요할까?

간단한 자기소개를 적은 뒤 아래 보기에서 가장 중요하다고 생각되는 리더의 덕목 세 가지를 선택해보자.

보기	감사, 배려, 끈기, 헌신, 지혜, 신뢰, 경청, 열정, 용기, 관용, 사랑, 근면, 예의, 화합, 창의성, 겸손, 충직, 정직, 성실, 목표의식, 인내, 긍정, 소신, 절제, 책임감

○ 어중간한 리더십으로 추락한 모토로라의 재기

모토로라는 1983년 세계 최초로 휴대폰을 발명한 휴대폰 업계의 선두주자로, 2000년 CEO 크리스토퍼 캘빈은 핵심역량을 집중하는 데 주력하기보다는 PC, 메인 프레임 컴퓨터 및 인공위성 등 여러 분야에 역량을 분산하다가 핵심역량인 휴대폰의 디지털 전환이 지연되어 집중력을 상실하였다.

그 결과 휴대폰 시장을 노키아에 빼앗겼을 뿐만 아니라, 삼성, 애플, LG 등에게도 뒤처지게 되었다. 크리스토퍼 캘빈은 2003년에 해임하였고 모토로라는 이후 핵심역량에 집중하여 재기를 노릴 수 있었다.

출처 : 〈Business 2.0〉, "체념과 포기를 극복하고 개혁을 성공한 모토로라", 2005. 6

1.2 리더와 리더십

Prologue

- 리더와 리더십, 그리고 헤드십이 무엇인지 알아본다.
- 리더십의 유형과 그 핵심 요소들에 대해서 알아본다.
- 현대 사회에서 내 자신이 리더가 될 수 있는 요건도 알아본다.

(1) 리더십의 구성요소

리더십은 인간관계를 바탕으로 전략과 비전을 갖고 추종자를 이끌어가는 리더(leader)로 구성된다.

여기서 리더십이란 집단구성원으로 하여금 특정목적을 지향하게 하고, 그 목표달성을 위해 실제 행동하도록 영향력을 행사하는 것을 의미한다.(스톡딜, R.M Stogdill)

리더는 목표를 향해 조직을 이끌어 갈 수 있는 사람, 조직의 목표를 명확히 해주고 구체적으로 동기유발을 이끄는 사람, 미래의 비전을 향해 방향을 잡아줄 수 있는 사람을 의미한다.

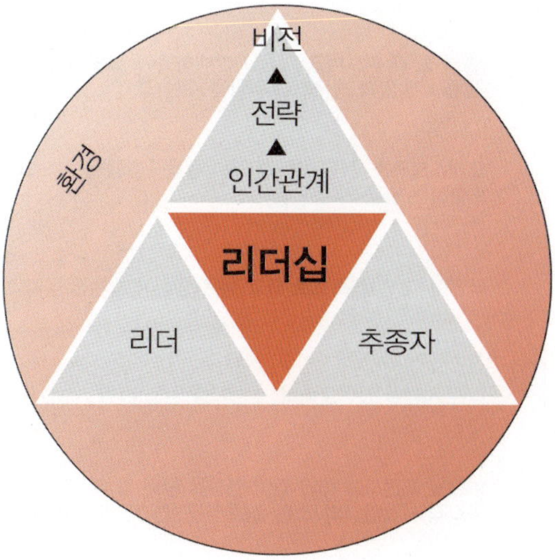

[그림 1.8] 리더십의 구성요소

(2) 리더십과 리더

리더의 어원은 라틴어의 lithan(=to go)에서 유래되었으며 이끌어 간다는 의미로 사람의 마음을 얻는 자를 의미한다. 그리고 리더십은 다른 사람의 사고와 감정, 그리고 행동에 대한 영향을 미쳐서 목표를 성취하기 위해 나아가게 할 수 있는 능력을 의미한다.

Leadership	Leader
다른 사람의 사고와 감정, 행동에 영향을 미치는 능력	영향력의 크기, 무게에 따라 리더의 크기도 결정됨
'공감'을 불러일으키는 '이야기'로 사람들의 '마음'을 얻는 것!	마음을 얻는 자, 리더

[그림 1.9] 리더와 리더십의 의미

리더십은 한마디로 정의하기는 힘들지만 일반적으로 행위에 따라 영향을 주는 것을 의미한다.

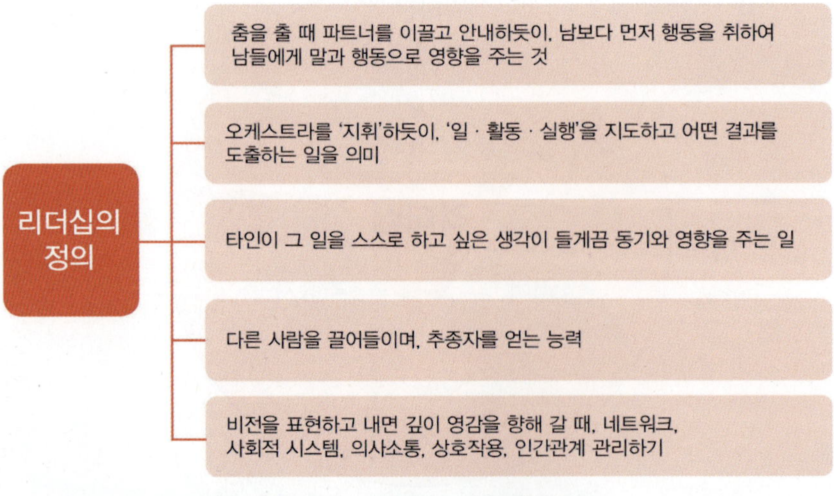

출처: 안동림, 《불멸의 지휘자》, 서울웅진지식출판사, 2009
(드라마 '베토벤 바이러스'에 나온 강마에 리더십)

[그림 1.10] 리더십의 정의

(3) 리더십과 헤드십

리더십과 유사한 헤드십이 있는데, 헤드십은 공식적 계층적 직위(사장과 직원들 사이)의 권위를 근거로 하여 구성원을 조정하며 동작하게 하는 능력을 의미한다.

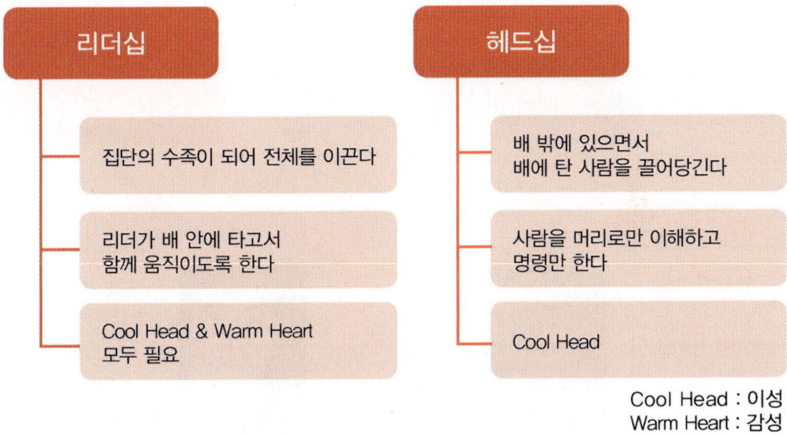

[그림 1.11] 리더십과 헤드십

또한 리더와 보스(boss), 매니저(manager)는 의미가 서로 다르다. 효과적인 리더십은 리더와 관리자(manager)의 균형을 지키고 치우치지 않는 상호 보완적이고 통합적 리더십을 발휘해야 한다.

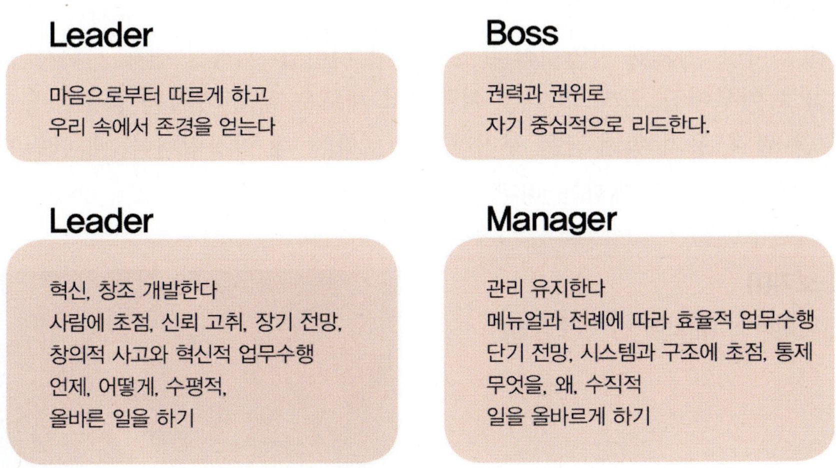

[그림 1.12] 리더와 보스, 매니저의 차이점

리더십 사례 1

- [그림 1.13]과 같이 리더와 관리자 간의 의미의 차이는 적어보여도 SNS의 대표적인 마이스페이스와 페이스북의 성공 여부는 경영철학의 리더십과 관리 차이라고 볼 수 있다.

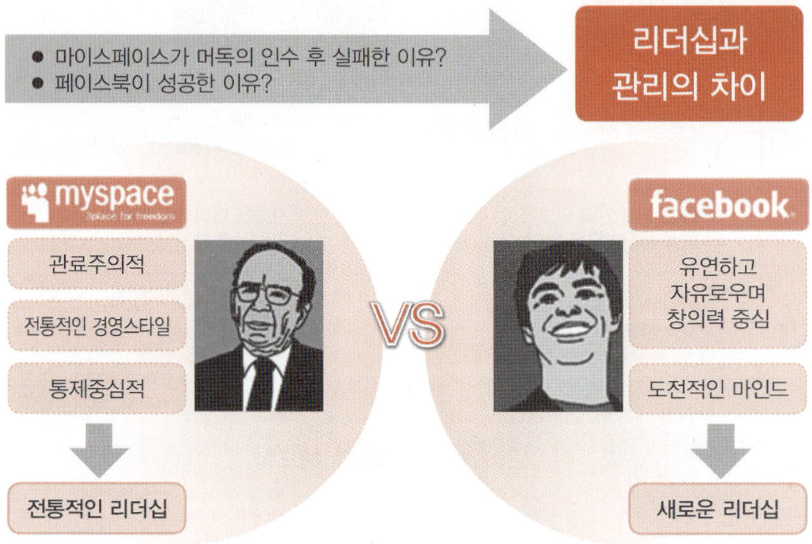

[그림 1.13] 리더십과 관리의 차이

리더십 사례 2

- 2008년 드라마 '베토벤 바이러스'의 강마에의 리더십: 괴팍한 천재 지휘자가 소외받던 사람들로 이루어진 오케스트라를 이끌면서 새로운 삶과 가치를 공유한 드라마로 "실력이 곧 권위, 용기 있게 꿈을 꾸기라도 해보라!", "내 악장입니다, 내 단원입니다." 라고 말하는 부하와 함께하는 리더

동영상 보기(1)

베토벤 바이러스 (환희에 찬 연주장면)

Caption 2

1. 리더로서 자신의 성격적 결함, 뿌리 깊은 열등감을 인정하는 용기는 어떤 감명을 줄까?
2. 유진 올만디가 70년대에 중국 북경을 방문했을 때의 일화이다. 중국의 교향악단의 실력이 형편없었으나 올만디가 지휘봉을 잡자 며칠 사이에 교향악단이 완전히 새로운 모습으로 태어났다. 이에 연주자들 스스로가 자신들의 변화에 놀랐는데, 이는 어떠한 리더인가?
3. 리더와 관리자는 어떤 차이점이 있는가?

(4) 리더(leader)

남들에게 영향력을 미치는 권리를 가진 사람들을 리더라고 하며, 성공한 리더 뒤에는 조언자와 지원자가 되는 섬김의 팔로워십형 인재가 있다.

[그림 1.14] 리더와 팔로워십형 인재

• 어떤 체제 내에서 목표를 달성하는 데 있어서 모범이 되는 리더는 팀의 협동을 위해 조력자, 지원자 등 유능한 다른 사람들을 포함하고 있다.

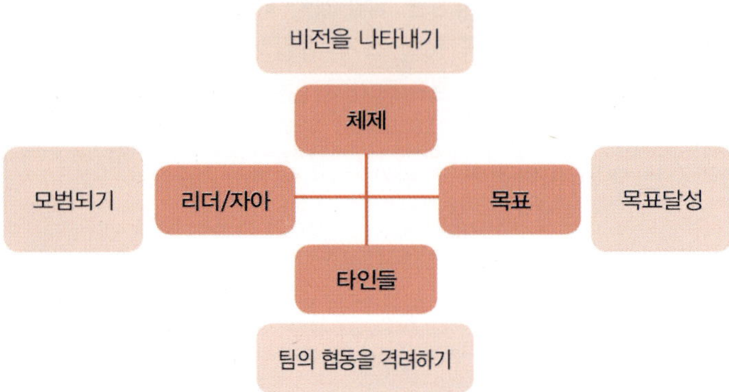

[그림 1.15] 리더와 조력자의 관계

• 리더는 타고난 것이 아니라 생활 속에서 체득되어 만들어지는 것으로, 성격과 무관하게 노력하여 배워서 익혀야 한다.

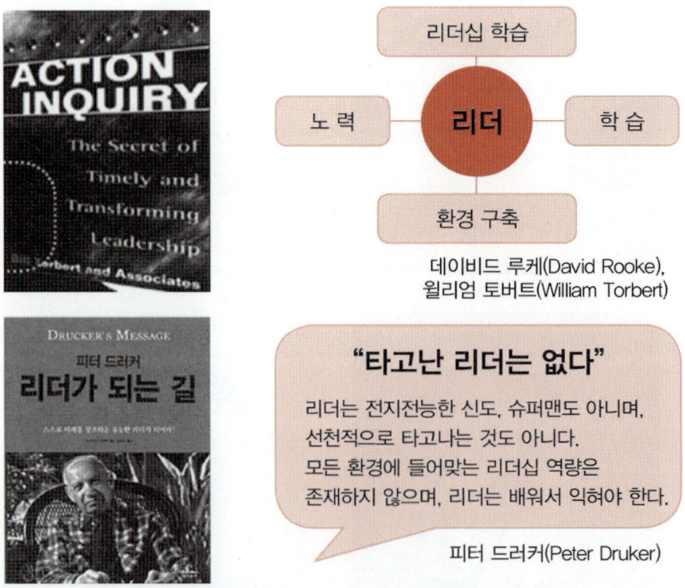

[그림 1.16] 리더는 배워서 익혀야 한다

동영상 보기(2)

타고난 리더는 없다.

• 동양에서의 리더는 《법구경》에서 언급한 것과 같이 '말과 표정과 몸가짐이 밝게 빛나며 어디를 가나 환영을 받는다.'

[그림 1.17] 유교사상이 깃든 동양의 리더상

• '리더십'을 가진 사람들의 공통요소들은 강건하다, 위기에 강하다, 카리스마가 있다, 참 용기가 있다, 비전이 뚜렷하다 등이다.

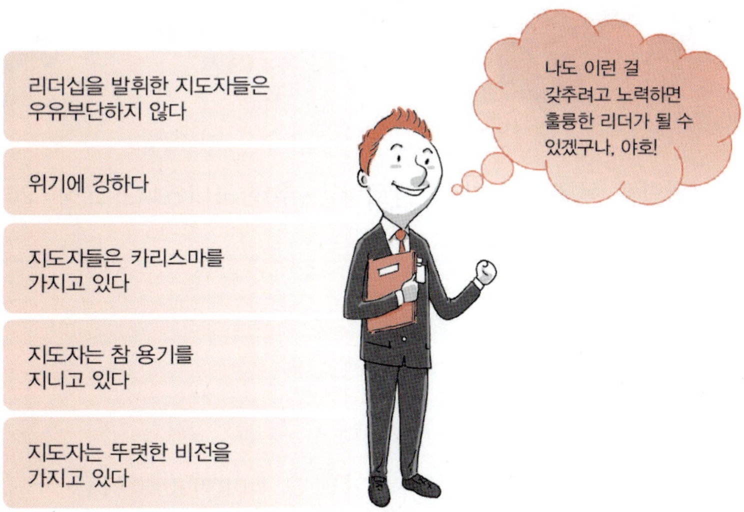

[그림 1.18] 리더의 공통요소

동영상 보기(3)

유능한 리더의 조건

○ 신념과 멘토

베트남 전쟁에서 오른발을 심하게 다친 미식축구의 전설인 록키 블라이어(Rochy Bleier)는 40% 장애를 가진 채 제대하였다. 그러나 그 후 피츠버그 스틸러스의 구단주 아트 루니(Art Rooney)로부터 "돌아오면 만납시다."라고만 적힌 엽서를 월남전에서 받았다.

블라이어는 "이 간단한 말의 효과는 즉각적이었다. 그때 돌아가야겠다고 결심했다. 내가 가진 모든 것으로 이것과 싸웠다."라고 말했다. 스틸러스 구단은 부상대기 선수로 블라이어를 받아들였고, 4년 뒤 1974년 슈퍼볼을 차지하기 위해 그는 핵심 팀원으로 활약하였다. 루니의 말과 팀에 블라이어를 복귀시킨 결정은 멘토가 우리에게 무엇을 할 수 있는지를 보여주는 좋은 예이다.

출처: 박진희, 최인화 옮김, 《코칭 & 멘토링》, (수)한국비즈니스코칭, 2011.6

○ 경영자의 요건(4E + V)

Energy(passion: 열정)가 넘치고, 상대를 Engergize시킬 수 있으며
결단력(Edge)과 실행력(Execution)을 겸비할 뿐만 아니라
Vision이 있는 사람

1.3 리더십 이론과 적용

Prologue

- 세계적으로 존경받는 리더들을 모델링하여 자신이 새로운 리더로서 역할하는 방식을 알아본다.
- 리더십 모델링 스타일이 어떻게 변천하여 오늘날 활용되는지 알아본다.
- 최근 해외에서 각광받는 리더십이 무엇인지 알아본다.

(1) 리더십 모델링

세계적인 리더들은 존경하는 사람들의 가치와 행동을 배우고 성공과 실패를 학습하면서 리더십을 터득해왔다. 예를 들면, 마틴 루터 킹은 간디로부터, 클린턴은 케네디로부터 리더십을 배웠다.

[그림 1.19] 리더십 모델링

Caption 3

1. 부모님에게서 배운 리더십은?
2. 어릴 때 나의 리더십 행동에 영향을 미친 사건은?
3. 초·중등학교 때 나의 리더십에 대해 어떻게 생각하는가?
4. 고교-대학에서 가진 리더십에 대한 생각과 본받고 싶은 리더는?
5. 리더로서 나를 볼 때, 극복해야 할 가장 큰 장애 요인은?
6. 앞으로 내가 희망하는 리더십을 가지려면 어떻게 변화해야 할까?

(2) 리더십 이론

1950년대 산업사회에서는 특성이론, 60년대는 행동이론, 70년대는 상황이론, 80년대 정보화시대 이후는 변혁적 리더십이었다.

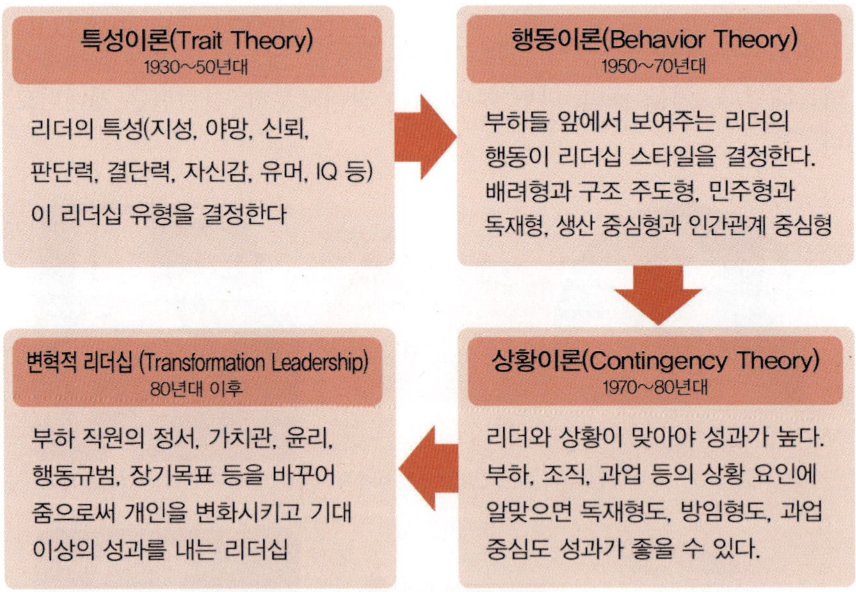

[그림 1.20] 리더십의 변천

○ 팔로워십 리더십

카네기 멜론 대학의 켈리 교수가 주장한 이론으로 조직의 성공은 리더가 기여한 바는 10~20%에 불과하며 나머지 80~90%는 팔로워십이 결정한다. 즉, 팔로워를 단순한 리더의 하수인이 아니라 독립적·능동적인 주체로 본 것이 특징이다.

켈리(Kelly)는 팔로워십을 다음과 같이 구분하였다.

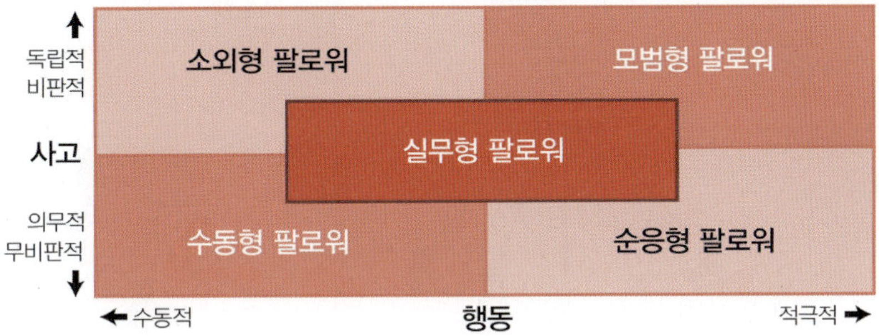

- 수동형(the sleep): 리더에게 의존하며, 적극적 행동을 하지 않는 유형
- 순응형(the yes-man): 리더에게 의존하며, 실제행동은 적극적 유형(리더에게 아첨하는 유형)
- 소외형(the alienated): 비판도 있고, 실제행동을 하지 않는 유형(불평이나 텃세 일관의 부정적인 유형)
- 실무형(the pragmatics): 모든 특성을 골고루 갖춘 유형(절대 쓸데없는 일을 하지 않는 유형)
- 모범형(the star): 적극적이고 긍정적이며 독립적인 유형(비판력과 공헌력을 가진 유형)

○ 창발적 리더십

- 자발적으로 조직의 변화 선도, 조직의 적응력과 지속 가능성의 리더십
- 하향식(top-down)의 지시가 아닌 상향식(botton-up)의 상호작용을 통해 창조와 혁신을 유도하고, 구성원을 직접 통제하는 것이 아니라 바람직한 행동을 유발할 수 있는 조건을 창출하는 리더십을 말한다.

〈표 1.2〉 관리적 리더십과 창발적 리더십

비교 항목	관리적 리더십	창발적 리더십
목표	효율 극대화를 통해 주어진 비전 / 목표 달성	조직의 적응력 향상을 통해 지속 가능성 증대
리더의 역할	조직 구성원에게 구체적 목표를 제시하고 과업을 지시	조직 구성원 스스로 비전과 목표를 창출할 수 있도록 유도
특성	① 목표지향(goal-oriented) ② 정적(static) ③ 안정적(stable)	① 과정지향(process-oriented) ② 동적(dynamic) ③ 의도적 혼돈(intentional chaotic)

비교 항목	관리적 리더십	창발적 리더십
조직구조	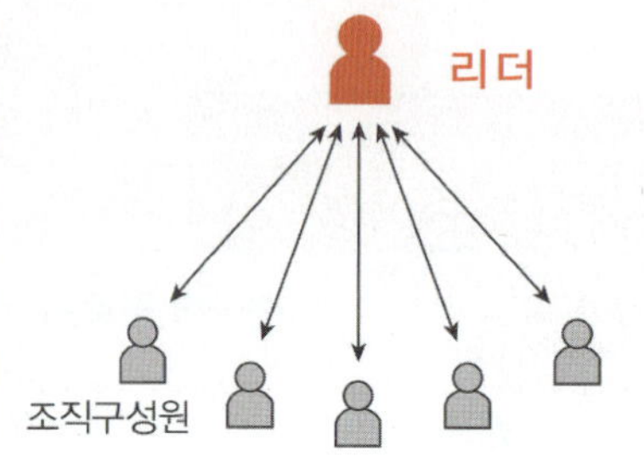	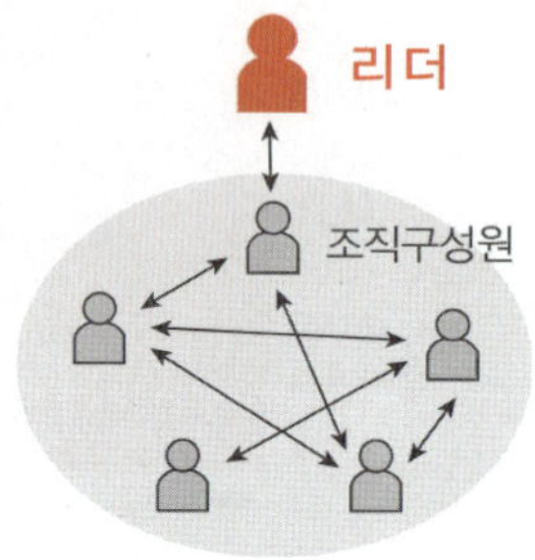

출처 : 삼성경제연구소, 《SERI 경영노트》, 2011. 7

(3) 리더십 스타일

리더십 스타일은 과거에는 자유방임형 리더십과 거래적 리더십이었으나 현대에는 변혁적 리더십으로, 이들은 각각 구분되는 것보다는 하나의 연속체라고 볼 수 있다.

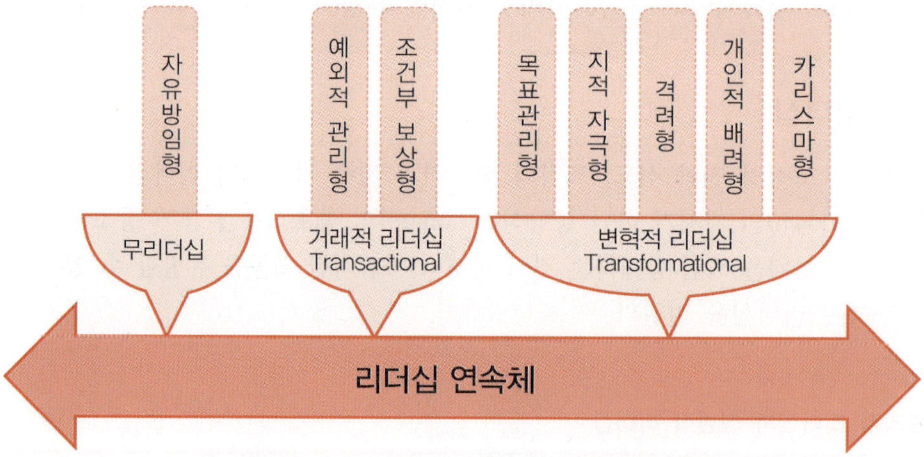

[그림 1.21] 리더십 스타일의 분류(Bernard Bass)

- 현대의 변혁적 리더십은 목표관리형, 지적 자극형, 격려형, 개인적 배려형, 카리스마형 등으로 분류된다.

〈표 1.3〉 리더십 스타일 유형

리더십 스타일		설 명
무리더십 : 자유방임형		결정 회피, 필요할 때는 후퇴, 관여하지 않고, 어떠한 입장도 취하지 않는다.
거래적 리더십	예외적 관리형 (Management by Exceptions)	팀원이 예상대로 행동하지 않을 경우에만 관여하며, 기준을 충족하지 못할 경우에 부정적인 피드백을 준다.
	조건부 보상형 (Contingent Reward)	노력의 대가로 보상을 주는 계약 맺기, 원하는 보상을 받고 싶으면 어떻게 해야 하는지 알려주기, 잘한 경우에는 칭찬 또는 승진시키기
변혁적 리더십	목표 관리형 (Management by Objectives)	목표가 성취되는 시기를 알도록 팀원에게 목표와 증거 제시, 팀원 자신이 가진 능력과 자원을 활용하도록 장려
	지적 자극형 (Intellectual Stinmulation)	팀원의 아이디어나 오래된 문제를 새로운 시각으로 제고해보도록 자극, 지성, 이성, 문제 해결 강조
	격려형 (Inspirational)	팀원이 좀 더 능력을 발휘할 수 있도록 '치어리더' 처럼 동기부여, 격려, 가치 및 미래 가능성에 대한 믿음 강조
	개인적 배려형 (Indlividualized Consideration)	소외된 팀원에게 개인적 관심 보이기 각 팀원을 개인적으로 코치, 조언하기
	카리스마/비전형 (Charismatic/Visionary)	비전, 사명감을 갖고 팀원에게 목표 의식 심어주기 리더는 팀원들이 추종하는 모델로 존경과 신뢰 얻기

- 기대 이상의 성과를 얻기 위해서는 거래적 리더십만으로는 부족하고, 반드시 변혁적 리더십이 관여해야 한다.

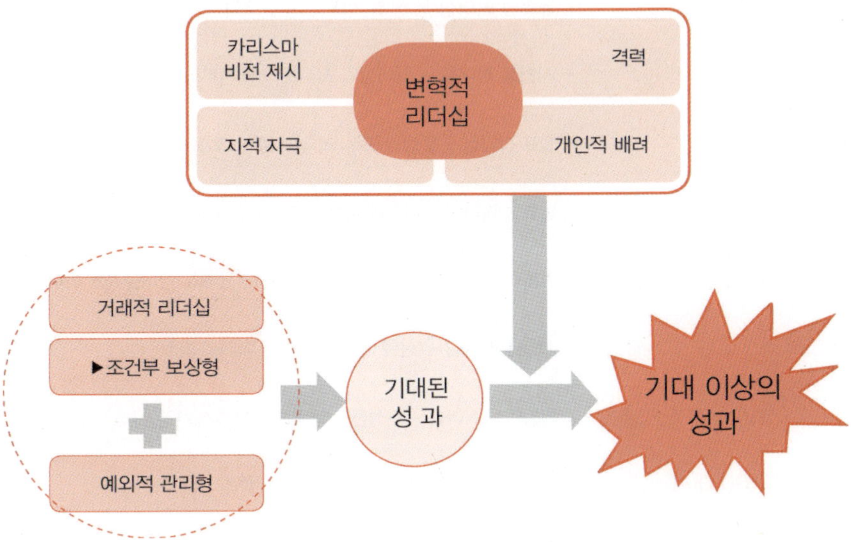

[그림 1.22] 거래적 리더십의 한계

• 〈표 1.4〉는 세계적 지도자들의 리더십 스타일을 베스(Bass)와 아볼리오(Avolio)가 자서전을 참고하여 평가한 것으로, 그들 리더의 특징을 잘 나타내고 있다.

〈표 1.4〉 리더십 스타일 평가

	카리스마형	개인적 배려형	지적 자극형	보상형	예외적 관리형
마틴 루터 킹	3.9	2.5	3.4	2.4	1.9
마하트마 간디	3.8	3.3	3.5	2.1	1.5
존 F. 케네디	3.6	3.1	3.4	2.0	1.9
아브라함 링컨	2.9	2.6	2.9	1.9	2.0
아돌프 히틀러	3.4	1.0	2.0	1.9	3.1
조셉 스탈린	2.7	2.1	2.4	1.9	2.3

• 리더십 스타일에 특정 대학생의 일상생활을 적용하여 각 리더십 스타일의 의미를 다시 확인할 수 있다.

(4) 시대마다 달라진 리더십

리더십은 시대의 환경에 따라서 다음과 같이 진화되어가고 있다.

2000년대 · 글로벌 리더십 · 창조 리더십 · 팔로워십

1990년대 후반 · 서번트 리더십 – 리더십의 시작은 아래서부터!

1990년대 · 셀프 리더십 – 구성원 모두 '리더'가 될 수 있도록 자기계발에 집중을!

1980년대 후반 · 변혁적 리더십 – 리더는 비전을, 조직원은 믿음을…

1980년대 · 카리스마 리더십 – 자신감으로 구성원의 능력을 끌어올리는 리더

1970년대 · 상황론 리더십 – '상황'에 따라 달라진 리더의 가치!

1950~1960년대 · 행동주의 리더십 – 구성원의 행동과 관계 속에서 '만들어진 리더'

1940년대 · 특성론 리더십 – '성곤한 리더는 뭔가 있어'

〈표 1.5〉 일상적 리더십

대학생 A의 리더십 스타일 : 가족들과의 일상생활

리더십 스타일		설명
무리더십 : 자유방임형		가족들의 변화를 원하는 자신의 생각을 말로 표현하지 않는다.
거래적 리더십	예외 관리형	자신의 마음에 들지 않는 동생의 행동을 지적하여 변화하도록 요구한다. 잘 정리정돈을 하지 않는 동생의 행동을 지적하고 시정을 요구한다.
	조건부 보상형	명령적이다. 동생의 책상과 옷장이 정리가 되어 있지 않을 때, 어질러 놓는 행동을 변화시켜 오늘 밤 안으로 말끔하게 잘 치워놓는다면 상이나 선물을 준다.
변혁적 리더십	목표 관리형	우선 책상과 옷장을 어떻게 정리해야 할지를 정확히 표현한다. 그리고 정리해야 할 이유 및 기준을 설명하고, 열심히 해주면 고맙다는 말을 해준다.
	지적 자극형	우선 동생과 마주 앉아 방의 정리정돈에 대해 토론한다. 현 상태의 불편한 점을 말하고 이에 대해 동생에게 해결에 대한 자문을 구한다. 또 자신의 해결책을 어떻게 생각하는지 묻고, 동생의 대답을 고려한 다음, 동생의 제안을 확실히 하기 위해 질문을 한다.
	격려형	정리정돈이 잘 되어 있는 방에서 얻을 수 있는 즐거움이 얼마나 좋은지 동생에게 말한다. 또 과거에도 동생의 정리정돈 행동이 얼마나 나를 기쁘게 했는지를 말하고 격려한다.
	개인 배려형	동생과 마주 앉아 방의 정리정돈 상태에 대해 이야기하고 동생에게도 묻는다. 룸메이트로서 서로 상대의 입장이 되어보고, 가구를 재비치하는 일을 보다 쉽고 효율적으로 할 수 있는 방법을 이야기해본다.
	카리스마/비전형	두 사람 간의 관계를 전망하고, 인생에 대해서 이야기한다. 두 사람의 미래에 공유하는 비전에서부터 형제 간의 우애를 잘 가꾸어 나가기 위한 구체적인 피드백을 준다.

(5) 최근 해외에서 각광을 받는 리더십

최근의 리더십은 빌게이츠의 진실 리더십, 스타벅스 CEO 하워드 슐츠의 섬김 리더십, 펩시콜라 회장 인드라 누이의 감성 리더십이며, 공통된 특성은 수직 리더십에서 수평 리더십이 아니라 수평 리더십이다.

출저 : "카리스마론 더 이상 통하지 않는다. 수직 리더십서 수평 리더십으로…"
경향신문, 위즐리경향 제16권 제14호 통권 719호(200-04-10)pp.40-41, 최영진.

[그림 1.23] 최근의 리더십

○ 진실의 리더십(Authentic Leadership)

리더십의 가장 본질적 특성이 진실하다는데 출발점이 있다. 진실함이 없다면 결코 그 리더를 신뢰할 수 없고, 신뢰를 잃은 리더는 자신의 조직에 참다운 희망을 줄 수 없다. 이때 진실함이라는 일반적으로 사람의 타인에게 정직하고 진실하게 대하는 것과는 다른 문제다. 리더가 진실하다는 것은 자기 자신에 대해 진실한 것을 뜻한다. 자신에게 정직하고, 진실하며, 내면의 생각과 일치하는 방식으로 자기 자신을 표현하고 행동하는 것을 의미한다.

따라서, 리더는 진실함을 통해 사람들에게 감동을 전달할 수 있으며, 리더가 그 자신에 대한 진정성을 개발하지 못할 때 비원칙적인 사람이 되며, 일관적이지 못한 언행을 하게 되기 때문에 그를 둘러싸고 있는 이해관계자들이 신뢰를 얻을 수 없게 된다. 진실의 리더십은 진실성과 도덕성을 강조할 뿐만 아니라 기업의 이윤을 사회에 환원하는데도 활용된다.

○ 섬김 리더십(Servant Leadership)

섬김 리더십이란 그린리프(R. Greenleaf)라는 경영학자에 의해 1970년대 초에 처음으로 소개되었다. 그린리프는 헤르만 헤세(H. Hesse)가 쓴 ≪동방 순례≫라는 책에 등장하는 하인(Servant)인 레오(Leo)의 이야기를 통해 섬김 리더십의 개념을 말하고 있다. 레오는 순례자들의 허드렛일이나 식사 준비를 돕고, 때때로 지친 순례자들을 위해 밤에는 악기를 연주하는 사람이었다.

레오는 순례자들 사이를 돌아다니면서 필요한 것들이 무엇인지 살피고, 순례자들이 정신적으로나 육체적으로 지치지 않도록 배려하였다. 그러던 어느 날 갑자기 레오가 사라져 버렸다. 그러자 사람들은 당황하기 시작했고, 피곤에 지친 순례자들 사이에 싸움이 잦아진 후 비로소 사람들은 레오의 소중함을 깨닫고, 그가 순례자들의 진정한 리더였음을 알게 되었다.

섬김 리더십은 레오와 같이 다른 구성원들이 공동의 목표를 이루어 나가는데 있어 정신적 · 육체적으로 지치지 않도록 환경을 조성해 주고 도와주는 리더십이다. 결국 인간 존중을 바탕으로 다른 구성원들이 잠재력을 발휘할 수 있도록 도와주고, 이끌어 주는 것이 섬김 리더십의 요체가 된다.

섬김 리더는 기본적으로 방향제시자, 파트너, 지원자의 세 가지 역할에 초점을 두고 구성원들을 이끌어 나간다.

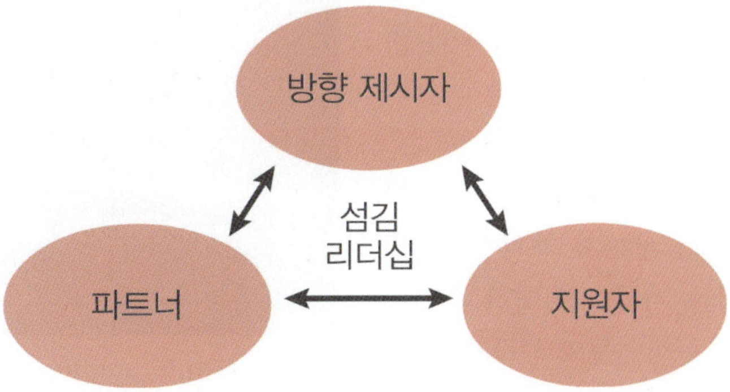

첫째, 방향 제시자 역할은 조직의 비전(vision)을 제시해 주는 역할을 의미하며, 섬김 리더가 조력자이면서도 리더인 이유는 다른 구성원들이 보지 못하는 미래를 바라보고 비전을 제시해 줄 수 있는 능력을 갖고 있기 때문이다.

둘째, 섬김 리더는 파트너로서 구성원들 간의 합의를 이끌어 내기 위해 의견을 조율하는 역할을 담당한다. 파트너로서 섬김 리더는 재능 있는 음악가들로 이루어진 오케스트라의 지휘자 모습에 비유될 수 있다. 연주의 템포를 유지하고, 연주자의 역할과 능력이 적절한지, 전체 연주자들 간의 조화가 잘 이뤄지는지 확인하는 지휘자의 모습은 구성원들의 의견들이 목표에 적합한지 살피며, 다른 구성원들과의 의견 교류가 원활히 이뤄질 수 있도록 조율하는 파트너로서 리더 역할과 유사하다.

마지막으로 지원자 역할은 구성원들이 업무 수행을 원활히 할 수 있도록 지원하고, 업무 외의 개인적인 삶에 있어서도 업무와 균형을 이룰 수 있도록 돕는 역할이다. 즉, '일과 삶의 균형'을 이룰 수 있도록 배려하는 것도 섬김 리더십의 중요한 특징 중 하나다. 섬김 리더는 부하들이 찾아오기를 기다리기보다 먼저 찾아다니면서 도울 것이 없는지를 부하들에게 묻고 다니는 역할을 수행한다.

전통적인 리더십 하에서는 계획된 업무들이 리더의 지시대로 일사분란하게 진행될 수 있다는 장점이 있지만, 그때그때에 맞게 행동을 취해야 하는 환경, 즉, 유연성과 창의성이 요구되는 상황에서는 좋은 성과를 거두기가 어렵다. 한편 섬김 리더십 하에서 리더와 구성원 간의 관계는 상하 관계라기보다 수평적인 동료 관계에 가깝다. 섬김 리더는 구성원들이 자율적으로 업무를 수행하도록 권한과 책임을 위임하고, 그들을 지원하는 리더십이다.

○ 감성 리더십(Emotional Leadership)

미국의 심리학자 대니얼 골먼은 성공한 리더와 실패한 리더의 차이는 기술적 능력이나 지능지수보다 감성지능에 있다고 주장하였다. 그 외 이론은 80% 감성지능과 20%의 지적능력이 조화를 이룰 때 가장 효과적인 리더십이 발휘된다고 주장하였다.

감성적 요소가 결핍된 리더십은 기업의 실적은 물론 조직원들의 삶까지 파괴한다. GE의 잭 웰치 전 사장은 저서 ≪위대한 승리≫에서 훌륭한 상사는 구성원들의 친구요, 스승이요, 동맹군이자 영감의 원천이라고 역설하였다. 훌륭한 상사는 직원들의 삶까지 변화시키지만, 나쁜 상사는 직원들의 신체를 병들게 하고 영원가지도 파괴한다고 한다.

따라서, 감성리더십은 이성과 논리보다는 공감대 형성과 사교적인 기술을 중시하는 리더십이다.

○ 감성 리더십 구축의 4단계

리더는 스스로 진정성을 갖는 긍정의 전도사

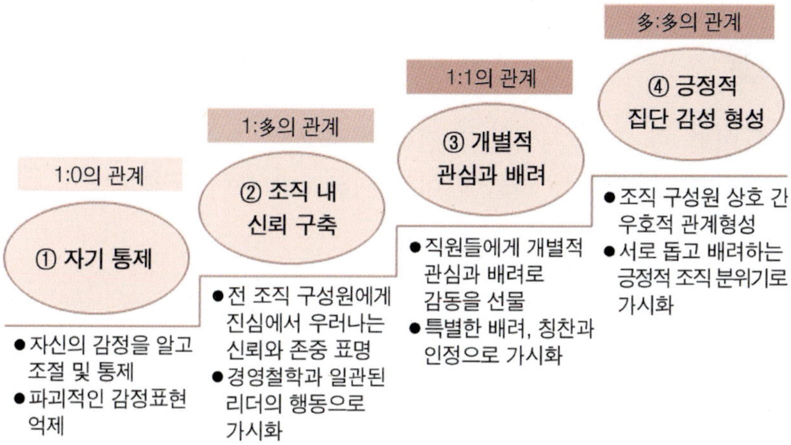

[그림 1.24] 감성 리더십 구축의 4단계

○ 창조적 CEO의 5대 조건

새로운 수익의 원천을 찾고 '게임의 룰'을 바꿀 수 있는 역량

창조적 CEO란 창조적 파괴 활동을 통하여 신상업, 신제품 및 신시장을 개척하는 창조적 의지와 역량을 발휘하는 리더를 의미한다. GE의 제플리 이멜드 CEO는 새로운 사업 아이디어에 관한 창조성과 용기인 상상력(Imagination)을 성장리더의 중요한 자질 중의 하나로 보고 있다.

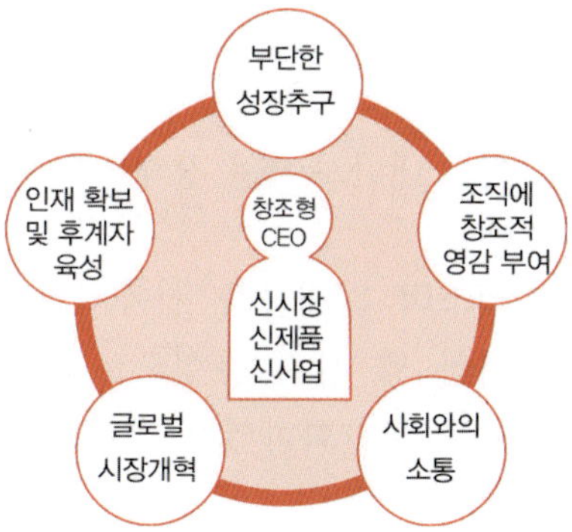

[그림 5.1] 창조적 CEO의 조건

테레사(Teresa)는 조직의 창조역량은 기존 사업에 관한 지식과 창의적 사고 능력, 그리고 동기부여(Motivation)의 유형과 수준에 의해서 결정된다고 했다.

출처: 삼성경제연구소, 〈CEO Infomation〉, 2008.4

1.4 용어해설과 연습문제

용어해설

:: 패러다임 : 어떤 한 시대 사람들의 견해나 사고를 근본적으로 규정하고 있는 테두리로서의 인식의 체계. 또는 사물에 대한 이론적인 틀이나 체계

:: 자질 : 타고난 성품이나 소질

:: 품격 : 사람된 바탕과 타고난 성품

:: 성품 : 사람의 성질이나 됨됨이

:: 역량 : 어떤 일을 해낼 수 있는 힘

:: 이성 : 개념적으로 사유하는 능력을 감각적 능력에 상대하여 이르는 말. 인간을 다른 동물과 구별시켜 주는 인간의 본질적 특성

:: 감성 : 자극이나 자극의 변화를 느끼는 성질

:: 비전 : 내다보이는 장래의 상황. '이상', '전망'으로 순화

:: 카리스마 : 대중을 심복시켜 따르게 하는 능력이나 자질. 독일의 사회학자 베버가 지배의 세 가지 유형으로 합리적 지배, 전통적 지배와 함께 카리스마적 지배를 든 이후로 일반화하였다. '권위'로 순화

:: 생산경제시대 : 원재료나 토지, 노동력 등을 이용하고 이를 만들어내는 과정을 통해 경제활동을 하는 시대이다. 1차, 2차, 3차 산업으로 나누어져 있으며 1차 산업에는 농업, 수산업 등이 있고, 2차 산업에는 제조업 등이 있으며, 3차 산업에는 서비스업 등이 있다.

:: 지식경제시대 : 지식경제는 지식의 창출에 바탕을 둔 경제를 말한다. OECD(경제협력개발기구)는 지식경제를 '직접적으로 지식과 정보를 생산, 배포하는 산업에 기반을 둔 경제'로, 아시아태평양경제협력체(APEC)에서는 '산업 전반에 걸쳐 지식을 생산, 분배, 이용함

으로써 경제를 발전시키고, 부를 창출하며, 고용을 확대하는 원동력이 되는 경제'로 정의하고 있다. 1990년대부터 등장하기 시작한 용어로, 20세기가 자본과 노동이 생산요소의 핵심을 이룬 산업사회였다면, 21세기에는 지식이 가장 큰 생산요소로서 세계 경제를 이끌어 갈 것이라고 경제학자들은 보고 있다.

:: 창조경제시대 : 창조경제는 창의성과 문화에 바탕을 둔 경제를 말한다. 창조경제에서는 지식과 기술의 바탕 위에 감성을 담아 새로운 가치를 만들어낸다. 창조경제는 문화유산, 미술품, 공연예술, 출판, 영화, 게임, 뉴미디어, 디자인 등 창조적 상품과 서비스를 포함한다.

:: 글로벌 기업 : 다국적 기업은 본사와 해외 지사의 구분이 분명히 존재하는 기업이지만 글로벌 기업은 본사와 해외 지사의 구분이 옅어진 다국적 기업이다. 기업 활동에 필요한 자원을 확보하기 위해 세계 어느 곳에서든지 기업 활동을 하겠다는 생각을 가진 기업이다.

:: 패러다임(Paradigm) : 패러다임은 어떤 한 시대 사람들의 견해나 사고를 근본적으로 규정하고 있는 테두리로서의 인식의 체계, 또는 사물에 대한 이론적인 틀이나 체계를 의미하는 개념이다. 패러다임은 토마스 쿤(Thomas Kuhn)이 《과학혁명의 구조》에서 처음 제안한 개념이다. 토마스 쿤은 천동설에서 지동설로 이론 체계가 변화하는 과정을 단적인 예로 제시하였다. 이러한 과학 이론의 변화는 어느 한 이론이 그르고 다른 한 이론이 옳다는 것을 나타낸 것이 아니라, 당대 사회 전체가 갖는 신념과 가치체계가 변화한 것이며, 문제 해결 방법이 달라진 것이라 파악한다. 이러한 개념에 따르면 현대의 표준 모형 역시 하나의 패러다임일 뿐 절대적인 진리는 아니라는 결론에 도달하게 된다.

:: 마오쩌둥(毛泽东) : 중국의 정치인, 군인, 교육자, 혁명가, 사상가이며 중화인민공화국을 수립한 정치가이자 초대 국가 주석이며, 공산주의자이다. 그는 이른바 '모택동주의'를 창시한 사상가로 족적을 남겼으며 시인이나 서예가로도 유명하다. 초기 중국공산당의 최고 지도자였으며 중앙 제7차 전국대표대회에서 장제스와 국민당 정부에게 연합정부론을 제의하였으나 국공내전에서 승리를 거두고 1949년 장제스와 국민당 일파를 타이완으로 축출했으며, 잔여 군벌들을 숙청하고 중국을 통일하였다. 1949년 혁명 군사위원회 주석과 1950년 임시 국가수반을 거쳐 1954년부터 1959년까지 초대 중화인민공화국 국가 주석으로 재직했다. 국가주석 재직 중 제2차 5개년계획의 개시와 더불어 3면홍기운동을 폈고 문화대혁명을 일으켜 자신의 권력을 강화하였다. 1959년 국가주석에서 물러난 뒤에는 후임 주석으로 오른 류사오치와 갈등하다가 린뱌오 등을 사주하여 1959년 류샤오치를 실각시키고 사망 직전까지 막후에서 영향력을 행사했다.

:: 저우언라이(周恩来) : 중화인민공화국의 정치가, 혁명가, 정치 지도자이며, 사회주의 운동가이다. 마오쩌둥이 정치와 군사를 주관한 반면 그는 외교와 협상, 교육 문제를 분담하였다. 고위 권력자임에도 청렴하였으며 권력자로 행세하지 않았다. 성실성과 친화력으로 인망을 얻었으며, 만년의 마오쩌둥은 그를 경계하였으나 2인자임에도 지위에 연연하지 않고 마지막까지 마오쩌둥을 성실하게 보좌하여 애국적 인물로 알려져 있다.

:: 빌 게이츠(Bill Gates) : 미국의 기업인이다. 하버드 대학교를 중퇴하고 폴 앨런(Paul Allen)과 함께 세계적인 기업 마이크로소프트를 설립하였다. 1990년대 들어 개인용 컴퓨터의 보급이 급속히 증가하기 시작한 데 힘입어 마이크로소프트는 개인용 컴퓨터 소프트웨어 시장의 주도권을 얻게 되었다. 이후 개인용 컴퓨터를 위한 운영체제인 윈도 95를 발표하여 대성공을 거두며 세계 최고의 부호로 등극하였다. 2000년 1월 마이크로소프트의 최고 경영자 직책에서 물러났으며 2008년 6월 27일에 공식적으로 마이크로소프트에서 퇴임하고 빌 & 멜린다 게이츠 재단에서 무급으로 풀타임 근무를 시작하였다.

:: 폴 알렌(Paul Allen) : 빌 게이츠(Bill Gates)와 더불어 마이크로소프트를 공동 창업한 사업가이다. 시애틀 사운더스 FC의 구단주로, 최근 들어 여러 부자 목록에 이름이 등재되었으며, 〈포브스〉지에 따르면 그의 재산은 2006년 현재 세계 6위로 기록되었다.

:: 법구경(法句經) : 서기 원년 전후의 인물인 인도의 법구(산스크리트어: Dharmatrata, 法救)가 편찬한 불교의 경전으로 석가모니 사후 삼백 년의 여러 경로를 거쳐 기록된 부처의 말씀을 묶어 만들었다고 한다. 법구경은 불교의 수행자가 지녀야 할 덕목에 대한 경구로 이루어져 있다. 주요 내용은 폭력, 애욕 등을 멀리하고 삼보에 귀의하여 선한 행위로 덕을 쌓고 깨달음을 얻으라는 것이다.

:: 마틴 루터 킹(Martin Luther King) : 미국의 침례교 목사이자 흑인 인권 운동 및 권리 신장 운동가로, 미국 내 흑인의 인권 운동을 이끈 개신교 목사들 가운데 한 사람으로 꼽힌다. 1964년 노벨 평화상을 받았다.

:: 간디(모한다스 카람찬드 간디〈구자라트어: મોહનદાસ કરમચંદ ગાંધી, 힌디어: मोहनदास करमचन्द गांधी, 영어: Mohandas Karamchand Gandhi〉) : 인도의 정신적, 정치적 지도자로, 독립운동가 겸 법률가, 정치인이다. 영국 유학을 다녀왔으며, 인도의 영국 식민지 기간 중 대부분을 영국으로부터 인도의 독립 운동을 지도하였다. 영국의 제국주의에 맞서 반영 인디아 독립운동과 무료 변호, 사티아그라하 등 무저항 비폭력 운동을 전개해 나갔다.

:: 클린턴 : 미국의 제50대와 제52대 아칸소 주지사를 지냈으며, 제42대 대통령이다. 46세의 나이로 대통령이 된 그는 역대 미국 대통령 중에서 세 번째로 젊은 대통령이었다. 클린턴은 나중에 미국 역사상 가장 긴 평화로운 경제적 확장 기간의 지속을 이끌었다.

:: 케네디 : 미국의 제35대 대통령이자, 미국 대통령 중에서 유일한 로마 가톨릭 교회 신자라는 점과 상류 사회인 잉글랜드계에 밀리던 아일랜드계 혈통 때문에 기독교 근본주의자들의 반발과 논쟁을 불러온 인물이다. 1961년부터 1963년에 암살당하기까지 2년밖에 대통령직에 있지 않았지만 미국의 자유주의에 대한 상징으로 기억되고 있다. 케네디가 대통령으로 있는 2년 동안 피그스 만 침공, 쿠바 미사일 위기, 베를린 장벽, 우주 경쟁, 베트남 전쟁 간접 개입, 흑인 인권 운동 등 많은 일이 일어났다. 서투른 명문가 도련님이라는 우려도 받았으나 역사가들은 케네디를 링컨, 루즈벨트, 워싱턴 등과 어깨를 나란히 할 만한 미국 역사상 가장 위대한 대통령 중 하나로 여기고 있다.

:: 인드라 누이 : 기업 경영진 및 최고 회장으로 세계에서 두 번째로 큰 음식 및 음료 기업인 PepsiCo를 이끌로 있는 최고 경영자이다. 〈포브스〉 지에 의해 세계에서 가장 영향력 있는 여성 100인에 선정되었다.

:: 진실 리더십(Authentic Leadership) : 2001년 12월 2일, 미국 사회를 충격에 몰아넣은 사상 최대의 분식회계 사건이 터졌다. 즉, 1996년부터 2001년까지 경제전문지 〈포춘〉에서 '미국에서 가장 혁신적인 기업'으로 선정된 미국의 7대 대기업이었던 에너지기업 엔론(enron)이 파산한 것이다. 엔론의 파산으로 4500명이 일자리를 잃었고, 노후를 위해 저축했던 연금마저 잃게 되었다. 엔론 사태는 미국인들에게 CEO의 도덕성이 얼마나 중요한지 알려준 계기가 되었다. 이와 반대로 MS의 빌 게이츠의 파격적인 자선활동은 독점기업이라는 부정적인 이미지를 완화시키는 데 큰 역할을 하고 있다. 오프라 윈프리도 좋은 예가 된다. 그녀는 사람들과 함께 진실성을 공유했고, 세계적인 유명인사가 됐다.

:: 섬김 리더십(Servant Leadership) : 브루클린 빈민가에서 태어나 임대주택에서 성장한 한 청년이 있었다. 그는 청년기 내내 영업사원으로 잔뼈가 굵었고, 자신의 고객사를 인수해 오늘날 세계적인 기업으로 키워냈다. 바로 스타벅스 CEO 하워드 슐츠이다. 어린 시절의 고생 탓인지, 그는 종업원들을 떠받드는 CEO로 유명하다. 수천 명이나 되는 종업원들에게 의료보험 혜택을 주고, 스톡옵션을 제공하고 있다. 하워드 슐츠는 직원들의 역량을 마음껏 발휘할 수 있는 환경을 조성하고, 기업의 목표와 가치를 직원과 함께 공유하는 섬김 리더십을 실천하고 있다. GE의 전 CEO 잭 웰치는 "리더는 항상 직원들에게 신경을

집중해야 한다."면서 "직원들에게 자극을 주기 위해서는 리더 스스로 더 강한 열정을 보여주고 직원들을 더 잘 보살펴야 한다."라고 강조했다. 예전처럼 카리스마를 가지고 명령만 하는 CEO의 리더십은 통하지 않는다. 또한 젊은 세대들은 개성을 존중하고 인정받기를 원하고 있다. 섬김 리더십이 사회적인 추세가 되고 있는 것이다.

∷ 감성지능 리더십(Emotional Intelligence Leadership) : 감성지능 리더십은 1998년 다니엘 골만이 〈하버드 비즈니스 리뷰(Havard Business Review)〉지에 냈던 논문에서 처음 소개됐다. 과거 리더십이 이성과 논리를 강조했다면, 감성지능 리더십은 공감대 형성과 사교적인 기술 등 5가지를 강조하고 있다. 감성지능 리더십은 보통 남성 CEO보다 여성 CEO에게 적합하다.

이베이 CEO 맥 휘트먼은 "신뢰감을 형성하는 문제에 관해 여자가 남자보다 훨씬 낫다고 자부한다."면서 "엄마로서의 경험 덕분이다."라고 밝혔다. 맥 휘트먼이 안정적인 대기업을 벗어나 이베이 CEO에 처음 안착했을 때, 그곳은 '괴짜들'의 집합처였다. 하지만 이질적인 문화에 적응하는 데는 오래 걸리지 않았다. 바로 여성의 감성이 있었기 때문이다. 경제전문지 〈포춘〉이 선정한 '미국에서 가장 영향력 있는 여성 기업가'에서 1998년부터 6년 연속 1위에 오른 것은 그녀의 감성 리더십이 빛을 발했기 때문이다.

40년 역사의 펩시콜라에서 첫 여성 CEO로 유명해진 인도 출신의 인드라 누이도 좋은 예다. 최고 재무 책임자(CFO)로 일하고 있을 때 사내에서 이벤트가 열렸다. 그는 인도 전통복장인 '사리'를 입고 나와 강연을 한 후 느닷없이 인기가요를 선창해 종업원들의 합창을 이끌어냈다. 딱딱한 행사가 그의 행동으로 따뜻하게 진행됐다. 그는 최근 펩시콜라 회장직마저 꿰찼다.

∷ 동방 순례 : 동양 사상에 깊이 젖어들었던 헤르만 헤세가 1929년 후반에 집필하기 시작해 1931년 4월 취리히에서 끝마친 1백 쪽도 안 되는 아주 짧은 소설이다. '결맹'에 가입해 동방순례자들과 함께 동방으로 여행을 떠났던 H. H.의 보고서로 오늘날 한국 사회에서 더욱 절실히 요구되는 새로운 리더십의 패러다임을 제시하고 있다.

∷ 수평 리더십 : 중간 리더 입장에서 동급의 동료에게 발휘하는 리더십

∷ 순례자 : ① 성지(聖地)를 순례하는 사람. ② 하늘나라에 소망을 두고 그 본향(本鄕)을 바라보며 이 땅에서 나그네와 같은 자세로 살아가는 성도

연습문제

01. 2010년 창조경제시대에서의 리더십은?

① 창조와 혁명 ② 진보와 혁신
③ 분업과 토론 ④ 지식과 정의

02. 글로벌 기업에서 원하는 글로벌 인재는?

① 진보와 혁신을 가진 인재 ② 창의와 열정을 가진 인재
③ 분업과 표준을 중시하는 인재 ④ 가치와 지식을 중시하는 인재

03. 게리 하멜 교수의 새로운 가치 창조의 가장 중요한 요소는?

① 창의성 ② 추진력
③ 열정 ④ 지성

04. 코칭 리더십에서 리더가 갖추어야 할 내용이 아닌 것은?

① 비전 제시자 ② 섬기는 자
③ 촉진자 ④ 진실자

05. 현재 직업에 대한 기술 사용 및 역량 개발에 초점을 두는 사람은?

① 코치 ② 트레이너
③ 멘토 ④ 기술자

06. 코칭 리더십의 목적에 어긋난 것은?

① 조직성과 극대화 ② 수직 협조 관계
③ 창조와 변화 유도 ④ 공동 목표 달성

07. 다음 중 리더의 자질과 품성에 해당되지 않는 것은?

① 흔들리지 않는 목적 의식 ② 자신의 일에 대한 자신감과 열정
③ 변화에 움직이지 않는 보수성 ④ 목표를 향한 일관성

08. 다음 중 리더십의 정의에 어긋난 것은?

① 남보다 먼저 행동을 취하며, 남들에게 말과 행동으로 영향을 주는 것
② 일, 활동, 실행을 지도하고 어떤 결과를 도출하는 일
③ 타인이 그 일을 스스로 하고 싶은 생각이 들게끔 동기와 영향을 주는 일
④ 다른 사람을 배제하고, 철저한 자기 관리만 유지하는 일

09. 공식적 계층적 직위의 권위를 근거로 하여 구성원을 조정하며 동작하게 하는 능력을 무엇이라 하는가?

① 헤드십 ② 리더십
③ 릴레이션십 ④ 팔로워십

10. 동양의 《법구경》에서 언급한 리더십 요소에 해당되지 않는 것은?

① 말 ② 환경
③ 몸가짐 ④ 표정

11. 80년대 정보화 시대 이후의 리더십 이론은?

① 행동이론 ② 상황이론
③ 변혁적 리더십 ④ 특성이론

12. 다음 중 리더십 스타일 분류에서 변혁적 리더십의 요소에 해당되지 않는 것은?

① 카리스마형 ② 지적 자극형
③ 개인적 배려형 ④ 조건부 보상형

13. 스타벅스 CEO 하워드 슐츠의 리더십은?

① 섬김 리더십 ② 진실 리더십
③ 감성 리더십 ④ 카리스마 리더십

14. 역할모델에서 매니저가 수행해야 할 내용이 아닌 것은?

① 계획 ② 성과
③ 조직 ④ 동기부여

15. 코칭리더십의 특징과 거리가 먼 것은?
① 지식 창조 ② 수평 조직
③ 수동적 ④ 지혜로운 리더

16. 다음 중 '지식 및 기술전달에 중점'을 두는 사람은?
① 코치 ② 매니저
③ 멘토 ④ 트레이너

17. 리더의 자질과 품성에 대한 것으로 옳지 않은 것은?
① 보수성 ② 자신감과 열정
③ 개방성과 일관성 ④ 철저한 자기관리

18. 다음 헤드십에 대한 설명으로 옳지 않은 것은?
① 배 밖에 있으면서 배에 탄 사람을 끌어당기는 능력을 말한다.
② 집단의 수족이 되어 전체를 이끈다.
③ 사람을 머리로만 이해하고 명령만 한다.
④ 이성만 있고, 감성은 결여되어 있다.

19. 다음 중 전통적인 리더십에 해당되지 않는 것은?
① 관료주의적 ② 전통적인 경영스타일
③ 도전적인 마인드 ④ 통제 중심적

20. 다음 중 리더십 모델링의 한 사례로 옳은 것은?
① 인드라 누이 – 스티브 잡스 ② 마틴 루터킹 - 빌게이츠
③ 간디 – 하워드 슐츠 ④ 클린턴 - 케네디

21. 감성 리더십 구축의 4번째 단계에 속하는 것은?
① 자기 통제 ② 조직 내 신뢰구축
③ 개별적 관심과 배려 ④ 긍정적 집단 감성 형성

연습문제 – 단답형

01. 개인 및 개인의 발전에 초점을 두는 사람을 누구라고 하는가?

02. 권력과 권위로 자기중심적으로 리드하는 사람을 무엇이라고 하는가?

03. 마음으로부터 따르게 하고 '우리'속에서 존경을 얻는 자를 무엇이라고 하는가?

04. 이성과 논리보다는 공감대 형성과 사교적 기술을 갖는 리더십을 무엇이라고 하는가?

05. 현재 직업에 대한 기술사용 및 역량 개발에 초점을 두는 사람을 누구라고 하는가?

06. 진실성, 도덕성을 강조하고 사회공헌을 요구하는 리더십은 무엇인가?

07. 매뉴얼과 전례에 따라 효율적으로 업무를 수행 관리하는 사람을 무엇이라고 부르는가?

08. 사람을 머리로만 이해하고 명령만하며, 공식적 계층적 직위의 권위를 근거로 하여 구성원을 조정하며 동작하게 하는 능력을 무엇이라고 하는가?

09. 클린턴은 '이 사람'으로부터 카리스마와 희망의 메시지로 대중을 고무시키는 방법에 관한 리더십을 모델링하였다. '이 사람'은 누구인가?

10. 환경과 리더십 패러다임의 변화에 따라 개인의 잠재능력을 발견하고 개인과 조직의 성장변화를 일으켜 성과를 향상시키는 새로운 리더십을 무엇이라고 하는가?

11. GE의 제프리 이멜트 회장의 윤리경영으로 GE의 핵심가치라고 한 것은 무엇인가?

12. 마이페이스가 머독의 인수 후 실패 이유를 간단히 약술하시오.

13. '베리슈워츠'가 말하는 우리의 문제 해결 접근 방식으로 규칙 말고 무엇이 더 있는가?

14. 베리슈워츠는 직업 생활에서도 도덕성이 붕괴되면 사람들이 점점 '이것'에 의존하는 경향이 있다고 말했다. '이것'은 무엇인가?

15. 창발적 리더십의 특징 세 가지를 나열하시오.

16. 감성 리더십 구축의 4단계를 순서대로 나열하시오.

17. 코칭 리더십에 따르면 멘토는 '왜'와 '누구'에 더 초점을 두고, 코치는 '(   )', '(   )'에 초점을 둔다.
각각 (   )안에 알맞은 단어를 쓰시오.

18. 스타벅스 CEO 하워드 슐츠는 (   ) 리더십, 펩시콜라 회장 인드라 누이는 (   ) 리더십, MS사의 빌게이츠는 (   ) 리더십이다.
각각 (   )안에 알맞은 단어를 쓰시오.

19. 리더십 이론의 변천 과정 중 다음에 해당하는 리더십 이론을 쓰시오

- 부하들 앞에서 보여주는 리더의 행동이 리더십 스타일을 결정한다.
  (   )
- 배려형과 구조 주도형, 민주형과 독재형, 생산 중심형과 인간관계 중심형이다.
  (   )

20. 리더십 스타일에는 총 8가지 유형이 존재한다. 다음에서 설명하는 리더십의 유형을 쓰시오.

- 팀원의 아이디어나 오래된 문제를 새로운 시각으로 제고해보도록 자극, 지성, 이성, 문제해결을 강조한다. (   )

✦ 본문출처(사이트)

네이버사전, 백과사전
최효진, 《다이나믹 코칭리더십》, 새로운 사람들, 2006
이채욱, 《백만불짜리 열정》, 랜덤하우스코리아, 2006
〈Business 2.0〉, "체념과 포기를 극복하고 개혁을 성공한 모토로라", 2005. 6
안동림, 《불멸의 지휘자》, 서울 웅진지식출판사, 2009
삼성경제연구소, 《SERI 경영노트》, 2011.7
최영진, 〈위클리경향〉 제 16권 14호 "카리스마는 더 이상 통하지 않는다. 수직 리더십서, 수평 리더십으로", 경향신문
http://blog.naver.com/postview.nhn?blogid=fanclub20oo&logno=120037235026

PART

Ⅱ 가치관과 비전

감성지능 개발

- 감성 리더십과 감성지능 개발 -

감성지능은 자신의 한계와 가능성을 객관적으로 판단해 자신의 감정을 다스리고, 상대방을 이해하고 타인과 좋은 관계를 유지할 수 있는 능력을 말하며, 감성적 리더십은 일회성이 아닌 본질적, 단계적으로 일관성과 지속성을 갖고 추진하는 것이 매우 중요하다.

○ 감성지능(Emotional Intelligence)

구분	정의
자아 인식력 (Self-Awareness)	• 자신의 기분, 감정, 취향 등이 타인에게 미치는 영향을 인식·이해하는 능력
자기 통제력 (Self-Regulation)	• 부정적인 충동과 기분을 통제하거나 바꿀수 있는 능력 • 행동하기 전 판단을 위해 잠시 멈출 수 있는 절제 능력
동기부여 (Motivation)	• 돈, 직위를 초월해서 직무를 성공적으로 수행하려는 열정 • 끈기를 가지고 목표를 추구하는 성향
감정이입 (Empathy)	• 다른 사람의 감정을 헤아려 이해하는 능력 • 다른 사람의 감정적인 반응을 대응 처리하는 능력
사교성 (Social Skill)	• 인간관계를 형성하고 관리하는 능력 • 공동 입장을 발견하고 친밀 관계를 형성하는 능력

출처: "리더란 무엇인가?", Harvard Business Review, 1998

PART
Ⅱ

가치관과 비전

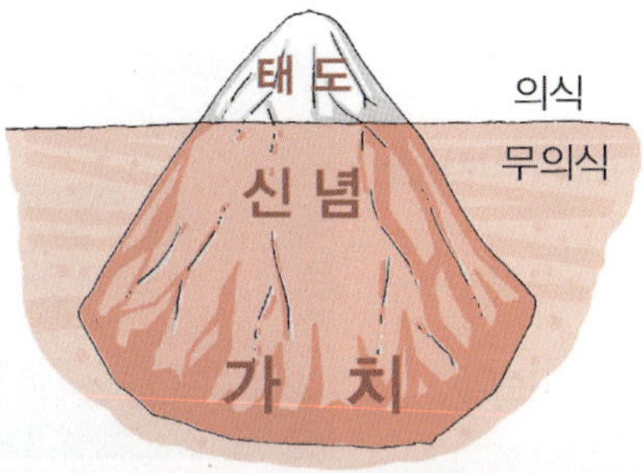

현대 사회는 무엇이 가치 있고 중요한지, 그 가치들이 자신의 의사결정과 행동을 어떻게 가이드 하는지를 의식하고 성찰하는 것이 중요하다. 이번 차시에서는 가치관, 비전, 사명, 정체성이 무엇인지 이해하고 나의 비전, 존재의 이유, 그리고 내가 누구인지 확실하게 이해하도록 한다.

2.1 가치관

Prologue

- 신념과 가치 그리고 지녀야 할 덕목인 가치관의 의미를 알아본다.
- 가치관의 의미와 가치를 형성하는 과정을 알아본다

(1) 가치관

가치관은 인간이 자기를 포함한 세계나 그 속의 어떤 대상에 대하여 가지는 평가의 근본적인 태도나 관점을 말한다. 즉, 가치관이란 쉽게 말하여 옳은 것, 바람직한 것, 해야 할 것이나 하지 말아야 할 것 등에 관한 일반적인 생각을 의미한다.

반면에 가치는 사람들로 하여금 어떤 방식으로 행동하게 하는 믿음과 신념으로 인간의 행동양식, 사고방식, 일상생활의 결정과 선택의 중요한 준거로 작용한다.

◦ **가치에 대한 관점** 인간이 자기를 포함한 세계나 그 속의 사상(事象)에 대하여 가지는 평가의 근본적 태도이다.

價	값 가 : 값 / 값어치
値	값 치 : 값 / 값어치 / 당하다
觀	볼 관 : 보다 / 보이다 / 생각

○ 오늘날은 영업성과보다 가치관을 중시하는 사회

- 가치관이 없는 사람은 영업성과를 불문하고 퇴출

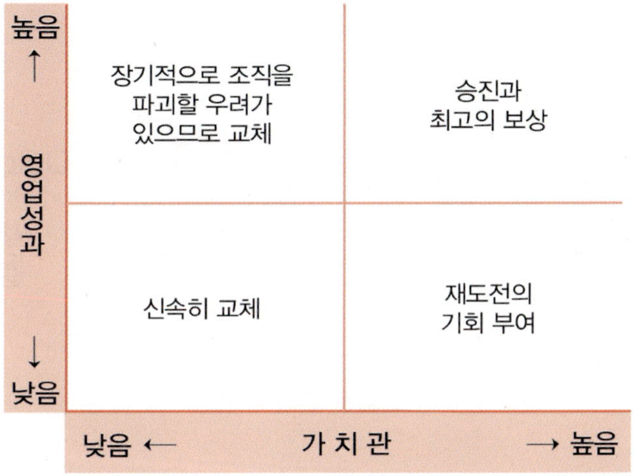

[그림 2.1] 영업성과와 가치관

(2) 신념과 가치

신념이란 어떤 것을 진실로 받아들여 믿는 것으로 행동의 매우 강력한 원천이다. 따라서 할 수 있다고 진정 믿는 사람은 실제 그 일을 할 수가 있다. 이러한 신념은 가치를 통해 태도로 바뀐다.

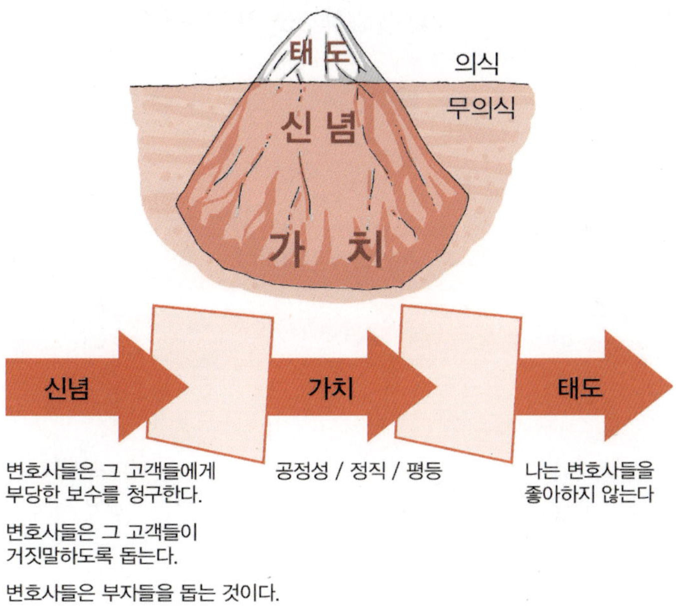

[그림 2.2] 신념, 가치, 태도

신념은 능력이나 행동을 지원하거나 억제하는 식으로 강화(reinforcement)해주며 언어와 행동으로 나타난다.

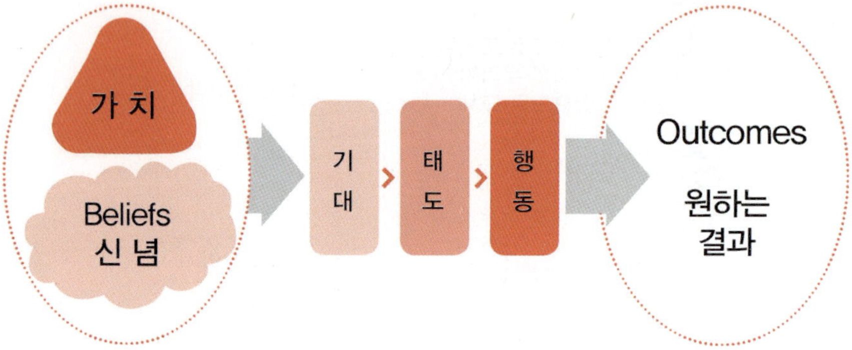

[그림 2.3] 신념은 언어와 행동으로 표현

성공한 사람은 제한 신념에서 자유롭다. 제한 신념의 유형에는 목표가 실현 불가능하다는 절망감(hopeless), 자신이 무능해서 이룰 수 없다는 무력감(helpless), 목표를 달성할 자격이 없다는 무가치감(worthless), 무엇을 하고 싶지 않다는 쓸모없음(useless) 등이 있다.

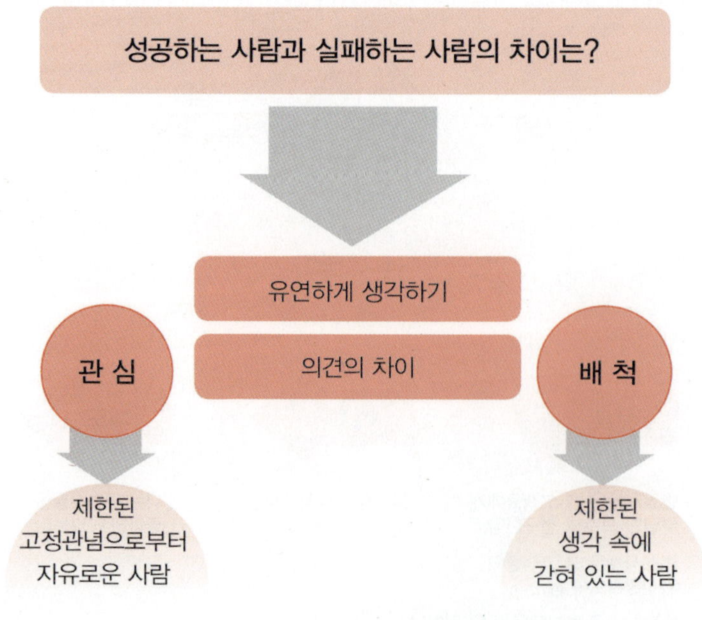

[그림 2.4] 성공한 사람의 신념

- 자신을 어떻게 규정하는가에 따라 그 사람의 역량과 삶의 질이 결정되며, 긍정적인 힘, 즉 할 수 있다는 강력한 힘은 인간의 한계를 넘을 수가 있다.

(3) 인생관

인생관이란 인생의 의의, 가치, 목적 등을 이해하고 평가하는 전반적인 사고체계로 인생에 대한 관념 또는 사상적 태도로서 어느 정도 각 개인의 경험이나 성격에 의해 결정되며, 반성과 성찰 등이 가해질 때 체계화된다.

즉, 가치관은 살아가면서 마주치게 되는 선택의 문제 중 어떤 것을 선택하는가의 문제이고, 인생관은 이러한 선택적문제가 쌓여 굳어져 버리는 태도를 의미한다.

○ 공정성과 진실성

미 프로 풋볼(NFL) 세인트 루이스 램스의 딕 베베일 감독은 1997년부터 1998년까지 2년간 성적이 최하위권인 9승 23패의 팀을 재조직하여 1999년에는 우승을 일궈낸 명 감독이다. 그는 "조직에 해를 끼치는 사람이나 윤리적으로 문제가 있는 사람은 조직을 위해 과감히 정리하는 대신에 남은 사람들에게 진실하면 된다."는 진실성을 강조하였다. 그는 이러한 과정에서 일 처리는 공명정대 해야 하고, 누구나 인정할 수 있는 공정한 기준을 만들고, 지키도록 하면 남은 사람들은 지도자를 믿게 된다며 공정성(Inpaotiality)과 진실성을 강조하였다.

출처: 삼성경제연구소, 〈ISSUE Paper〉, 2002.6

Caption 1

1. 가치관의 의미를 말하여라.
2. 고정관념의 제한된 생각, 굳은 생각과 같이 몇 가지 사례를 들어라.
3. 가치는 어떻게 형성되는지 요인을 들어라.

❍ 히딩크 리더십의 성공 요소

HI

Principle (원칙)

Hardiness (꿋꿋함과 소신)

Impartiality (공정성)

FIVE

Strategies (전략)

Fundamentals (기본의 강조)
Innovation (혁신의 추구)
Value Sharing (가치의 공유)
Expentise (전문지식의 활용)

GOAL (명확한 목표)

꿋꿋한 소신: 흔들림 없는 중심잡힌 자신만의 축구철학 (마이웨이 고집)
공정성: 명성이 아닌 실력으로 선수 선발 (객관적 데이터 중시)

기본강조: 원칙과 규율을 강조하고 소프트와 하드 측면의 펀더멘탈 중시
혁신추구: 창의적 축구 추구 (수평적 힘 문화조성, 내부 선발 주전 경쟁 강화)
가치공유: 축구스타일 공유 (선수 창의성 존중하는 생각하는 축구 추구와 칭찬은 하지만 비난을 하지 않고, 약속은 신의로 지킴)
전문지식 활용: 한 차원 높은 과학적인 글로벌 스탠다드 기술 활용 (전술, 기술, 체력, 정신력의 균형 있는 향상 추구)

출처 : 삼성경제 연구소, 〈Issue Paper〉, 2002.6

[그림 2.5] HI - FIVE 리더십

2.2 비전

Prologue

- 국가나 기업, 그리고 우리들에게 비전이 없으면 꿈도 없고, 꿈이 없으면 삶을 살아가는 데 어려움이 따르고 발전도 없게 된다. 비전의 의미를 알아본다.
- 비전, 사명, 목표의 차이점과 의미를 알아본다.

(1) 리더십과 비전의 관계

비전이란 현실성 있고 매력적인 미래의 모습이다. 이것은 사람을 고무시키며 눈앞의 작은 현실적 이익을 초월해 자발적으로 전심전력을 다하게 만들어 비전을 실현하는 일에 참여하게 만든다.

비전은 미래의 어떤 시점에서의 바람직한 모습으로, 리더는 조직이 어디로 나아갈지, 어떤 모습이 될지를 보여주고 말함으로써 비전을 제시한다.

즉, 조직의 비전은 미래에 대한 올바른 방향과 목표로, 비전이 없는 국가나 조직은 망한다. 비전이 없는 개인도 방향 없이 망망대해를 정처 없이 떠다니는 배와 같다. 스티븐 코비 박사는 "비전은 나침반의 자침이요, 리더십은 자침을 움직이는 지구의 자력과 같은 것"이라고 비교 정의하였다.

[그림 2.6] 리더십과 밀접하게 연관되어 있는 비전

(2) 비전, 사명, 목표의 의미

전략은 목표를 달성하는 수단이고, 사명은 해야 할 일, 비전은 되고 싶은 높은 차원의 목표를 의미한다. 따라서 전략과 목표를 갖고 노력하고 추진하면 비전에 도달하게 된다.

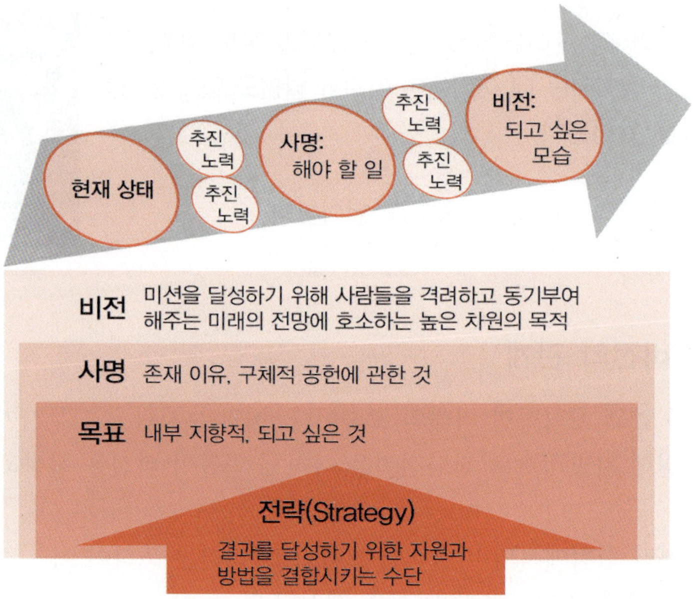

[그림 2.7] 비전, 사명, 목표

- **사명(mission)**이란 말은 '미사일'이라는 말처럼 라틴어 뿌리(mitto)에 유래하는데, '보내기'를 의미하는 종교적 용어라고 흔히 알고 있다. 그러므로 사명은 바로 누구에게 '보내진다'는 것, 즉 뒤에서 나아가도록 추진되는 것이라고 전제한다.

- **천직(vocation)**이라는 말과 관련된 소명(calling)의 개념은 외부에 누군가가 '부르심'을 행하는 것이며 우리를 부르는, 대개 '더 좋은' 쪽으로 끌어당겨지는 것을 전제로 한다.

- **목적(purpose)**이란 말은 '제안하기'라는 뜻의 라틴어 'propono'에서 유래했다. 내면에서 움직여진 목적은 외적 요소가 없을 때까지 유지되는 경향이 있는 반면에 외부에서 생긴 목적은 보통 또 다른 이름의 '사명'이다.

동영상 보기(1)
비전의 힘

동영상 보기(2)
비전을 선포하라

(3) 바람직한 비전의 특성

비전은 거시적 관점에서 미래에 되고 싶은 생생한 모습으로, 이루고자 하는 꿈의 미래의 청사진으로서의 특성을 지녀야 한다.

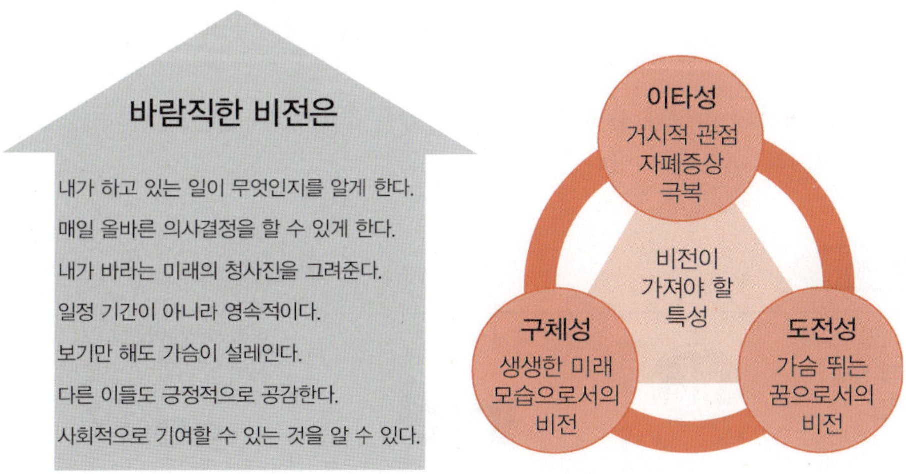

[그림 2.8] 바람직한 비전

비전은 단순하면서도 구체적이며, 의외성이 있으면서도 신뢰적이고, 감동적이며 스토리가 있는 메시지를 담고 있어야 한다.

따라서 미래의 모습은 어떠한지, 그러한 모습이 되기 위해 어떠한 목표가 제시되었는지, 구체적이고 감동적이며 공동의 이익은 있는지 등의 여러 관점 속에 다음 예시를 살펴보자.

비전은 리더에게 무엇을 의미하는가?

목표와 사명은 결과가 있다

당신의 비전은 당신 없이도 계속될 수 있다

비전: 많은 학생 자원봉사자들의 지역사회 봉사활동 참여
사명: 계속적인 학생 자원 봉사자 교육을 통해 수준 높은 학생 봉사활동 유지
목표: 체계적인 학생 자원봉사 훈련 제공

전 세계에서 제일가는 유기농 상품이 되게 한다.	**목표**(goal)
우리는 유기농 식품만을 사용하겠다.	**사명**(mission)
전 세계에 좋은 음식물을 공급한다.	**비전**(vision)
건전하고 지속 가능한 식품 기준을 세운다.	**사명**(mission)
우리는 내년에 유기농 식품 부문의 핵심 역할을 하고 싶다.	**목표**(goal)
전 세계의 사람들이 화해하기	**비전**(vision)

[그림 2.9] 비전의 예시

다음은 유명 회사의 비전과 사명에 관한 예를 들은 것이다. 비전은 간명하게, 사명은 보다 구체적으로 의미를 내포하고 있다.

비전의 예시

글로벌기업으로서 고품질의 제품 까시 공급 (GE)	연결된 세계 건설 (intel)	종합엔터테이먼트 서비스 기업 (SONY)
우리 듀폰인은 지구에서 삶을 개선하기 위해 헌신한다. 세계 최대의 생명과학회사 (DUPONT)	첨단정보기술과 고품질의 투자자문 노하우를 결합하여 고객에게 최상의 서비스제공 (Merrill Lynch)	세계적 연구, 교육기관으로의 도약, 역동적 변화 시대에 부응하는 전문능력 개발 전문기관 (대학)

사명의 예시

학교 : 국가와 사회가 요망하고, 21세기가 요구하는 창의적 혁신적 인재를 혁신적 교육 기법, 실험적 방법, 광범위한 참여, 선진 교육기관과의 제휴를 통해 육성하는 것이며, 이를 통해 민족과 국가에 공헌하는 것이다.

목표는 결과가 있고, 비전은 이루고자 하는 꿈이라고 볼 수 있다. 하고 싶은 것과 갖고 싶은 것은 목표에 해당되고, 되고 싶은 것은 비전이라고 볼 수 있다.

[그림 2.10] 구체적인 비전

비전이 있는 사람은 퍼즐 조각을 쉽게 맞추듯 자신의 삶을 꾸려가지만, 비전이 없는 사람은 많은 시행착오를 거치면서 힘들게 살아간다. 성공한 사람들은 구체적인 비전들을 모두 갖고 있다.

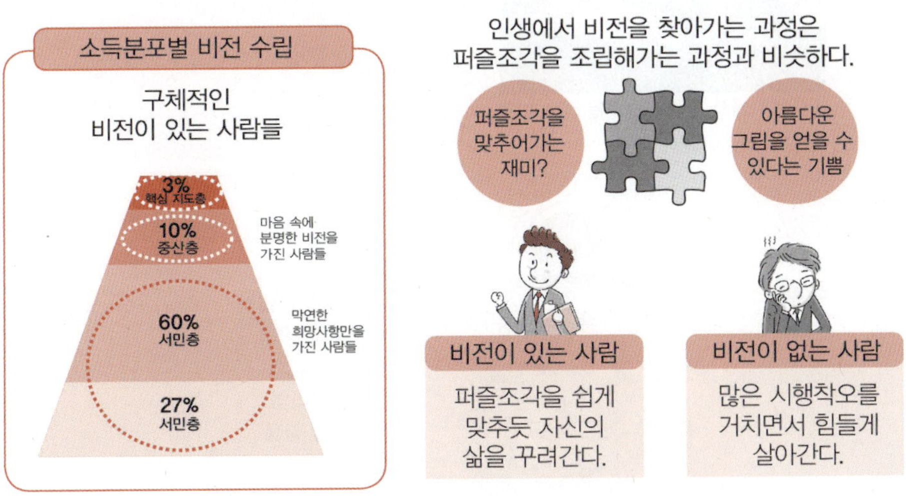

[그림 2.11] 구체적인 비전

Caption 2 비전과 목표

비전이면 V, 목표면 G로 표시해보자.

☐	기술과 혁신을 통하여 생활에 풍요로움을 준다.
☐	2012년까지 심리학 박사학위를 취득한다.
☐	보통사람들에게 부자들과 똑같은 물건을 살 수 있는 기회를 준다.
☐	누구도 경험해보지 못한 즐거움과 행복을 준다.
☐	한 달에 5명씩 자기계발 분야의 성공한 사람을 만난다.
☐	우리나라 청소년들이 올바른 꿈을 갖도록 상담 분야에서 한 알의 밀알이 된다.
☐	미국 MBA 유학을 위한 토익 980점을 취득하기 위해 올해 12월까지 매일 3시간을 투자한다.

달 정복 계획의 성공 가능성은 50% 미만에 불과했지만 케네디는 국민들에게 우주 개발의 비전을 제시함으로써 의회에서 수십억 달러의 예산도 받아냈고, 훗날에 그 꿈도 이루었다.

달 정복 계획 성공 가능성은 50% 미만
전문가들은 비관적 예상

Man on the Moon
나는 이 나라가 60년대가 가기 전에 인간을 달에 착륙시켜 다시 지구로 무사히 귀환시키는 목표 달성을 적극 추진해야 한다고 생각합니다. 당대의 어떤 우주 사업도 이보다 더 인상적이거나 장기 우주 개발에 더 중요할 수는 없습니다.
– 케네디 대통령의 1961년 미 의회 발표문

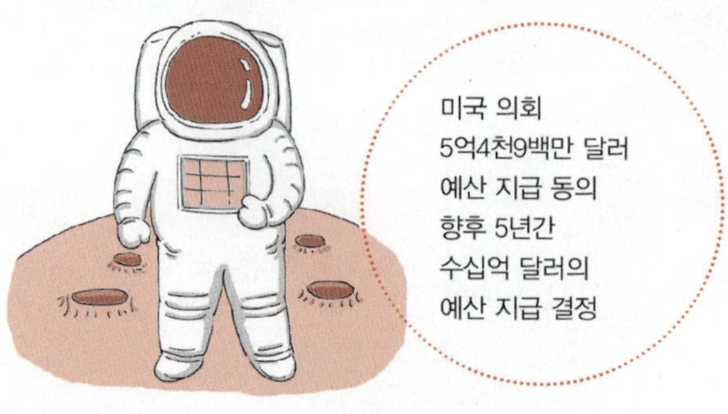

[그림 2.12] 케네디의 달 정복 계획

○ 욕구의 예와 마틴 루터 킹

모든 변화는 꿈이나 소원으로 시작한다. 꿈이 없다면, 우리는 달에 도달하지 못한다고 케네디는 말했다. 마틴 루터 킹은 "나에게는 꿈이 있습니다!(I have a dream.)"라고 말했고, 이 꿈은 미국에서 인종차별 종식을 이끌어내었다. 이와 같이 욕구 때문에 우리는 변화의 길을 걷게 되고, 열정과 노력으로 꿈을 이루게 된다. 우리에게 욕구가 없다면 오직 무감동만 있을 뿐이다.

출처: 박진희, 최인화 옮김, 《코칭 & 맨토링》, (주)한국비즈니스코칭, 2011

○ 인간관계를 유지하는 5가지 방법

인간관계를 쌓았다면 그 관계를 유지하기 위해서 애프터 케어(Aftercare)에 관심을 가져야 한다. 애프터케어를 소홀히 하면 어렵게 쌓아올린 인간관계도 쉽게 무너진다. 따라서 다음 5가지의 방법을 잊지 말아야 한다.

1. 믿음을 유지할 수 있도록 경솔하게 약속하지 마라.
2. 비즈니스 관계에서 말이 많은 것은 성실함이 부족한 것을 나타내므로 경계하라.
3. 자신에게는 엄격하고 남들에게는 관용을 베풀어라.
4. 각별한 노력으로 긴밀함 속에 돈독하고 원활한 인간관계를 유지하라
5. 최소한의 예의를 잃지 마라.

출저: 보리야 히로시, 《성공으로 가는 리더십》, 새벽이슬, 2009

2.3 정체성

Prologue

- 자신이 살아가는 삶의 방법과 신념인 정체성에 대해서 알아본다.
- 정체성과 자아정렬을 통해 비전을 정립하는 법에 대해서 알아본다.

(1) 정체성(Identify)

살아가면서 원하는 것과 진정 추구하는 행복에 대한 자신의 환경, 행동, 능력, 신념 등이 정체성이며, 자신을 되돌아보면 자신의 삶이 다면화될 수 있다.

정체성은 타고 태어나는 것이 아니라 그 사회의 여러 사람들이 자신을 그 속에 포함되도록 만들어준다. 자신의 정체성을 찾는 것은 두 가지, 사회로부터 판단되어지는 자신을 발견하는 것과 더불어 자신이 생각하는 '자아'를 찾아내는 과정이라 말할 수 있다.

[그림 2.13] 자아정체성

(2) 정체성에 따른 자아 정렬 상태

신념과 가치관, 능력과 전략, 행동, 그리고 환경에 의해서 자아의 정체성이 형성된다.

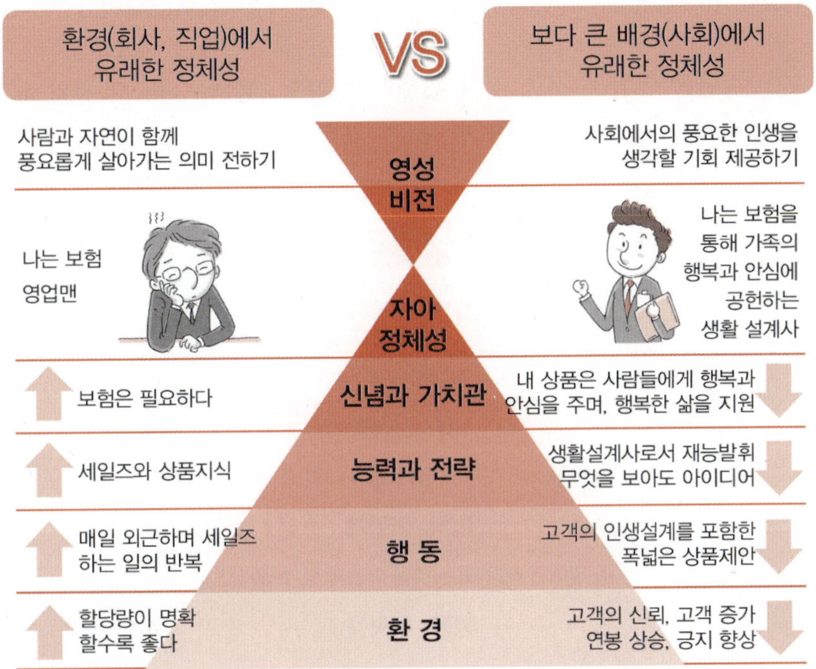

[그림 2.14] 정체성에 따른 자아 정렬 상태

(3) 지능수준의 상호작용

우리는 보다 더 큰 것, 즉 가족, 회사, 공동체, 문화 혹은 종교에 속해 있거나 연결되어 있어 비전, 성취할 사명, 따라야 할 소명, 충족시켜야 할 목적 등이 있다. 이 수준들은 지능수준과 상호작용한다.

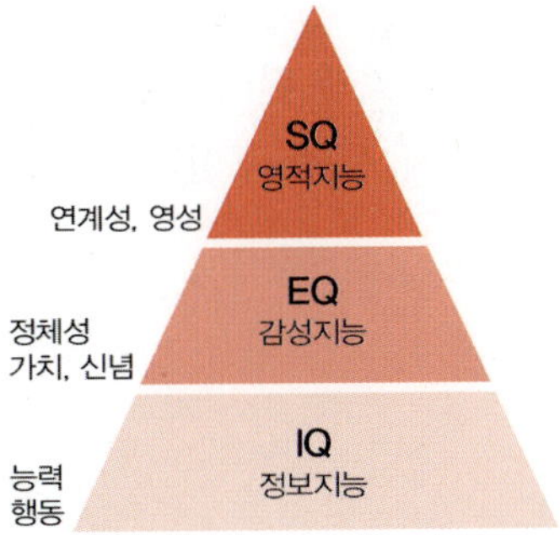

- 영적지능(spiritual intelligence) : 자아실현을 위한 관점으로 더 높은 삶의 목적을 연결하고 상호작용하며 표명하는 능력

- 감성지능(emotional intelligence) : 소중히 여기는 신념과 가치와 관련이 있으며, 스스로 누구라고 인식하는지를 구축하기 위해서 기술과 자원 사이를 고려하는 능력

- 정보지능(information intelligence) : 지식, 기술, 능력이라는 자원들과 이것들을 일상 환경에서 적용하는 능력

출처: 박진희, 최인화 옮김, 《코칭 & 맨토링》, 주)한국비니즈니스코칭, 2011

리더로서 자아정렬을 통한 비전을 찾기 위해서는 환경, 행동, 능력, 가치와 신념으로 정체성을 찾은 후에 비전을 정립해 나가야 한다.

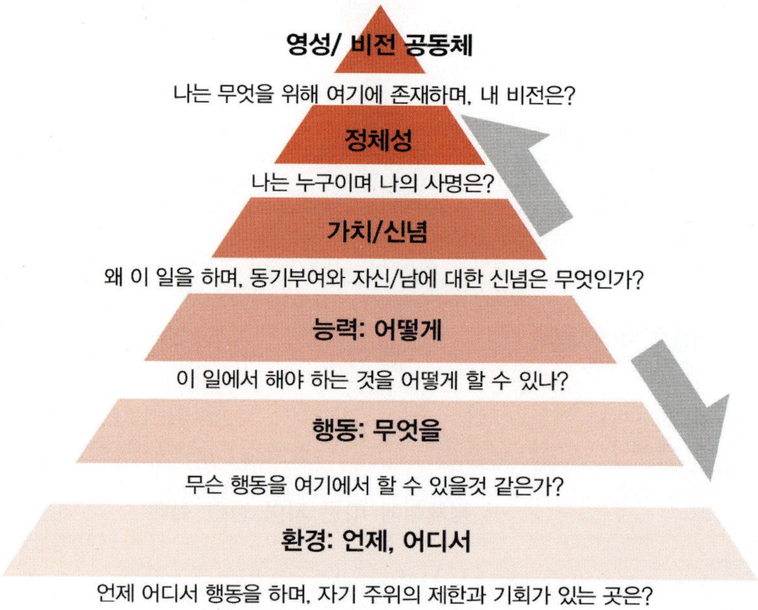

[그림 2.15] 자아정렬을 통한 비전 수립

- 경험에 대한 기본적 신경논리적 수준모델

  영향력이 내려가는 순서로, 로버트 딜츠(Robert Dilts)는 이와 같은 논리적 수준을 구별하였다. 보다 낮은 신경논리적 수준은 보다 높은 수준 속에 묻혀 있게 된다. 예를 들면, 어떤 사람의 행동은 모든 환경에 포함되어 있고, 정체성은 가치 등에 포함되어 있다.

〈표 2.1〉 경험에 대한 기본적 신경논리적 수준모델

수준	전형적 개념/관심	실제 활용
6 영성 유대 공동체	어떻게 나의 문화와 사회에 관계가 있는가? 우리 사회는 무엇을 향하고 있는가?	• 우리 사회가 5년 지나면 어떻게 보일까? • 우리는 왜 살까? • 인류는 어떻게 진화할까?
5 정체성	나는 누구인가? 왜 나는 여기에 있는가?	• 내 자신이 누구인지, 사회 안에서 자신의 역할 표시 • 주어진 역할과 타이틀과 별도로 자신이 누구인지를 표시
4 가치 신념 확신	내게 중요한 것이 무엇인가? 내 신념은 무엇인가? 왜?	• 가치의 예는 다정함, 자유, 창의성, 자격, 성공 등 • 신념은 진실이라고 확신하는 감정으로 동기를 부여할 수 있음
3 역량 능력 스킬	내가 어떻게 일하는가? 무엇을 할 수 있는가?	• 무슨 스킬을 가지고 있고 핵심역량이 무엇인가? • 세일즈 과정, 회의 테크닉에 관한 과정
2 행동	나는 무엇을 하는가?	• 이야기하고, 보고, 걷는 것과 같은 행동 • 행동은 스킬, 가치, 신념들과 정체성에 의해 무의식적으로 조정된다.
1 환경	자신을 둘러싸고 있는 것이 무엇인가?	• 장소 그 자체와 거기서 상호작용하는 사람들, 동료, 가족, 친구들 그리고 자신이 살고 일하고 있는 곳

출처: 박진희, 최인화 옮김, 《job EQ를 코칭하라》, (주)한국비즈니스코칭, 2011.5

예를 들어 "나는 여기서 그것을 해낼 수 없어요."라는 질문에 나 = 정체성, 할 수 없어요 = 신념, 해내다 = 능력, 그것을 = 행동, 하고 있는 일, 활동, 여기서 = 환경

즉, 정체성은 자신의 개성을 규정할 때 사용하는 신념들, 다른 사람들과 비교해서 좋다, 나쁘다, 차이가 없다와 같이 우리를 독특하게 만드는 신념들을 의미한다.

Caption 3

1. 학생 신분으로서의 사명과 가치관은?
2. 학생으로 해야 할 일은 무엇인가?
3. 나는 무엇을 위해 여기에 존재하며, 나의 비전은 무엇인가?

2.4 용어해설과 연습문제

용어해설

:: 달 정복 계획(아폴로 계획, Project Apollo) : 1961년부터 1972년까지 미국항공우주국에 의해 이루어진 일련의 유인 우주 비행 탐사 계획이다. 아폴로 계획의 목표는 1960년대 존 F. 케네디 대통령의 연설에서 언급되었던 "인간을 달에 착륙시킨 후 무사히 지구로 귀환시키는" 것으로 요약할 수 있다. 이 목표는 1969년 아폴로 11호에 의해 달성되었다.

:: 사상(事象) : 동전이나 주사위를 던진다든가 하는 시행 결과론에서 일어나는 사실을 말한다. 동전을 한 개 던지면 안쪽이나 바깥쪽의 어느 한쪽이기 때문에 거기에는 2개의 사상이 있으며 그 확률은 1/2이 된다. 주사위를 던지면 1~6 중 어느 하나의 눈이 나오기 때문에 거기에는 6개의 사상이 있으며, 확률은 각각 1/6이 된다.

:: 청사진(青寫眞) : 아키텍처 또는 공학 설계를 문서화한 기술 도면을 인화로 복사하거나 복사한 도면을 말한다. 은유적으로 '청사진'이라는 용어는 어떠한 자세한 계획을 일컫는 데에 쓰인다.

:: 공정성 : 공평하고 올바른 성질

:: 가치관 : 가치에 대한 관점. 인간이 자기를 포함한 세계나 그 속의 사상(事象)에 대하여 가지는 평가의 근본적 태도이다.

:: 전문성 : 전문적인 성질. 또는 특성

:: 심미안 : 아름다움을 살펴 찾는 안목

:: 신념 : 자신이 가진 견해 · 사상에 대하여 흔들림 없는 태도를 취하며 변하지 않는 것

:: 전략 : 어떤 목표에 도달하기 위한 최적의 방법을 뜻한다.

:: 비전 : 상상력, 직감력, 통찰력 등을 뜻하거나 미래상, 미래의 전망, 선견지명 등을 말한다.

연습문제

01. 어떤 대상에 대하여 가지는 평가의 근본적인 태도나 관점을 무엇이라 하는가?

① 가치관 ② 정체성
③ 일관성 ④ 리더십

02. 어떤 것을 진실로 받아들여 믿는 것을 무엇이라 하는가?

① 가치 ② 신념
③ 태도 ④ 지식

03. 다음 중 제한 신념의 유형에 속하지 않는 것은?

① hopeless ② useless
③ endless ④ worthless

04. 미래의 어떤 시점에서 바람직한 모습은?

① 사명 ② 목표
③ 전략 ④ 비전

05. 다음 설명 중 잘못된 것은?

① 목표는 외부 지향적이며 되고 싶은 것이다.
② 사명은 해야 할 일이다.
③ 비전은 되고 싶은 높은 차원의 목표이다.
④ 전략은 목표를 달성하는 수단이다.

06. 다음 중 비전이 가진 특성에 해당되지 않는 것은?

① 미래의 청사진 ② 미시적 관점
③ 영속적 ④ 도전성

07. "전 세계에서 제일 가는 유기농 상품이 되게 한다"라고 정의한 것을 무엇이라고 하는가?

① 비전(vision) ② 사명(mission)
③ 목표(goal) ④ 계획(plan)

08. 다음 중 비전(vision)에 해당되는 것은?

① 1년 후에 컴퓨터를 마스터해야겠다.
② 2년 후에 중국어를 마스터해야겠다.
③ 3년 후에 2000cc 자동차를 사야겠다.
④ 나는 5년 안으로 간부사원이 되겠다.

09. 다음 설명 중 잘못된 것은?

① 목표는 결과가 없다.
② 비전은 이루고자 하는 꿈이다.
③ 하고 싶은 것과 갖고 싶은 것은 목표이다.
④ 되고 싶은 것은 비전이라 볼 수 있다.

10. 다음 설명 중 잘못된 것은?

① 목표와 사명은 결과가 있다.
② 당신의 비전은 당신 없으면 계속될 수 없다.
③ 비전이 없는 사람은 많은 시행착오를 거치면서 힘들게 살아간다.
④ 유명회사의 비전은 간명하고, 사명은 보다 구체적으로 의미가 내포되어 있다.

11. 다음 중 '결과를 달성하기 위한 자원과 방법을 결합하는 수단'의 의미는?

① 사명 ② 목표
③ 전략 ④ 비전

12. 다음 중 내부지향적이며 되고 싶은 것을 나타내는 것은?

① 전략 ② 비전
③ 사명 ④ 목표

13. 다음 중 바람직한 비전에 해당되지 않는 것은?

① 일정 기간 동안에 존재하는 한시성이다.
② 내가 바라는 미래의 청사진을 그려준다.
③ 다른 이들도 긍정적으로 공감한다.
④ 내가 하고 있는 일이 무엇인지 알게 한다.

연습문제 – 단답형

01. 다음에서 설명하는 것을 쓰시오.

- 자아실현을 위한 관점으로 더 높은 삶의 목적을 연결하고 상호작용하며 표명하는 능력

02. 인간이 자기를 포함한 세계나 그 속의 어떤 대상에 대하여 가지는 평가의 근본적인 태도나 관점을 무엇이라고 하는가?

03. 어떤 것을 진실로 받아들여 믿는 것을 의미하는 용어는 무엇인가?

04. 미래의 어떤 시점에 되고 싶은 모습을 무엇이라고 하는가?

05. (   )이란 말은 '미사일'이라는 말처럼 라틴어 뿌리에 유래하는데, '보내기'를 의미하는 종교적 용어라고 흔히 알고 있다. 그러므로 (   )은 바로 누구에 '보내진다'는 것, 즉 뒤에 나아가도록 추진되는 것이라고 전제한다.
(   )안에 알맞은 말을 쓰시오.

06. 성공한 사람은 (   )에서 자유롭다. 제한 신념의 유형에는 목표가 실현 불가능하다는 절망감, 자신이 무능해서 이룰 수 없다는 무력감, 목표를 달성할 자격이 없다는 무가치감, 무엇을 하고 싶지 않다는 쓸모없음 등이 있다.
(   )안에 알맞은 말을 쓰시오.

07. 목표는 결과가 있고, (   )은 이루고자 하는 꿈이다. 하고 싶은 것과 갖고 싶은 것은 (   )에 해당되고, 되고 싶은 것은 (   )이라 볼 수 있다.   각각 (   )안에 알맞은 말을 쓰시오.

08. 신념은 능력이나 행동을 지원하거나 억제하는 식으로 강화해주며, (   )와 (   )으로 나타난다.
(   )안에 알맞은 말을 차례대로 쓰시오.

09. 자신이 살아가는 삶의 방법이나 신념이 (　　　　　　　)(이)라고 말할 수 있다.
(　)안에 알맞은 단어를 쓰시오.

10. 인간이 자기를 포함한 세계나 그 속의 어떤 대상에 대하여 가지는 평가의 근본적인 태도나 관점을 무엇이라고 하는가?

11. 비전이 가져야 할 특성은 이타성, (　　　　　　　), (　　　　　　　)이다.
각각 (　)안에 적합한 단어를 쓰시오.

12. 자아정렬을 통한 비전 수립 6단계를 차례대로 쓰시오.

13. 지능 수준에는 정보기능, 감성기능, (　　　　　)이 있다.

14. 자아 정렬을 통한 비전 수립 단계에서 언제, '어디서'는 환경, '무엇을'은 행동, '어떻게'는 (　　　　)을 나타낸다.

15. "나는 여기서 그것을 해낼 수 없어요."라는 질문에서 '나는' (　　　　), '할 수 없어요'는 신념, '해내다'는 (　　　　), '그것을'은 행동과 활동, '여기서'는 (　　　)을 의미한다.

✦ 본문출처(사이트)

삼성경제연구소, 〈ISSUE paper〉, 2002.6
박진희, 최인화 옮김, 《코칭 & 멘토링》, 주)한국비즈니스코칭, 2011
보리야 히로시, 《성공으로 가는 리더십》, 새벽이슬, 2009

PART

Ⅲ 경제경영 분야의 글로벌리더 (Ⅰ)

경영 환경과 CEO의 변화

- 종업원이 아무리 많아도 기업 실적은 결국 CEO의 자질에 좌우 -

1) 창업형 시대 : 기업가 정신을 바탕으로 신규 사업 개척
2) 사업 확장형 시대 : 창업가형 CEO 성공모델을 기반으로 다양한 분야로 사업 영역 확장
   (전문 경영인 출현)
3) 관리형 시대 : 주력 산업의 성숙기 진입, 경쟁 격화, 사업의 한계 수익률 하락 등으로 경영합리화 및 조직의 안정성 중시
4) 구조 조정형 시대 : 기업 생존을 담보하고 경쟁력 강화를 위한 구조 조정 추진
   (영미형 지배구조에 부합하는 전략가형 CEO)
5) 글로벌 시대 : 창조경영, 투명하고 윤리적인 수익 창출, 세계적 이슈에 대한 관심과 책임 (영적가치(Spiritual Value) 추구)

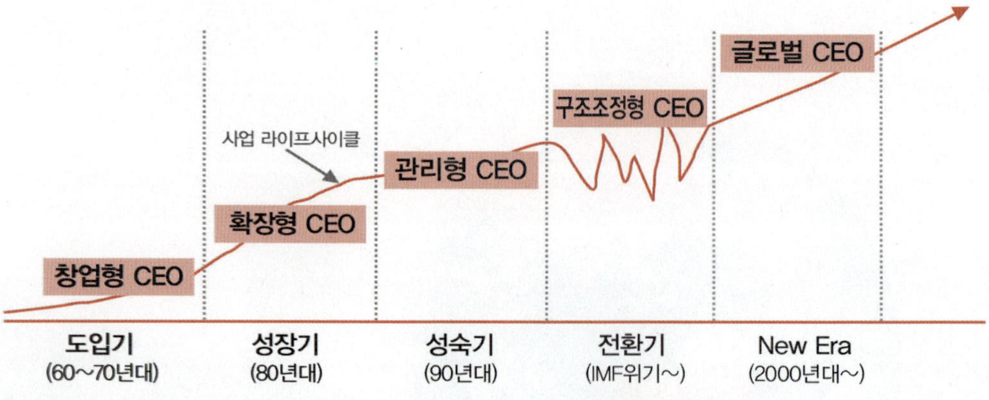

PART

Ⅲ 경제경영 분야의 글로벌리더(Ⅰ)

리더십(leadership)이란 '공동목표를 달성하기 위하여 개인이 조직 구성원들에게 영향을 미치는 과정'을 의미하고, 신뢰성(trustworthiness)이란 '신뢰할 만한 가치가 있는 성품과 역량'을 의미한다. 이때 리더십을 바르게 행사하기 위해서는 먼저 자신에 대한 신뢰성을 구축하여야 하며, 어느 분야에서든 진정한 성공을 이루기 위해서는 맡겨진 일을 수행할 수 있는 역량과 인간 됨됨이로서의 성품이 갖추어져야 한다. 이번 차시에서는 왜 내적 성품에 기초를 두는 것이 중요한지를 알아보자. 또한 자신의 역량개발을 위해 무엇이 필요한지도 생각해보자.

3.1 최고를 추구하는 근성

Prologue

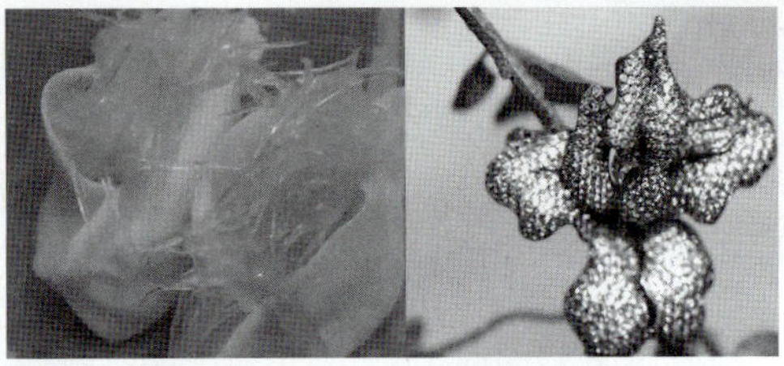

- 홍콩 레스토랑 중 베스트 딤섬 상을 수상하고, 어떠한 재료를 가지고도 최고의 먹거리로 탄생시키는 딤섬 명인 '람만퐁' 에 대해 알아본다.
- 국내 보석업계 최초로 크리스티 경매에 등록된 보석명장 '이상미'에 대해 알아본다.
- 두 사람이 최고의 역량을 발휘하기 위하여 기울인 노력과 발휘한 기술이 무엇인지 알아본다.

3.1.1 딤섬의 명인 '람만퐁'

(1) 성장 과정

람만퐁 명인은 홍콩 레스토랑 중 베스트 딤섬 상을 비롯해 수많은 상을 수상했으며, 홍콩 국내스타들뿐만 아니라 해외 인사들의 많은 사랑을 받으며 인정을 받았다. 특히, 람만퐁의 딤섬은 홍콩의 영화배우 장국영이 생전에 즐겨먹었던 딤섬으로 유명하다. 24년간 꾸준히 최고의 딤섬을 만들기 위해 노력한 람만퐁 명인! 딤섬에 대한 연구를 게을리하지 않은 결과 딤섬 명인으로서 최고의 자리에 올랐다.

(2) 최고의 딤섬을 향한 열정

딤섬은 홍콩 요리의 꽃이라고 불린다. 그래서 딤섬은 딤섬의 맛뿐만 아니라 모양도 중요하다. 람만퐁 명인은 한 가지의 재료만 다르게 들어가도 새로운 맛이 나는 딤섬을 만들기 위해 다양한 딤섬을 만들어 보았다. 고급 식재료인 샥스핀을 얹은 딤섬, 전복을 통째로 올린 딤섬 등 다양한 딤섬 요리가 있다.

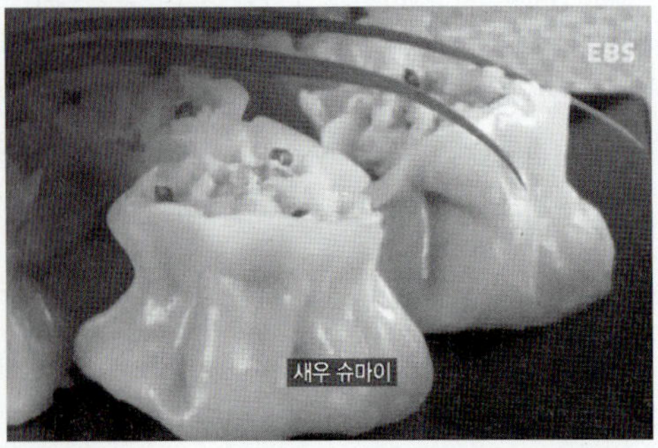

동영상 보기(1)

홍콩에 딤섬의 종류만큼 다양한 딤섬 식당이 있다. 많은 사람들은 그중에서 람만퐁 명인이 운영하는 '위문펑'을 찾는다. 람만퐁 명인은 최고의 딤섬 맛을 손님들에게 선사하기 위하여 필요한 양만큼 직접 딤섬을 빚어 손님들에게 내놓는다.

Caption 1

Q. 다음 물음에 적절히 답하시오.

1. 딤섬의 맛을 좌우하는 것은 무엇인가?
2. 최고의 딤섬 맛을 내기 위해 그는 어떤 노력을 기울이는가?
3. 그의 딤섬이 사람들로부터 사랑을 받는 이유는 무엇인가?

(3) 명인만의 딤섬 제조

겉보기에는 다른 요리사가 만든 딤섬과 다를 바가 없어 보이는 람만퐁 명인의 딤섬이지만 만드는 과정에는 그만의 기술이 숨어 있다. 그는 간식으로 먹어왔던 기존 딤섬에 아이디어를 더해 새로운 딤섬을 만들어 간식이 아닌 메인 요리로서의 딤섬을 만들었다. 딤섬의 하가우(외형)를 만들 때, 보통 사람들은 9개의 주름을 잡지만 람만퐁 명인은 14개의 주름을 잡는다.

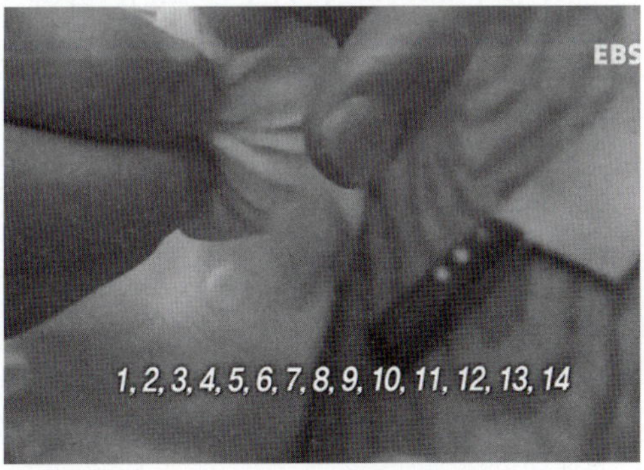

동영상 보기(2)

아침과 저녁 사이 간식으로 먹는 딤섬은 약 3000여 년 전부터 중국 광동지방에서 간식으로 만들어 먹기 시작한 음식이다. 딤섬이 만들어진 유래를 알아보자.

Caption 2

Q. 다음 물음에 적절히 답하시오.

1. 딤섬의 유래 중 가장 유력한 설은 무엇인가?
2. 홍콩 딤섬의 종류는 몇 가지인가?
3. 람만퐁 명인만의 딤섬 제조비법은 무엇인가?

3.1.2 보석의 명장 이상미

(1) 성장과정

경북 포항 출신인 이상미 명장은 중학교 졸업 후 서울로 올라가 76년부터 보석 세공을 익혔으며 서울산업대에서 디자인을 학습하였다. "어릴 때부터 쇼윈도 안에서 반짝이는 보석이 좋았다"는 그는 2004년 노동부에서 지정한 귀금속 공예 명장이 되었다. 84년부터 영진공방이라는 보석상을 운영하다가 2000년 세계적인 보석 업체를 키우겠다는 결심으로 앤저빈이라는 브랜드를 만들고 서울 삼성동 본사를 비롯해 백화점 4곳에 점포를 열었다.

2001년에는 매년 홍콩 주얼리&보석전에 참가하였으며, 2002년에는 홍콩크릴스티 경매에 참여하였고, 2007년 불가리아 카르티에 티파니등 세계적인 업체와 함께 보석 경매 브랜드 소개란에 이름을 올렸고 일본, 홍콩 등의 백화점에도 입점하였다. 이상미 명장의 솜씨가 특히 빛을 발하는 분야는 바로 금 표면에 작은 보석을 촘촘히 박아 넣는 기술인 '파베세팅'이다. 파베세팅은 0.0001mm의 오차도로 보석이 빠져버리거나 표면이 거칠어 질 수 있는 고난도 작업이지만 수십년간 기술을 갈고 닦아 이 분야의 1인자가 되었다.

(2) 차별화된 명장의 작품

섬세한 기술과 탁월한 미적 감각으로 보석을 예술작품으로 만들어 낸 이상미 명장. 그는 36년 세공기술과 한국인의 손끝으로 만든 아름다운 보석을 세계에 널리 알리고 싶은 마음을 숨기지 않는다. 그의 공방에서 만들어진 보석들은 여러 가지 형태와 모양면에서 여느 작품들과는 다르다.

동영상 보기(3)

과연 명장이 만든 반지는 다른 사람들의 반지와 무엇이 다를까? 그의 세공작업이 다른 평범한 장인들과 다른 것이 무엇인지 알아보자.

Caption 3

Q. 다음 물음에 적절히 답하시오.

1. '이상미' 명장과 다른 장인들과의 차별화된 역량은 무엇인가?
2. 그가 만든 반지가 다른 반지와 다른 점은 무엇인가?
3. 한국에서 유일하게 성공한 그만의 주목할 만한 기술은 무엇인가?

3.2 전문적이고 기술적인 실무능력

Prologue

- 딜러들이 뽑은, 2011년 최고의 외환딜러 '김인근'에 대해 알아본다.
- 외팔로 세상에서 단 하나뿐인 구두를 만드는 특수구두 장인 '남궁정부'에 대해 알아본다.
- 두 사람의 명인이 각각의 분야에서 전문가로서 역량을 키우기 위해 기울인 노력에 대해 알아본다.

3.2.1 최고의 외환딜러 김인근

(1) 성장 과정

김인근은 1998년 연세대 경영학과를 졸업하고 같은 해 신한은행에 입사해 지점에서 근무하다 2002년부터 본사 국제부에서 외환거래를 시작했다. 2004년 ABN암로로 직장을 옮겨 일하다 2007년 ABN암로가 RBS(Royal Bank of Scotland, 스코틀랜드왕립은행)에 인수되면서 현재는 RBS에서 서울 FX(foreign-exchange) 헤드를 맡고 있다.

(2) 0.1초의 승부사 외환딜러

한국 포렉스클럽이 선정하는 '올해의 딜러' 은행간 거래 부문에서 명예의 전당에 오른 김인근 상무. 그는 늘 역사의 현장에 있었다.

최근 외환시장을 요동치게 만든 연평도 포격사건, 일본 대지진, 그리스를 비롯한 유로존 재정위기 우려, 김정일 사망 등 큰 이슈가 생길 때마다 그는 늘 시장의 중심에 있었다. 그는 지금도 세상의 험난한 파도에 몸을 싣고 잠잠해지길 기다리며 항해를 즐기고 있다.

동영상 보기(1)

선택의 순간, 망설이면 늦는다! 한 번의 선택에 최소 수십억 원을 움직이는 외환딜러에게 망설임은 사치일 뿐이다. 외환거래도 선착순의 원칙으로, 누가 먼저 주문을 빨리 넣고 누가 나중에 넣느냐에 따라서 거래 순위가 달라진다. 그렇기에 딜러들은 주문을 넣는 타이밍에 승부를 걸게 된다. 0.1초의 승부사라는 말도 바로 그 때문에 나오는 말이다. 김인근 상무는 외환딜러 사이에서도 타이밍의 귀재로 통한다. 순간 집중력으로 수익과 손실의 기로에서 누구보다 빠른 판단과 분석으로 승부를 걸기 때문이다.

Caption 1

Q. 다음 물음에 적절히 답하시오.

1. 외환딜러 '김인근'이 달러를 사고파는 최소단위는 얼마인가?
2. 외환딜러라는 직업의 매력은 무엇인가?
3. 그는 훌륭한 외환딜러의 요건을 무엇이라 보았는가?
4. ACI의 의미는 무엇인가?

(3) 자신의 일에 대한 전문성

김인근 상무가 타이밍의 귀재로 통하기까지는 10여 년의 시간이 걸렸다. 그 시간동안 그가 외환딜러로서 가장 극복하기 힘들었던 것은 바로 '탐욕'과 '공포'였다. 수익을 잘 내고 있을 때는 '조금만 더'하는 탐욕이 문제가 됐고, 크게 손실을 냈을 때는 거래에 대한 공포심이 생겨 문제가 됐다.

하루가 다르게 변하는 세계 외환시장을 상대로 딜러는 최고의 수익을 낼 수도, 최악의 결과를 낼 수도 있는 법! 하루에도 몇 번씩 천국과 지옥을 오르내려야하는 이 세계에서 그는 끊임없이 자신만의 시각을 견제하고, '탐욕'과 '공포'를 조절해 지금까지 현장에서 좋은 수익을 내는 딜러로 성장할 수 있었다.

동영상 보기(2)

김인근 외환딜러의 주변 사람들은 그를 어떻게 평가할까? 또 자신의 직업에 대한 전문성을 키우기 위해서 어떻게 자신을 관리했는지 알아보자.

Caption 2

Q. 다음 물음에 적절히 답하시오.

1. 외환딜러 '김인근'에 대한 주변 딜러들의 평가는 무엇인가?
2. 외환딜러의 업무분야는 어떻게 구분되는가?
3. 그는 위기 대처를 위한 제1법칙을 무엇이라고 말하였는가?
4. 훌륭한 외환딜러로 성장하기 위해 극복해야 할 과제는 무엇인가?

3.2.2 장애를 극복한 특수구두 장인 남궁정부

(1) 성장 과정

남궁정부는 1941년에 태어나 12살 때부터 시작해서 쉰이 넘는 나이까지 오직 수제화를 만드는 일에만 전념해 오던 구두장인이었다. 그러나 그의 나이 쉰다섯이 되던 해 갑작스런 지하철 사고로 만나 구두장이에게 중요한 오른 팔을 잃었다. 그러다가 그는 우연히 장애인 구두를 만들어 보라는 권유를 받게 되고 일흔이 넘은 지금까지 장애인들을 위한 특수구두를 제작해오고 있다.

(2) 현장을 지키는 구두장인

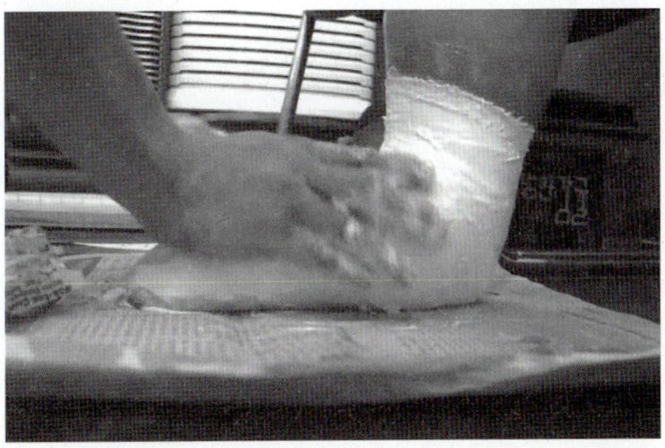

서울 강동구 천호동 세창 장애 구두 연구소(www.isechang.com)에는 각양각색의 신발이 빼곡히 전시되어 있다. 낯선 장애인용 구두를 만들기 위해 의학서적도 뒤지고 온갖 시행착오를 겪으며 양쪽 다리 길이가 다른 소아마비 환자, 발이 아예 없는 교통사고 환자, 발목만 남은 화상 환자, 당뇨병이나 류머티즘으로 뒤틀리고 뭉개진 조막발 등 일반 신발가게에서는 찾아볼 수 없는 신발들이 가득하다.

8평 남짓한 연구소 겸 공장의 주인인 남궁정부 씨는 생후 17개월 된 한 아기의 발을 차근차근 들여다보고 있었다. 아기의 한쪽 발은 다른 발보다 상당히 크고 발가락이 서로 붙어 있는 모습이었다. 그는 조심스럽게 아이 발의 석고를 뜨더니 컴퓨터에 앉아 장애 정도를 세밀하게 진단하고, 아기가 편하게 신고 다닐 수 있는 세계에서 단 하나의 구두를 오늘도 제작하고 있다. 그는 2000년 노동부의 신지식인에 선정되었다.

(3) 이 세상에서 꼭 필요한 사람

우리에겐 없는 것이, 부족한 것이 있는 것 보다 너무 많다.

이렇게 나에게 없는 것들만 생각하면 온통 불가능한 일뿐이다.

남궁소장 역시 마찬가지였다. 오른팔이 절단된 후 돈도 없었고 나이도 55살이나 되었기 때문에 어떤 일을 하려고 해도 온통 불가능한 일뿐이었다.

그러나 그는 생각을 바꿨다. 그는 왼팔이 있었고 머리가 있었고 구두제작 경험이 있었다. 자신에게 있는 것에 집중하자 불가능할 것 같던 일들이 가능성으로 보이기 시작했다. 그는 자신이 가진 가능성을 최대한으로 끌어올리는 것으로 남들이 기적이라고 말하는 노력의 산출물을 만들었다.

오른팔이 없는 대신 이빨로 물어뜯고, 허벅지에 구두를 끼운 채 칼질을 했다. 얼굴은 본드가 말라붙어 시꺼멓게 변했고 칼이 어긋나 허벅지에 박히기도 했다. 그래도 그는 힘들어도, 고생이 되어도 해내기만 하면 된다는 생각으로, 아니 무조건 해내야 한다는 생각으로 멈추지 않았다.

그래서 그는 발이 불편한 장애인들에게 꼭 필요한 사람이 되었다.

우리도 누군가에게 꼭 필요한 사람이 되고 싶다는 생각을 한다. 있어도 그만, 없어도 그만인 사람이 아니라, 이 세상에 반드시 필요한 사람이 되고 싶다. 내게 부족한 것을 생각하면 그저 나 하나 살기에도 급급하지만 내가 가진 가능성에 집중하고 최대한 활용하면 누구나 꼭 필요한 사람이 될 수 있다.

그가 세상에서 꼭 필요한 사람인 이유는 나만의 희망이 아니라, 우리의 희망을 위해 살고 있기 때문이다.

동영상 보기(3)

남궁정부는 길거리에서 아이디어가 떠오르면 곧바로 수첩을 꺼내든다. 습관처럼 메모를 하며 제작을 위한 생각을 옮겨 적는다. 집으로 돌아오면 장애를 가진 발을 위한 구두를 만들기 위해 관련 전문서적을 읽는다.

Caption 3

Q. 다음 물음에 적절히 답하시오.

1. 남궁정부 명인이 현장을 지키는 이유는 무엇인가?
2. 그와 그의 직원 15명이 하루에 만드는 특수 구두는 몇 켤레인가?
3. 그가 오늘날 특수 구두 분야의 1인자가 될 수 있었던 것은 무엇 때문인가?
4. 그는 스스로의 전문성을 키우기 위해 어떤 노력을 기울였는가?

3.3 본질적 가치로서의 성품

Prologue

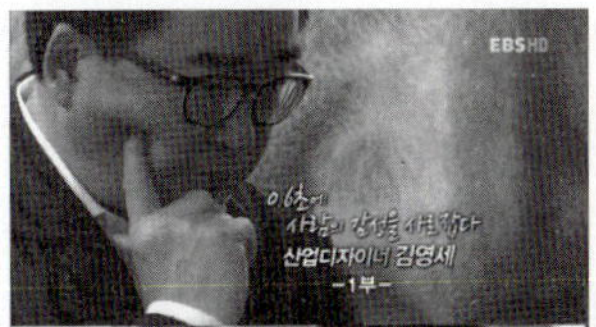

- 혁신적인 디자인으로 전 세계 사람들에게 행복을 주는 디자인 구루 '김영세'에 대해 알아본다.
- 국내 기술계 최초로 그랜드 슬램을 달성한 '박병일' 명장에 대해 알아본다.
- 두 사람의 명인에게서 볼 수 있는 '패러다임 전환' 사례에 대해 알아본다.

3.3.1 혁신적인 디자이너 김영세

(1) 성장 과정

김영세는 1950년 서울 출생으로 서울대학교에서 응용미술학을 공부하고 미국 일리노이 대학교에서 석사를 받았으며 일리노이 대학교에서 산업디자인 교수로 역임하였다. 1983년 디자인 전문회사 ID포커스 설립하고, 1986년 이노디자인을 설립하였으며, 현재 상명대학교 디자인대학 석좌교수로 재직하고 있다. 그는 "사랑하는 사람에게 선물하듯 디자인하라!"고 말하며, 미국 실리콘밸리에 이노디자인을 설립한 후 20년 가까이 한국과 미국을 기반으로 디자인 컨설팅 활동을 해오며 디자인에 대한 인식과 정의가 다양하게 바뀌어왔음을 경험해왔다. 이제 디자인은 '보기 좋고, 쓰기 좋고, 만들기도 쉬워야 하는' 좋은 디자인의 기본 원칙을 담고 있어야 함은 물론 급변하는 기술의 발전에 발맞추어 '인류의 꿈을 시각화 하는 작업'이 되어야 한다고 생각한다. 생활이 빠르게 변화하는 시대일수록 인간의 감성과 라이프스타일은 더욱더 중요한 디자인 요소가 되어야 하며, 소비자를 위한 '마음'이 담긴 디자인은 꼭 소비자의 마음을 움직일 것이라는 믿음을 가지고, 디자인으로 만들어가는 혁신적인 멋진 미래를 사람들과 함께 꿈꾸고 있다.

(2) 시대의 키워드를 읽다

1970년대 디자인 공부를 할 당시 대한민국에서 산업 디자이너라는 호칭을 들어본 적이 없다는 김영세 디자이너는 자신이 한국 산업 디자이너 1세대라고 말한다. 지도에도 없고 GPS로 찍어도 나오지 않는 길이 당시 디자이너가 되는 길이었다. 그는 왜 그렇게 남들이 가보지 않은 어려운 길을 가려고 했을까? 어릴 적부터 산만했지만 그림 그리기를 유독 좋아했던 어린 김영세가 16살 때 일이다. 친구네 집에 놀러갔다가 많은 책들이 꽂힌 굉장히 큰 서재를 보며 어린 마음이 압도되었다. 우연히 책 한 권을 뽑아 펼쳐본 곳에 멋진 사진 한 장이 눈에 확연히 들어왔다. 마음에 드는 사진 때문에 책 제목을 다시 본 그는 '그래, 바로 이거야! 앞으로 내가 해야 할 일은 바로 이거다!'하고 기뻐했다. 겉장에는 《인더스트리얼 디자인》이라고 적혀 있었다. '산업 디자인' 책과의 인연으로 대학생 때는 디자인의 깊이를 알게 한 빅터 파파넥이 쓴 《Design for the Real World》라는 책을 만난 것이 인생의 중요한 전환점이 되었다. 청년 김영세에게 디자인이 궁극적으로 무엇인지 생각의 장을 열게 했고 "디자인은 다른 사람을 사랑하는 것이다!"라는 그의 디자인 철학에 지대한 영향을 주었다.

보통 사람들은 아무런 생각 없이 지나칠 장면도 김영세 디자이너의 시선을 비켜가지 않는다. 생활 속 곳곳에 숨어 있는 사소한 것들이 그의 놀라운 디자인을 탄생시켰다. 식탁 위에 놓인 랍스터, 지나가는 유모차, 누군가의 목에 걸린 MP3, 이 세상 모든 것이 그의 소재이고 동기이다. 김영세는 장애인을 위한 에스컬레이터와 아들이 엄마를 위해 디자인한 사랑 쿠폰, 자전거와 자동차 디자인의 사례 등을 통해 좋은 디자인이란 내가 아닌 상대방을 먼저 배려하고 진심으로 사랑하는 마음이라고 설명한다.

동영상 보기(1)

이 시대 최고의 키워드 '감성', 이제 소비자들은 상품 속에서 스토리와 감성을 찾는다. 감각적인 디자인으로 제품에 감동을 불어넣는 일이 이 시대 산업디자이너의 역할이다. 'market share'가 아닌 'mind share'를 추구하는 김영세 디자이너의 디자인 철학을 들어본다.

Caption 1

Q. 다음 물음에 적절히 답하시오.

1. 김영세 디자이너가 수상한 세계 메이저 디자인상은 무엇인가?
2. 그는 예술과 디자인의 차이를 어떻게 설명하였는가?
3. 그가 세계 최고의 산업디자이너가 될 수 있었던 비결은 무엇인가?

(3) 마음을 훔치는 매혹의 기술

평소 간절히 보고 싶어하던 친구가 갑자기 눈앞에 나타나면 반갑다 못해 경이로운 것처럼, 김영세에게도 도전을 시도한 행운의 사건이 일어났다. 25살 그는 당시 흔치 않는 유학길에 올라 '한국 디자인 회사를 만들어서 디자인의 뿌리를 내리고, 훌륭한 디자이너들에게 기회를 주고 싶다'는 꿈을 품는다. 그리고 일리노이 대학에 진학하고 한 학기 반 만에 빅터 파파넥 교수의 특강 포스터를 접했다. 그에게 빅터 파파넥 교수의 특강 소식은 마치 진흙 속에 묻힌 진주를 발견한 것처럼 설렘과 감격 그 자체였다. 강의시간 내내 두근거리고 떨리는 마음으로 누구보다 열심히 강의를 들었다. 강의가 끝난 후, 그는 어떤 힘에 이끌리듯 교수 리셉션까지 찾아갔다. 교수들만 모여 있는 리셉션 장소를 기웃하다 그는 빅터 파파넥 교수의 옆자리가 비어 있는 것을 발견했다.

하늘이 내린 기회였기 때문에 엉뚱한 짓을 하기로 마음을 먹었다. 기회는 단 한 번, 죽기 아니면 살기로 덤벼든 그가 단숨에 빅터 파파넥 교수 옆자리에 앉았다. 그는 쫓겨날까 봐 교수님의 얼굴만 뚫어져라 쳐다보며 "나는 한국에서 온 학생으로 당신의 책을 보았고, 그 책을 한국어로 번역하고 싶다."라고 더듬거리는 영어로 말을 걸었다. 수많은 전문가들에게 둘러싸여 있던 빅터 파파넥 교수는 동양의 작은 나라 한국에서 온 파릇한 청년의 용기에 감동했고 나중에는 흔쾌히 그의 지도교수까지 되기로 결정했다.

"지금도 그때를 생각하면 가슴 떨려요. 한 학기 동안 일리노이 대학에서 캔자스 캠퍼스까지 왕복 30시간을 오가며 교수님 댁을 다녔어요. 교수님이 방 한 칸을 내주셔서 그곳에서 며칠 지내다가 다시 일리노이 대학으로 돌아오곤 했죠." 교수님 부부가 직접 만들어주신 샌드위치를 먹고, 캔자스 다운타운도 함께 구경하며 청년 김영세는 잊지 못할 행복한 시간을 보냈다. 훗날 책 번역보다 직접 자신의 책을 써야겠다고 생각하고, 그는 디자인과 삶에 관한 책 《12억짜리 냅킨 한장》, 《이노베이터》, 《이매지너》를 펴냈다.

(4) 디자인 구상 : 메모의 습관, 생활 속에서 얻는 아이디어

김영세 신화는 메모 한 장에서 시작되었다. 책상을 가득 채운 메모들은 이노 디자인의 20년이 고스란히 담겨져 있다. 새 제품의 아이디어들이 떠오를 때면, 식당의 냅킨에서 이면지까지 가릴 것 없이 스케치로 뒤덮인다.

그런 김영세의 디자인에는 특징이 있다. 거칠게 보이지만 완성 제품과 비교해 보아도 기본 윤곽은 변하지 않는다는 것이다. 목걸이와 MP3를 일체시킨 목걸이형 MP3에서, 가로 본능이라는 말을 낳은 휴대전화까지. 모두 일상생활에서 끌어다 온 아이디어에서 도출된 것이다.

(5) 디자인이 비즈니스를 바꾼다.

바닷가재를 본떠 만든 롭스타는 좋은 디자인이 생산비까지 줄여준다는 인식의 변화를 가져왔다. 공간을 많이 차지하는 지지대 부분이 좁혀지면서 결과적으로 운송비를 줄일 수 있었던 것. 소비자들 역시 롭스타에 열광했다. 휴대용 가전제품의 주기는 6개월이라는 통념을 깨고 10년이 넘도록 생산되고 있다. 가스버너라고 보기 힘든 독특한 디자인은 소비자의 눈길만 사로잡은 것은 아니다. 쓸 때마다 탈 · 부착해야 하는 지지대를 일체화하면서 편리해졌다.

그러나 김영세 자신은 이러한 성공을 외면적인 성공일 뿐이라는 자괴감에 빠졌다. 새로운 도전과 모험이 필요했던 것이다.

동영상 보기(2)

그는 마음이 고려된 디자인이야말로 사람들의 마음을 감동시키고 더 나아가 매혹시킬 수 있다고 주장한다. 흔하디 흔한 냅킨 한 장이 12억 원의 가치를 가질 수 있는 것은 바로 디자인이란 매혹의 힘이 있기 때문이라고 말한다. 디자인이라는 게 어려운 것이 아니고, 상대방을 배려하고 감성을 자극할 수 있는 말 한 마디도 디자인이라고 오늘도 역설하고 있다.

Caption 3

Q. 다음 물음에 적절히 답하시오.

1. 신입사원 채용 시 김영세 디자이너의 채용 원칙은 무엇인가?
2. 그가 디자인 나눔을 실천하기 위해 시작한 것은 무엇인가?

3.3.2 자동차 명장 박병일

(1) 성장 과정

박병일의 자동차명장 타이틀 뒤에는 이른바 산전수전의 피나는 인생이 숨어 있다. 가난한 6남매 집안의 맏이로 태어난 그는 힘든 삶을 살았다. 그림을 잘 그려서 화가가 되고 싶었지만 가난한 집안 형편 때문에 더 이상 꿈을 키울 수 없었다. 뭔가 하지 않으면 살 수 없었던 유년시절, 초등학교를 끝으로 더 이상 학교를 다닐 수 없어서 자동차 정비 공장 견습공 생활을 시작하였다. 기술을 배우는 것은 어려움의 시작이었다. 당시만 해도 정비바닥 정서는 '공구는 빌려줘도 기술은 빌려주지 마라'라는 식이었다. 그 탓에 기술 배우는 일은 쉽지 않았다. 그는 헌책방에 나가 '자동차 백과사전'을 사다 공부하기 시작했다. 그 당시에는 기술을 알아야만 견습공을 벗어날 수 있었다. 그렇게 시작한 독학의 길은 험난하고 혹독했다. 하지만 하나하나 자동차 원리를 알아가는 기쁨은 그의 투지를 부채질했다. 77년 자동차 정비기능사 자격 획득을 시작으로 오늘에 이르기까지 현장과 공부는 그의 일과 자체였다. 초등학교 졸업이 최종학력인 그는 독학으로 최고의 경지에 올랐을 뿐 아니라, 89년부터는 국내 최초로 산업현장 실무자를 대상으로 특강을 해오고 있다. 드디어 교수가 된 것이다. 3개 대학과 여러 기관에서 출강, 강의를 하고 매스컴과 해외에서 그의 출연을 기다리는 정비업계의 스타가 되었다.

(2) 고인 물은 썩기 마련이다

자동변속기 차량의 급발진 사고가 사회적으로 문제가 되었던 지난 99년, 소비자 과실이라는 자동차메이커와 매스컴, 그리고 학자들 간에 논란이 한창이었다. 이때 그가 나서서 논란

을 종식시켰다. 풍부한 현장경험과 이론을 바탕으로 사건을 깨끗이 마무리 지은 것이다. 이 일은 국내는 물론 외국 사례에서도 없는 것으로 그에게 또 다른 명성을 가져다 준 계기가 되었다. 처음 그가 반증자료를 제출했을 때는 아무도 귀를 기울여주지 않았다. “일개 정비사가 내놓은 근거를 믿을 수 없다는 편견이었지요. 만약 제가 교수였거나 연구원이었다면 그렇지는 않았을 거예요.”

박 명장은 자동차 다섯 대를 망가뜨려가면서 실험한 결과를 가지고 자신의 주장을 관철시켰다. ‘기름쟁이’라고 낮춰보는 주변의 편견을 ‘쟁이’의 고집과 신념으로 깨뜨린 이 일은 그에게 특별한 자부심을 심어줬다. ‘며느리도 몰라’라는 말처럼 기술은 절대 남에게 가르쳐 주지 않는다는 고정관념을 깨고 ‘어깨너머 전수’식으로 배운 정비기술의 이론과 실제를 책으로 낸 것도 그가 처음 시도한 일이었다. ‘정비사례’라는 말도 그가 처음 사용했고 신차의 성능을 테스트하는 ‘정비시승’ 역시 그가 만들어낸 새로운 말이다. 그는 또 우리나라의 정비사로서 첫 번째 기능장이 되었고, 명장이 되었다.

고인 물은 썩기 마련, 물꼬를 터 흐르게 하는 것만이 물을 신선하게 보존할 수 있듯이 지식이나 기술도 여러 사람에게 나눠줘야 비로소 그 가치가 커지는 것이며 국가적으로도 이롭다는 것이 박 명장의 지론이다.

(3) 4차원정비란?

자동차 정비를 하면서 사례별로 구체적 기록을 남겨온 것이 큰 자산이 되고 있다면서 자신이 창안한 ‘4차원 정비’에 대해서 말한다. 4차원 정비란 살펴보고, 소리를 듣고, 데이터를 분석해서 자동차의 이상 유무를 판별하는 기본적인 3차원 정비를 넘어서 그 자동차의 태생에 따라, 어느 제조사의 어떤 시스템을 근간으로 한 자동차냐에 따라 고장 발생 가능성을 예측하고 진단하는 것을 말한다. 그만큼 많은 사례와 정확한 원론적 분석이 따르지 않고는 쉽게 접근하기 힘든 방법이라고 말할 수 있다.

박 명장이 이 같은 기술력을 가지게 된 것은 한번도 다른 길을 탐하지 않고 자동차 정비에

만 전념해온 그의 끈기와 정비소에서 발생하는 이익을 모두 장비와 책을 구입하는데 쏟아 부어온 투자의 결과이다.

박 명장이 전국을 돌며 자동차정비 교육에 힘써온 지 벌써 15년을 넘기고 있다. 그가 처음 사람들을 모아 놓고 교육을 하겠다고 했을 때는 "젊은 사람이 얼마나 알겠느냐"는 소리와 "다 할 줄 아는데 더 배울 것이 뭐 있겠냐"는 말을 많이 들었다고 한다. 하지만 그가 누구도 풀지 못한 고장원인을 과학적인 방법으로 정확하게 짚어낼 때마다 그의 곁에는 지식을 탐하는 정비사들이 밀물처럼 모여들었다.

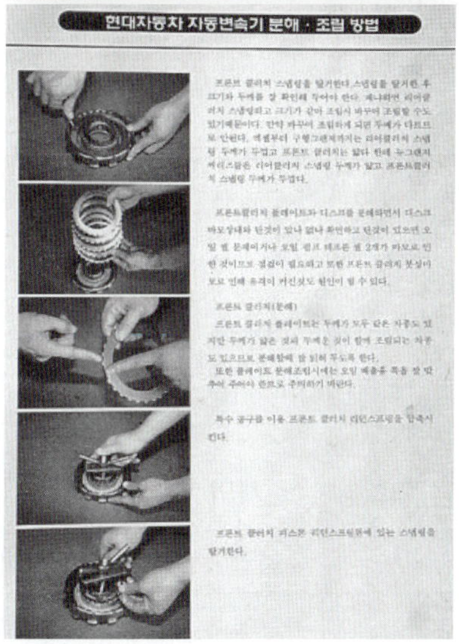

(4) 자동차정비기술 수출 계획

노동부의 의뢰로 사우디아라비아, 중국과 베트남 등지의 기술자들의 교육을 맡기도 하면서, 박 명장은 자신이 지식에 목말라 사비를 들여 외국에 책을 구하러 다니고 연수를 갔다 오던 때를 생각한다. 단순한 부품교환정비 수준에 머무르고 있는 외국에 비해 이제는 국내의 기술 수준이 우위에 서 있다. 여기에는 박 명장의 땀과 정성이 배어 있다.

박 명장은 "기술이 자산이 될 수 있도록, 기능인 특히 명장이라면 자신의 기술과 작품을 책으로 남겨서 기술선진국으로서의 토대를 쌓아야 한다"고 강조한다.

"제가 30년이 걸렸다면 후배들은 제가 쓴 책을 가지고 시작할 테니 10년이면 충분할 겁니다. 기록을 남기고 체계화한다는 것이 참 중요합니다."

그는 자신의 과학적 정비법이 보급돼 업계의 패러다임을 바꾸길 기대하며, 나아가 세계 각국에 번역본을 펴내 정비기술을 수출하겠다는 것이 그의 포부이다.

동영상 보기(3)

박병일 자동차 명장은 교육생들 앞에 설 때 가장 신난다. 자동차 정비 실습교육은 자부심이자 행복이기 때문이다. 그의 기술은 폐차 선고받은 차도 부품 몇 개를 교환해 새 생명을 불어넣을 정도다. "입고된 차량의 보닛을 열면 한눈에 보여요. 엔진 주변이 마모된 것은 엔진오일을 교환하지 않고 1만km 이상 달렸기 때문이죠. 이렇게 하면 기계장치에 오일 순환이 되지 않아 엔진을 통째로 갈아야죠." 그의 자동차 진단은 의사가 환자를 진료하는 것과 다를 바 없다. 하지만 아직까지도 우리나라의 자동차 교육은 이론 중심인 경우가 더 많다. 그래서 그의 교육은 철저히 현장실습 위주이다. 교육과 정비공장일로 바쁜 그지만 그에게는 남은 보람과 꿈이 아직 더 있다.

Caption 3

Q. 다음 물음에 적절히 답하시오.

1. 박병일 명장이 남에게 기술을 알려주는 이유는 무엇인가?
2. 그가 신뢰받는 기술자로 인정받는 것은 무엇 때문인가?
3. 자동차 정비사에 대한 그의 견해가 다른 사람들과 다른 점은 무엇인가?

○ 감정, 건강과 행복

신체 상태와 감정 상태의 관련성에 대한 증거가 늘어나고 있다. 다음과 같은 신체의 메시지를 듣고 그 의미를 찾으면 긍정적 결과를 얻을 수 있다.

〈표 3.1〉 **신체의 메시지**

감정	신체 상태
분노	심장병, 고혈압 등 억압된 분노가 연관됨
슬픔	우울, 저혈압, 기운이 없는 질병
두려움	알레르기 과잉 변역 반응
갈등	암과 연관성이 있음
후회	알츠하이머 병과 연관 있음
통제욕구	파킨스 병과 연관 있음
구역질	강박감, 신경질환과 연관 있음

출처 : 박진희, 최인화 옮김, 《jobEQ를 코칭하라》, (주)한국비즈니스코칭, 2011.5

3.4 용어해설과 연습문제

용어해설

:: **공방** : 조선 시대에, 승정원에 속한 육방(六房) 가운데 공예・건축・토목 공사 따위에 관한 일을 맡아보던 부서

:: **라이프스타일** : 생활 양식이라는 의미로, 사람들이 생활하면서 사는 방식을 말한다. 라이프스타일은 개인의 특성, 생각, 가치관, 세계관까지 나타난다

:: **인더스트리얼디자인** : 공업 디자인. 대량 생산을 전제로 디자인하는 시스템. 넓은 뜻으로는 공예・미술 등 손으로 만드는 일품제작품이 아닌 공업생산 방식으로 만들어지는 디자인의 총칭이며, 좁은 뜻으로는 시각전달(視覺傳達)에 관계되는 디자인(visual design)이 아닌, 사용하는 물건의 생산에 관계되는 디자인(product design)을 말한다. 가구・부엌용구・사무용기구・공업기구・교통기관용품, 그 밖에 각종 공업제품까지 포함하게 된다.

:: **산업디자인** : 공업 생산품의 장식적 고안이나 설계

:: **12억짜리 냅킨 한 장** : 김영세 지음, 중앙M&B 발행

:: **이노베이터** : 혁신자. 패션이나 라이프스타일 등에 있어 유행의 발단이 되는 혁신적인 것을 산출하고, 혹은 도입하며 그것을 표현하는 사람들을 말한다. 트렌드 리더(trend leader)와 거의 동의어

:: **딤섬[點心]** : 중국요리 광동식 메뉴 중 하나인 딤섬(dimsum). 딤섬은 간단한 점심(點心)식사를 뜻하는 말로 원래 중국에서 유래한 것이지만, 현대에 와서는 중국, 홍콩뿐만 아니라 세계인의 인기메뉴로 각광받고 있다. 그 종류도 만두부터 스낵류에 이르기까지 수백 종에 달한다. 조그만 대바구니에 쪄내는 작은 만두와 미니 요리를 일컫는 딤섬은 예전에는 특급호텔 중식당에서만 맛볼 수 있던 낯선 요리였으나, 최근에는 딤섬 전문 중식당들이 잇따라 문을 열고 백화점 등에 냉동딤섬을 공급하는 업체가 생겨날 정도로 붐을 이루고 있다. 딤섬은 원래 아침 대용이나 점심 이후 출출할 때 가볍게 즐기는 간식거리로 이용되는 간편식 중 하나였으나, 재료의 다양화로 국내에서는 고급 음식으로 인식되고 있다.

:: 외환딜러 : 외환딜러는 달러화, 엔화, 마르크화 등 국제 금융 시장에서 통용되는 외환과 파생상품을 싼 시점에 사들이고 비쌀 때 팔아 그 차액을 남기는 일을 한다. 세계정세 변화, 외환시장 동향 등 금융 관련 정보를 수집하고 분석하여 환율변화를 예측하고, 이에 따른 손실발생 방지 및 이익을 남기기 위해 매매시점을 포착한 후 외환과 외환선물상품을 매매한다. 외환시장 조건과 전망에 대해 고객이나 상급 관리자에게 알리고, 거래를 권고한다. 직관력, 통계학적 판단력과 결단력이 있어야 하며, 능숙한 외국어 실력이 요구된다. 또 세계의 정세변화와 경제변동에 대한 지식을 갖추어야 한다. 손해를 보아도 금방 잊어버릴 수 있도록 대담한 성격을 가진 사람에게 유리하며 자기통제능력이 있어야 한다. 진취적 성향과 탐구적인 자세를 가진 사람에게 적합하며, 스트레스 감내, 독립성, 적응성 및 융통성 등의 성격을 가진 사람들에게 유리하다.

:: 그랜드 슬램(grand slam) : 골프나 테니스에서 한 해에 4대 메이저대회를 모두 석권하는 일, 혹은 야구에서 만루 홈런을 말한다. 원래 카드놀이인 브리지게임에서 패 13장 전부를 따는 '압승'을 뜻하는 용어에서 나왔다.

:: 키워드(keyword) : 주된 사상이나 주제를 나타내는 핵심어

:: 포렉스클럽(Forex Club) : 전문외환딜러들의 사적인 사교기구로서 1955년 프랑스 파리에서 설립되었다. 1956년에 각국의 Forex Club을 국제적으로 통합하여 Forex헌장이 동년 3월 17일에 제정되었다. 국제 Forex Club 협회인 Association Cambiste International(ACI)의 본부는 파리에 있다.

:: 신지식인 : 자신이 맡은 일을 개선·개발·혁신하는 방법을 알고 있으며 그에 관련된 지식을 기록 및 활용하고 다른 사람과 공유함으로써 부가가치를 높여나가는 사람이다. 즉 가치창출에 필요한 지식을 체득하고 지식을 저장, 활용, 공유하고 그에 필요한 정신자세, 습관, 기본능력을 보유한 사람으로서 사회 각 분야에서 혁신과 가치창조를 이뤄 주변의 신망을 받고 있는 사람들도 이에 해당된다.

:: 빅터 파파넥 : 20세기 디자인 철학에 가장 큰 영향을 미친 실천하는 디자이너, 디자인 이론가, 교육자 운동가, 소외받은 계층과 제3 세계 환경을 고려한 디자인 활동가

:: 고정관념 : 어떤 사람의 마음속에 잠재하여, 항상 머리에서 떠나지 않고, 주변상황의 변화에도 불구하고 변화되기 어려운 생각

:: 패러다임 : 어떤 한 시대 사람들의 견해나 사고를 근본적으로 규정하고 있는 테두리로서의 인식의 체계. 또는 사물에 대한 이론적인 틀이나 체계

연습문제

01. 딤섬[點心]의 한자어 '點心'을 우리식 한자어로 읽으면?

① 점심　② 흑심
③ 묵심　④ 딤섬

02. 다음 중 딤섬의 별칭 중 맞는 것은?

① 광동요리의 꽃　② 홍콩요리의 꽃
③ 중국요리의 꽃　④ 대만요리의 꽃

03. 다음 중 딤섬요리의 맛을 결정하는 중요 요인은 무엇인가?

① 모양　② 색상
③ 재료　④ 분위기

04. 이상미 명장의 세공기술은 다른 평범한 장인들의 기술과 큰 차이가 있다. 어떤 세공 기술인가?

① 오보코세팅　② 마샤세팅
③ 채널세팅　④ 파베세팅

05. 남궁정부 명인이 주로 만드는 구두의 종류는?

① 장애인용 구두　② 어린이용 구두
③ 여성전용 구두　④ 남성전용 구두

06. 다음 중 김영세가 펴낸 책이 아닌 것은?

① 이노베이터　② 인더스트리얼 디자인
③ 이매지너　④ 12억짜리 냅킨 한 장

07. 김영세가 추구하는 디자인 정신은?

① 배려, 감동　② 진실, 감동
③ 배려, 사랑　④ 진실, 사랑

08. 김영세가 디자인을 통해 사람들에게 주고 싶어하는 최종적인 목표는?

① 감동　　② 사랑
③ 열정　　④ 행복

09. 박병일 명장은 '쟁이'의 고집과 신념으로 '자동변속기 차량의 급발진 사고'를 규명하여 유명세를 타기도 했다. 이때 자동차를 망가뜨려 가면서까지 자신의 주장을 굽히지 않고 관철시켰는데, 몇 대의 자동차를 망가뜨렸는가?

① 5대　　② 4대
③ 3대　　④ 2대

10. 다음 중 박병일 명장과 가장 관계가 먼 내용은?

① '정비사례'란 말을 처음 사용했다.
② 공구는 빌려주되, 기술은 빌려주지 않았다.
③ '정비시승'이란 말을 처음 사용했다.
④ 정비기술의 이론과 실제를 책으로 펴냈다.

연습문제 – 단답형

01. 외환딜러 '김인근'이 훌륭한 외환달러로 성장하기 위해 극복하고 조절해야 할 것은 무엇이라고 하였는가?

02. 다음에서 설명하는 인물을 쓰시오.

- 한국 포렉스클럽이 선정하는 '올해의 딜러' 은행 간 거래 부분에서 명예의 전당에 오름.
- 1998년 연세대 경영학과를 졸업하고 2002년부터 신한은행 본사 국제부에서 외환거래를 시작함.

03. 대한민국 산업 디자이너 1세대로 불리는 김영세는 25살 때 (　　　　　)교수 특강에서 용기있는 행동을 통해 그의 제자가 되었다. (　) 안의 인물을 쓰시오.

O4. 보석명장 '이상미'의 세공기술은 다른 평범한 장인들의 기술과 큰 차이가 있다. 한국에서 유일하게 성공한 그만의 주목할 만한 기술은 무엇인가?

O5. 람만퐁 명인에 의하면 딤섬의 맛을 좌우하는 것이 무엇이라고 하였는가?

O6. 홍콩의 딤섬 종류는 몇 가지인가?

O7. 이상미가 만든 반지가 다른 반지와 다른 점은 무엇인가?

O8. 남궁정부는 스스로의 전문성을 키우기 위해 어떤 노력을 기울였는가?

O9. 남궁 정부와 그의 직원이 만드는 수제화는 어떤 종류의 구두인가?

10. 박 명장의 4차원 정비란 무엇인가?

11. 김영세는 market share가 아닌 (   )를 추구하는 디자인 철학을 갖고 있다.

12. 박병일 명장이 신뢰받는 기술자로 인정받은 것은 무엇때문인가/

✦ 본문출처(사이트)

네이버 사전, 백과사전
EBS 직업의 세계
KBS 글로벌 성공시대
TED
http://blog.naver.com/ivyj213?Redirect=Log&logNo=70110147575
http://blog.naver.com/tomorrowmag?Redirect=Log&logNo=50122005222
http://blog.naver.com/dslee100?Redirect=Log&logNo=40014550058
http://cafe.naver.com/hpykim52/74423
http://blog.naver.com/ebsstory?Redirect=Log&logNo=50106626023
http://blog.naver.com/57kkj?Redirect=Log&logNo=100009906811
http://news.naver.com/main/read.nhn?mode=LSD&mid=sec&sid1=103&oid=001&aid=0004951294

PART

Ⅳ 경제경영 분야의 글로벌리더 (Ⅱ)

GE의 제프리 이벨트 회장의 윤리경영

○ 정직과 신뢰성(Integrity) 성명서

오늘날 회사와 세계는 매우 역동적으로 변화하고 있습니다. 이러한 변화에도 불구하고 변하지 않는 한 가지가 있습니다. 그것은 정직과 신뢰성이 우리 GE의 핵심가치라는 것입니다. 우리는 1878년에 에디슨이 세운 세계 최고의 기업(1898년 다우존스 산업지수에 최초로 포함된 미국 12개 우량 기업 중 현존하는 유일기업으로 32만 명의 글로벌기업)을 위하여 일하는 특권이 있습니다. 이제 우리 세대가 하여야 할 것은 다음 세대를 위하여 100년 이상 GE의 성공 기초가 되어온 정직과 신뢰성을 보존하고 강화하는 것입니다.

출처 : 제프리 이멜드 회장의 전사원 대상 메시지

PART

IV

경제경영 분야의 글로벌리더(Ⅱ)

리더는 보통 추종자들보다 더 많은 권력과 통제력을 갖고, 그들에게 중대한 영향을 미칠 수 있기 때문에 윤리적 책임에 큰 관심을 기울여야 한다. 개인이나 사회가 긍정적으로 이해하는 가치나 도덕성과 관련된 윤리는 리더십의 핵심이고, 윤리적인 리더는 그들의 가치관을 조직 구성원들과 의사소통을 통해 나누어야 한다. 윤리적 리더십(ethical leadership)이란 '리더가 조직경영에 대한 비전과 목표를 제시하고, 경영과정에서 윤리적 합리성을 추구하는 것'을 의미한다. 그러므로 이를 실천하기 위해서는 정의(justice), 정직(honesty), 봉사(service) 등의 원칙을 중시해야 한다. 이번 차시에는 건전한 윤리적 리더십의 원칙들을 확인하고, 이를 실천하기 위한 활동들을 구체적으로 탐구해보자.

4.1 원칙에는 지름길이 없다

Prologue

- 윤리적 리더는 공정성과 정의에 관심을 기울여야 한다. 또 이를 실천하기 위해서는 어디에나 보편적으로 적용될 수 있는 기본적 진리인 원칙에 충실해야 한다. 미국 텍사스 주에서 여성용품 전문백화점 '삼문트레이딩센터'를 경영하는 문대동 회장에 대해 알아본다.
- 조선 19대 왕 숙종이 궁녀에서 왕비로 오르지 못하게 하는 법을 만들었을 때 이를 스스로 실천한 숙빈 최씨(숙종의 후궁, 21대 왕 영조의 생모)에 대해 알아보고, 두 사람이 각자의 분야에서 공통적으로 지키고자 했던 가치관이 무엇인지 알아본다.

4.1.1 삼문 트레이딩의 문대동

(1) 성장 과정

문대동은 1940년 평안남도 평양 출생이며 한국외국어대학 서반아어과를 졸업하고 2002년 사우스웨스턴 신학과를 수료했다. 세계한인무역인협회 상임고문과 한미우호협회 미주고문, 미국 댈러스 무역인협회 상임고문 등을 역임했으며 현재 삼문그룹 대표로 있다. 청년 문대동은 31세에 단돈 500달러만 들고 미국행 비행기에 올랐다. 생면부지의 땅에서 '배짱'과 '성실'을 무기로 미국 주류사회를 파고든 그의 첫 명함에는 가발 제조사 남인상사의 영업사원이라 쓰여져 있었다.

하지만 가발 장사가 잇따라 성행하기 시작하면서 사업은 망하게 되고, 연이어 도전했던 의류 사업에서도 처음의 흥행과는 달리 부동산 투자로 결국 쓴 맛을 봐야만 했다.

그러나 그는 포기하지 않고 3년 동안의 시장을 탐색하고 지역 소비자의 욕구와 상권을 파악하여 삼문그룹의 모태인 '삼문트레이딩'을 설립한다. 수중에 남은 25만 달러를 들고 댈러스

에서 새 마음가짐으로 탄탄히 준비하여 시작한 사업은 2년만에 2,500m^2에서 5,000m^2로 확장되었고, 현재 7호점도 오픈 하였다. 후에 자신의 사업을 시작하면서 미국의 주류사회를 공략하여 큰 성공을 거두었다. 그는 베푸는 데에도 적극적이어서 장학재단을 만들고 신학도를 포함한 많은 학생들에게 장학금을 지원하고 자신의 기업체에 그들을 사원으로 채용하였다. 그의 뛰어난 사업 감각과 나눔의 경영방식으로 그는 어느덧 연매출 1억5000만 달러가 넘는 회사의 수장이 되었다.

(2) 칠전팔기, 배짱과 성실로 일구어낸 삼문(Sammoon)!

"당시만 생각하면 암담합니다. 절체절명의 위기였죠. 한국산 가발 가격은 오르고 경쟁사들은 치고 들어오고, 이에 과감한 변화가 필요했습니다. 죽기 아니면 까무러치기 식이었죠."

그는 가발사업을 과감하게 정리하고 의류업에 뛰어들었다. 모자, 구두, 옷 등 가게에 들여놓기 무섭게 팔려나갔다. 그의 탁월한 감각은 사업을 단 번에 성공으로 올라서게 했다. 그러나 1978년 친구의 말만 듣고 75만 달러짜리 빌딩을 사서 지금까지의 모든 것이 사라져버렸다.

절망이라는 단어를 모르던 그가 2년이 넘는 기간 동안의 재판과 사업의 하락을 견디지 못하고 멤피스를 떠나 수중에 남아있던 단 돈 25만 달러를 들고 댈러스에서 다시 한 번 일어선다. 사업에 대한 감각은 있었지만 더 이상 주저앉으면 안 되겠다는 생각으로 신중히 임했다. 그는 3년이라는 긴 시간동안 시장을 탐색하고 지역 소비자의 욕구와 상권을 파악했다.

생면부지 땅에서 '배짱'과 '성실'을 무기로 그는 미국 주류 회사를 뚫고 어느덧 연매출 1억5천만 달러가 넘는 회사의 수장이 되었다.

(3) 정도(正道)의 기업인

정도의 기업인이라는 수식어는 정직한 기업경영에서 얻어진 수익을 다시 사회에 환원하는 나눔의 기업인으로서의 길을 걸어왔기 때문에 붙여진 이름이다. 그는 사업 초기 인종차별 등 어려움을 겪으면서 사업을 키워야 한다고 생각하고 남들보다 한 시간 먼저 출근하고, 물건을 잘 팔기 위해 끊임없이 고민했다. 그 결과 보수적이기로 유명한 남부 텍사스 주에서

미국 여성들을 사로잡는 기업을 이루었다.

삼문의 직원 총 400여 명 중 절반 이상이 한국인일 만큼 그는 많은 한인들에게도 도움을 주고 있는 사업가다. 성실한 직원들이 창업을 할 때 자금을 빌려주거나 은행과 연결시켜 주는 등의 지원을 아끼지 않고 있다. 또한 회사를 떠나는 직원을 외면하기보다는 이해와 사랑으로 지지해주고 있다.

동영상 보기(1)

떠나는 직원을 외면하는 기업인들과는 다른 모습이다. 그만큼 동포와 직원들에 대한 사랑이 크다. 삼문그룹 직원 400여 명 중 200여 명은 한국인이고, 매년 한국 대학생들이 삼문에 인턴사원으로 들어오고 있다. 그의 한국 사랑을 볼 수 있는 단면이다.

그는 직원들에게 삼문그룹을 목적지가 아니라 정거장으로 생각하라고 강조하며 삼문에서 배운 것을 바탕으로 창업을 하라고 북돋워 주고 있다. 그의 부친 고 문명훤씨가 독립운동 전선에 나선 뜻을 이어받아 미국 땅에서 동포 젊은이들의 자립을 도와주고 있는 것이다.

Caption 1

Q. 다음 물음에 적절히 답하시오.

1. 문대동 회장의 경영철학은 무엇인가?
2. 그의 삼문그룹이 지역사회에 미친 영향은 무엇인가?
3. 그의 아들은 그를 어떻게 이해하고 있는가?

(3) 나눔의 기업인

문대동 회장은 한국의 대학생 100여 명을 매년 미주지역 한상기업에서 인턴으로 채용하는 것을 추진하고 있다. 그가 운영하는 삼문그룹은 이미 매년 한국 출신 대학생 2명을 인턴사원으로 채용하고 있고, 이들이 여기서 쌓은 경험은 사회생활을 하는 데 큰 도움이 된다고 한다. 삼문 인턴 경력이 국내 대기업 입사에 플러스 요인이 될 정도라고 한다.

그는 미주지역 기업들을 중심으로 대학생 인턴십을 추진하고, 차츰 전 세계 한상기업으로 확대할 계획을 생각하고 있다. 한국의 젊은이들에게 글로벌 마인드를 심어주는 것이 1세대 한상의 역할이라고 생각하기 때문이다. 여기에 대한 지원은 한상기업 1세대들의 몫이라고

생각한다. 해외 젊은 리더끼리 혹은 이들과 국내 중소기업 2~3세들 간 네트워크가 활성화돼야 비즈니스가 생기고, 그런 과정 속에서 한상대회가 힘을 받는다고 생각하고 있다.

'할일은 아직 많은데 세월이 너무 빨리 나이 드는 것이 두렵다'라고 할 정도로 도전정신 하나로 이국의 땅에서 '삼문그룹'을 일구어 낸 거상 문대동. 여전히 그는 아직도 현실에 안주하지 않고, 미국 더 나아가 세계 시장을 상대로 무궁무진한 가능성을 내다보며 의욕을 보이고 있다.

동영상 보기(2)

문대동 회장의 성공 노하우 중 하나는 미국 주류사회 공략이다. 대부분 미국 내 한인들이 동포나 소수민족을 상대로 장사를 벌이는 것과 달리 그는 사업 규모가 커지면서 백인사회에 눈을 돌렸다. 예상은 적중하였고, 그의 회사와 사업은 백인들이 인정하면서 날로 번창했다. 그는 말한다. "소수민족을 상대로 사업을 벌일 때와 주류 백인을 대상으로 사업을 벌일 때는 전략이 다릅니다. 주류사회를 뚫으면 나머지는 자연스럽게 따라옵니다. 한인을 상대로 한 사업만 해서는 클 수가 없습니다."

Caption 2

Q. 다음 물음에 적절히 답하시오.

1. 문대동 회장이 미국에서 가발 세일즈를 처음 시작한 도시는 어디인가?
2. 그의 첫 번째 성공비결은 무엇인가?
3. 그는 성공한 사람들이 가장 경계해야 할 것이 무엇이라고 하였나?
4. 그가 기업가 정신으로 중요하게 생각한 것은 무엇인가?

4.1.2 영조의 생모 숙빈 최씨

(1) 성장 과정

숙빈최씨는 조선 제19대 왕 숙종의 후궁이자, 제21대 왕 영조의 어머니이다. 무수리로 궁궐에 들어와 인현왕후를 섬기다가 인현왕후 폐출 후 숙종의 승은을 입어 영조를

낳았다. 본관은 해주(海州)이며, 영의정에 오른 최효원(崔孝元)의 딸이다. 7세 때 무수리로 궁에 들어왔다고 하는 설도 있고, 1681년(숙종 7) 인현왕후(仁顯王后)가 숙종의 계비로 간택되었을 때 12세의 나이로 인현왕후를 따라 궁에 들어왔다는 설도 있다. 인현왕후를 섬기며 궁궐생활을 하였으나, 1689년(숙종 15) 인현왕후가 폐출되고 희빈 장씨가 왕비가 되자 모진 구박을 받았다. 그녀는 밤마다 인현왕후가 복위되기를 기도하였는데, 그 모습이 숙종의 눈에 띄어 승은을 입고 1693년 숙원(淑媛)이 되었으며 아들 영수(永壽)를 낳았다. 그러나 영수는 2달 만에 세상을 떠났고, 이듬해 갑술환국으로 인현왕후가 복위된 후 25세에 연잉군(延礽君) 이금(李昑 : 후의 영조)을 낳았다. 그해 숙의(淑儀)가 된 데 이어 1695년에는 귀인(貴人)에 오르고, 1699년 정1품 숙빈(淑嬪)에 봉해졌으나, 끝내 조선 국법을 준수하여 왕비가 되지 않았으며, 49세(1718)의 나이에 생을 마감하였다.

(2) 신분의 벽을 넘어서다

영조의 어머니는 숙빈 최씨라는 분이다. 임금의 어머니인데도 불구하고 숙빈 최씨에 대한 기록은 많이 남아 있지 않다. 그녀는 궁궐에서 가장 천한 신분이었던 무수리였으나 숙종의 성은을 입어 정일품인 빈이 되었고, 폐비가 된 인현왕후의 복귀를 도왔으며 영조의 어머니였다는 점 정도만 알려져 있다. 같은 시대를 살았던 인현왕후와 장희빈에 비해 큰 조명을 받지 못했던 것이다.

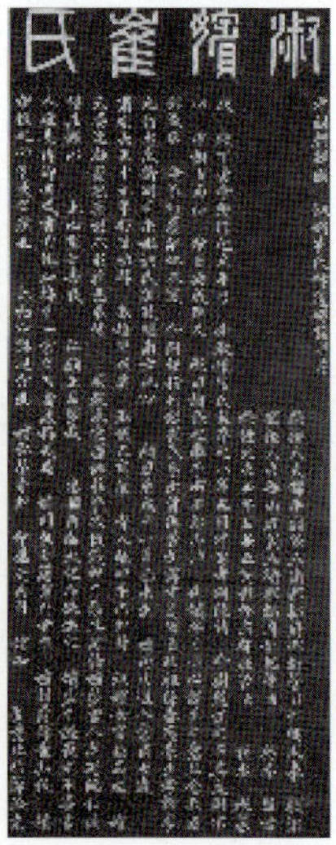

그러나 숙빈 최씨의 기록은 거의 없지만, 숙빈 최씨의 삶이 우리에게 전해 주는 바는 매우 크다. 철저한 신분제 사회였던 조선 시대에서는 결코 가능해 보이지 않았던 임금과 천한 무수리의 사랑, 인현왕후를 향한 변함없는 의리와 심성, 처절한 당파 싸움 속에서도 자신의 아들이 왕위에 오를 수 있도록 훌륭히 키워낸 점 등이다.

이런 숙빈 최씨의 삶을 짧은 사료를 해석해 재조명해 내는 작업은 그만큼 의미 있는 일이 아닐 수 없다. 무수리였던 최씨가 어떻게 임금을 만나 빈이 되고, 자식을 교육시켜 임금의 생모가 될 수 있었는지, 역사 속에 나타난 숙빈 최씨의 삶을 토대로 극화로 구성된 드라마를 통해 그녀의 삶을 되돌아보는 일은 매우 흥미롭고 가치 있는 일이라 여겨진다.

동영상 보기(3)

미천한 출신의 동이는 어떻게 궁녀가 될 수 있었을까? 조선 시대 궁녀는 대체로 중앙관청에 소속된 여자종에서 선발하였으므로, 민간의 천민이 궁녀로 뽑히기란 쉽지 않은 일이었다. 천민 출신 여부가 불분명한 숙빈 최씨가 입궁한 시기는 숙종 2년(1676)이었다. 그 동기는 양친이 모두 일찍 죽는 바람에 생계가 막막했기 때문일 수 있으나 분명하지 않다. 입궁 후의 행적도 알 수 있는 자료가 없다. 그저 무수리로 지냈다는 구전이 거의 사실처럼 굳어진 분위기다. 무수리는 상궁과 나인의 하인으로서 물 긷는 일을 담당했다.

숙빈 최씨는 인현왕후와 깊은 인연을 맺고 있었다. 《수문록(隨聞錄)》을 보면, 폐출된 인현왕후의 탄신일에 성찬을 차려놓고 정성을 드리는 나인에게 감동한 숙종이 그를 가까이 하게 되었다는 이야기가 있다. 이 나인이 곧 숙빈 최씨이다. 이 자리에서 숙빈 최씨는 자신이 중전마마의 시녀로서 지나치게 총애를 받았다고 했다. 그리고 전남 담양에 있는 용흥사나 대각교에 얽힌 설화에서도 인현왕후와의 특별한 인연을 전하고 있다.

Caption 3

Q. 다음 물음에 적절히 답하시오.

1. 보통 사람들은 권세를 잡기 위해 어떻게 행동하는가?
2. 숙빈 최씨의 정치에 대한 패러다임은 무엇인가?

○ 간디의 긍정적 사고 방식

간디는 "항상 긍정적으로 생각하라. 왜냐하면 생각은 당신의 말이기 때문이다. 항상 긍정적으로 말하라. 왜냐하면 말은 행동이 되기 때문이다. 항상 긍정적으로 행동하라. 왜냐하면 행동은 습관이 되기 때문이다. 항상 긍정적인 습관을 가지도록 하라. 왜냐하면 습관은 가치가 되기 때문이다. 항상 긍정적이 되도록 하라. 왜냐하면 가치는 당신의 운명이 되기 때문이다."라고 긍정적 사고방식을 말하였으며, 이 글은 현대에 와서도 중요한 말이 되고 있다.

출처 : 박재호, 《자기개발 리더십》, 생능출판사, 2007

4.2 정직이 경쟁력이다

Prologue

- 윤리적 리더가 되기 위해서는 정직해야 한다. 리더가 정직하지 못하면 사람들은 그를 신뢰할 수 없고, 리더의 영향력은 손상된다.
- 세계경제포럼이 인정한 차세대 리더 김성주 회장의 성공 비결과 윤리적 리더십에 대해 알아본다.

(1) 성장 과정

성주그룹 CEO 김성주는 1956년 대구에서 태어났다. 1975년 이화여고를 졸업한 후 연세대학교에서 사회학을 전공하며 부족함 없이 살았다. 외형적으로는 부족함이 없는 삶을 살았지만, 그녀의 마음 속에는 자신이 가진 만큼 사회에 환원해야 한다는 생각이 늘 있었다. 그녀의 이러한 생각에는 계기가 있었다. 어린 시절 선생님의 말씀에 따라 며칠 동안 학교에 나오지 않던 친구를 찾아갔다가 비쩍 마른 친구가 허름한 집에 누워 있는 것을 보고 크게 충격을 받았다.

또한 그녀는 중학교 때 아들, 딸의 차별을 느꼈다고 한다. 중학교 2학년 때 전교 1등을 했지만, 부모님께서는 오히려 칭찬보다는 똑똑한 딸은 시집보내기 힘들다는 말을 하며 마뜩해하지 않았다. 그녀는 그런 것들이 못마땅했다. 누구의 무언가가 되기보다는 자신의 존재를 찾아야겠다고 결심하였다. 그녀는 어렵게 유학길에 올랐고, 거기서 반려를 만났다. 정해진 신랑감이 아니었기에, 유교적 관념에 사로잡혀 있는 부모님은 집과의 연을 끊어야 한다는 결정까지 내릴 정도였다. 아무런 지원 없이 그녀는 돈을 벌기 위해 블루밍 데일즈에 입사하여 일을 시작했다. '정말 힘들었다'고 고백했지만, 오히려 그 일은 그녀를 패션 유통업에서 성공하게 한 원동력이 되기도 하였다.

(2) 패션을 말하다

김성주 회장은 그렇게 유학생활을 끝내고 1989년 다시 한국으로 들어왔다. 아버지께 3억 원이라는 사업자금을 빌려서 사업을 시작했다. 처음에는 구찌등 해외 명품 브랜드의 판권을 가지고 와 패션 유통업으로 일을 시작했다. 유통업에서 성공을 거두자 그녀는 2005년 9월 독일의 패션브랜드 MCM을 인수하여 당시 650억 원이었던 매출을 4년 만에 2200억 원으로 3배 이상 키웠다.

브랜드 이미지의 중요성을 간파했던 그녀는 처음에 손해를 감수하면서, 기존 수백 개의 매장의 문을 모두 닫고 다시 마케팅 전략을 세우며 기업의 브랜드 이미지를 다시 세우기 위해 노력했다. 그리하여 세계 35여 개국 진출, 국내에는 면세점 포함해 60여 개의 매장을 가진 기업으로 성장시켰다.

동영상 보기(1)

김성주 회장의 사업가적 재능을 먼저 인정한 곳은 한국이 아니라 세계였다. 1997년 세계경제포럼이 인정한 차세대 리더, 2001년 〈아시아 위크〉지가 선정한 아시아에서 가장 영향력 있는 여성 CEO, 2009년 브뤼셀 유럽연합의회에서 기업 윤리상을 수상하기까지 세계인이 먼저 그녀를 인정했다. 과연 무엇이 오늘의 그녀를 있게 한 것일까?

Caption 1

Q. 다음 물음에 적절히 답하시오.

1. '김성주' 회장이 세계 패션업계에서 성공할 수 있었던 이유는 무엇인가?
2. 패션의 속성은 무엇인가?
3. 그의 치열한 노력으로 인수 6년 만에 글로벌 명품브랜드라는 명성을 되찾은 독일 명품 브랜드는 무엇인가?

(3) 업계의 왕따로 불리다

소니아 리켈, 입생 로랑, MCM 등 세계 유명 브랜드 제품을 수입해 파는 김성주 회장의 회사는 93년과 96년 두 차례 세무조사를 받았으나 한 건의 탈세 사실도 적발되지 않을 만큼 투명하게 기업을 경영해왔다. '깨끗한 손'으로 해나가는 것이 처음에는 힘들지 몰라도 결국 옳은 길이라는 것을 김성주 회장은 확신했기 때문에 상납을 하는 일종의 전통을 무시하고 100% 원칙대로 '깨끗한 손'을 고수했다. 그래서 얻은 별명이 '업계의 왕따'였다. 그러나 그녀는 자신이 배우고 큰 대로 기업을 경영하여 결국 면세점 공급물량 1위 공급원으로 올라서게 되었고 구찌와 합작을 제의받게 되었다.

동영상 보기(2)

독일의 명품 브랜드를 아시아인이, 그것도 여성 CEO가 인수했다는 소식에 보수적인 유럽의 명품업계에서는 코웃음을 쳤다. 그러나 6년이 지난 지금 그 평가는 완전히 달라졌다. 35년 전통의 명품 브랜드를 우리 것으로 만들고, 세계에서 인정받기까지 김성주 회장의 그 치열했던 노력들을 알아보자.

Caption 2

Q. 다음 물음에 적절히 답하시오.

1. 어릴 때 김성주 회장의 남다른 점은 무엇이었나?
2. 미국 유학 이후 스스로를 자랑스럽게 여긴 것은 무엇이었는가?
3. 한국에 귀국한 후 사업을 시작하면서 업계의 왕따가 된 이유는 무엇인가?
4. '구찌'의 국내 영업권을 거액을 받고 본사에 되팔 수 있었던 이유는 무엇인가?

(4) 스스로 브랜드가 되다

매스티지(Masstige = Mass 대중 + Prestige product 명품)는 신조어로 명품의 대중화 현상을 말한다. 중산층의 소득이 향상되면서 값이 비교적 저렴하면서도 만족감을 얻을 수 있는 명품을 소비하는 경향을 공략한 것인데, 소수의 최상층 소득자들이 구매하는 고가의 전통명품보다는 작은 사치라고 하는 자신의 풍요로운 삶과 자신의 개성을 나타낼 수 있는 소비에 과감한 신세대 여성들을 위한 정책이 큰 성공을 거둔 것이었다. 또 살아남기 힘들다고 모두가 외쳤던 세계 금융 위기가 오히려 기회가 된 가격 정책이 주효했다.

그녀는 한국에서 사업을 하면서 한국 사회의 여러 문제점들을 보고 그냥 지나치지 않았다. 누군가는 바꾸어야 할 이 부패된 시스템을 바꾸고자 열심히 노력했다. 사람들이 미쳤다고 비난했음에도 굴하지 않았다. 그리고 그녀는 결국 이뤄냈다. 그녀는 오히려 주변의 비난이 더욱더 성공해야 하는 이유가 되었다고 말한다. 그렇게 하지 않고도 성공해 보자라는 신념하에 투명한 손의 경쟁력을 몸소 보인 김성주 회장은 그러한 주변의 비난들이 회사가 커가면서 더 든든하고 튼튼한 밑거름이 되었다고 말한다.

동영상 보기(3)

유럽을 거쳐 미국까지 MCM을 성공적으로 입성시킨 김성주 회장. 한국보다 세계에서 먼저 인정받은 그녀의 행보는 이제 아시아의 신흥시장인 중국을 향하고 있다. 한국의 중소기업 CEO로서 모두가 불가능하다고 말한 일을 해낸 그녀는 스스로 브랜드가 되어 오늘도 세계무대를 장악해 나가고 있다.

Caption 3

Q. 다음 물음에 적절히 답하시오.

1. 직원들이 김성주 회장을 진정한 리더로 생각하는 이유는 무엇인가?
2. 그녀의 비즈니스에 대한 패러다임은 무엇인가?
3. 뛰어난 경영능력을 인정받아 그녀가 수상한 기업인상은 무엇인가?

4.3 가장 이타적인 것이 이기적인 것이다

Prologue

- 더불어 사는 기쁨이 진정한 행복임을 알리기 위해 나눔을 실천하는 '스티브 김'에 대해 알아본다.
- 호주 한인들과 이민자들이 가장 일하고 싶은 기업 JMH 이숙진 회장에 대해 알아본다.
- 스티브 김과 이숙진 회장의 윤리적 리더십을 나눔과 봉사의 관점에서 살펴본다.

4.3.1 나눔을 실천하는 스티브김(김윤종)

(1) 성장 과정

스티브 김은 11살의 어린 나이에도 매일 가족을 위해 무거운 물지게를 지고 물을 날라야 했고 먹을 것이 모자라 싼 값에 여러 식구들이 먹을 수 있는 수제비를 먹으며 자랐다. 스티브 김 이사장은 자신의 삶을 소개한 책 《꿈, 희망, 미래》에서 자신의 어려웠던 어린 시절을 이같이 묘사하고 있다.

김윤종 SYK 사장은 서강대 전자공학과를 졸업 후 1976년 27세에 미국으로 건너가 주경야독(晝耕夜讀)으로 캘리포니아 주립대학에서 정보통신학 석사학위를 취득했다. 이후 두 차례의 창업과 성공적인 기업 경영을 통해 아메리칸 드림을 이루었다. 2007년 30년 만에 가족과 함께 영구 귀국하여 꿈·희망·미래 재단을 설립해 한국과 중국 연변을 중심으로 장학사업과 사회복지사업에 연간 약 20억 원을 지원하고 있다.

(2) 부모로부터 물려받은 유산

어려운 환경 속에서 성장했지만 그는 가난을 부끄러워하지 않았다. 오히려 "가난했기 때문에 성공했다."고 자신 있게 말한다. 대학을 졸업하고 미국으로 건너가 노동과 공부를 병행하며 힘겨운 시기를 이겨낼 수 있었던 원동력도 바로 이 '헝그리 정신'임을 강조한다. 김 이사장의 부모님은 가난한 환경 속에서도 어려운 사람을 만나면 그냥 지나치지 못하는 성품이었다. 그는 부모로부터 돈보다 더 값진 유산으로 남에게 베풀 줄 아는 배려심과 현실을 긍정적으로 보는 마음가짐을 물려받았다고 한다.

(3) 세계적 기업 경영의 비결은 '정직과 투명'

그의 경영관은 분명했다. 철저하게 바닥부터 세계적인 기업을 만들기까지 20여년의 경험 때문이다. 84년 자신의 집 근처 차고를 빌려서 광역통신망(WAN) 장비업체인 '파이버먹스(Fivermux)'를 세웠다. 직원은 김 사장을 포함해 4명이었다. 1년 반 연구 끝에 제품을 내놨다. 미 해군과 연방항공우주국(NASA)에 납품할 정도로 품질도 인정받았다.

김 사장은 "처음에 정말 아무것도 몰랐다"면서 "상식에 따라 했고, 항상 배우는 자세로 일하는 수밖에 없었다."고 회고했다. 이 후 그의 도전은 계속됐다. 91년 파이버먹스를 매각한 후, 김 사장은 직원 6명과 함께 인터넷 네트워크 장비업체인 '자일랜'을 세웠다. 93년에는 한 벤처캐피탈에선 김 사장의 연구와 제품개발을 믿고 선뜻 1,000만 달러를 투자했다. 2년 연구 끝에 95년 첫 해 매출이 2,800만 달러를 기록했다.

그의 경영지론은 철저한 고객 중심이었다. 고객 의견을 제품에 반영하는 것이다. 물론 기술력이 따라야 했다. 자일랜의 이 같은 경영은 실적으로 이어졌다. 96년 4월 나스닥에 상장한 이후, 매년 2배 이상의 성장을 기록했다.

이 같은 초고속 성장을 두고, 미 타임지는 97년에 100대 고속성장 기업 가운데 자일랜을 1위로 꼽기도 했다. 이어 99년 3월 유럽 최대 통신업체인 프랑스 알카텔사는 자일랜을 20억 달러에 사들이게 된다.

(4) 깨지지 않은 김윤종의 아메리칸 드림

한국인이 세운 벤처기업 매각 규모로는 가장 큰 것이었다. 이 기록은 아직도 깨지지 않고 있다. 자일랜의 성공비결은 기술력과 고객중심 경영, 그리고 미국의 풍부한 벤처캐피탈이었다.

하지만 김 사장의 가족 친화적 경영방식에 후한 점수를 주는 사람들도 많다. 그는 직원들에게 점심, 저녁을 무료로 제공했고, 실적에 따라서 스톡옵션도 아낌없이 나눠줬으며 투명한 경영은 당연했다.

"기업 성장의 원동력은 직원이에요. 직원들이 볼 때 자기가 회사의 부속품으로 여겨지게 되면 안 됩니다. 돈만 준다고 되는 게 아니고, 직원들에게 모든 것을 투명하게 공개하고, 소속감을 느끼게 해주는 것이 리더의 역할이죠."

그는 "회사가 앞으로 나가려면 투명해야 한다"면서 "회사나 사람이나 투명하지 않고, 정직하지 않으면 계속 감추려고 할 것이고, 그러다 보면 뒤처지게 되고 결국 드러났을 땐 이미 늦어 버리게 된다"고 강조했다.

동영상 보기(1)

스티브 김 이사장은 성공을 바라는 사람이라면 항상 허기와 갈증을 느껴야 한다고 말한다. 그의 인생은 실제로 '열정'의 연속이었다. 미국에서의 첫 번째 직장은 평범한 사람들이라면 만족할 만한 대기업이었지만 그는 그 속에서 자신을 부속품처럼 느꼈다. 대기업 안에서 시키는 일에 충실하며 살아가기에 그의 열정은 너무 뜨거웠다.

Caption 2

Q. 다음 물음에 적절히 답하시오.

1. 가난한 환경에서도 남을 돕고 베푸는 부모님에게서 스티브 김이 배운 교훈은 무엇인가?
2. 그의 인생에서 첫 번째 터닝포인트는 무엇인가?
3. 1993년 그가 IT 시장의 잠재성을 예측하고 창업한 회사 이름은 무엇인가?

(5) 나눔의 성공을 꿈꾸다

김 이사장에게 성공은 행복이라는 목표를 이루기 위한 하나의 수단이지 목표 그 자체는 아니었다. 돈, 명예, 권력을 가진 사람이 행복한 사람이 아니라, 행복한 사람이 성공한 사람이라는 것이다. 그리고 그 행복은 사람과 사람 사이의 사랑과 신뢰에서 온다고 한다.

귀국 후 그는 미국에서 번 돈을 한국에서 아낌없이 쓰고 있다. 그가 펼치는 사회복지사업 중 장학 사업은 단순히 어려운 학생들에게 장학금을 지급하는 것에 그치지 않는다. 장학생들이 지속적으로 성장하고 사회에서 자리 잡을 수 있도록 멘토 역할까지 담당하고 있다. 그는 재단의 사회사업을 '먹이는 사업'이 아닌 '살리는 사업'이라고 한다.

동영상 보기(2)

스티브 김이 한국의 기업풍토만큼 안타까워하는 것은 우리의 교육 현실이다. 그는 아이들에게 최대한 자유를 주고, 자신이 좋아하는 분야를 스스로 깨닫도록 도움을 주고 싶다고 한다. 밤늦도록 학원 수업에 시달리는 한국 청소년들은 공부에 진이 다 빠져 정작 대학에서 본격적으로 원하는 공부에 몰두하지 못해 대학을 졸업할 때쯤이면 미국 대학생들과 비교하여 실력, 인성, 발전 가능성 모든 면에서 격차가 벌어진다는 것이다. 그는 한국의 젊은이들이 끌려가는 삶이 아니라 주도하는 삶을 살아가길 바란다.

Caption 2

Q. 다음 물음에 적절히 답하시오.

1. 스티브 김이 회사 매각 후 풍족한 삶 속에서도 행복하지 않은 이유는 무엇인가?
2. 그가 설립한 '꿈 희망재단'이 북한과 중국 연변에서 실천한 활동은 무엇인가?
3. 그가 우리나라 입시 위주 교육의 문제점 해소를 위해 설립한 기관은 무엇인가?

4.3.2 윤리적 리더십의 이숙진 회장

(1) 성장 과정

이숙진 회장은 17살에 호주로 이민을 온 후 33년 후 한인 성공 신화를 만들었다. 그녀는 호주 정부의 올해의 NSW 여성상을 수상했으며 호주 대형매장의 50%를 점유하고 직원만 무려 2천여 명인 청소용역업체 제이마이 홀딩스 그룹의 대표가 되었다. 그래서 이제는 한국 이민자들 중에서 이숙진이 없으면 안 될 정도라고 한다. 무슨 일이든 꼼꼼하게 하나하나 일을 처리하고 한국 이민자들에게 큰 버팀목이 되어 주고 있다.

그녀는 청소업 초기에 아버지, 오빠와 함께 현장에서 일했던 경험이 있다. 그 당시 현장에서 힘든 청소 일을 했던 이 사장은 회사가 빠르게 성장하면서 사무실 관리와 경영업무를 맡았다. 학교에서 배운 경영과 회계 등의 과정이 실무에 큰 도움이 되었다. 당시 열정적으로 했던 공부는 지금 그녀에게 가장 쓸모가 있는 '원료'가 되고 있다고 한다. 그녀는 회사에 위기가 닥쳐와도 뛰어난 예견 능력으로 빠르게 대처하는 진정한 리더가 되고 싶어한다.

동영상 보기(3)

이숙진 씨는 "우리말과 글을 보존하는 것은 우리 동포들의 사명일뿐만 아니라 자녀 개개인의 장래와 직결된다."고 말했다. 최근에는 시드니대학에 한국학 박사과정을 개설, 학생들에게 3년간 전액 장학금을 지급하는 내용의 협정을 체결하고 1차로 6만 호주달러를 전달했다.

Caption 3

Q. 다음 물음에 적절히 답하시오.

1. 이숙진 회장이 아시아계 여성 최초로 받은 상은 무엇인가?
2. 그녀의 마케팅 전략은 무엇인가?
3. 한국을 알리기 위해 그녀가 하고 있는 활동은 무엇인가?

(2) 깨끗한 호주를 만든다

그녀의 아버지이자 제마이홀딩스그룹 창업자인 이재경 회장은 경기 동두천시의 한 미군부대에서 근무하였다. 1976년 호주로 이주했고 서부 호주 댐피어에서 광산노동자로 2년을 일하며 정착 비용을 마련한 이 회장은 한국에 있던 가족을 불러들였다. 광부 외의 다른 직업을 찾고 있던 그는 한국 이민자로서는 처음으로 상업용 건물 청소를 시작했다. 청소업은 이민자가 목돈을 만질 수 있는 드문 직종이었다. 직업에 귀천을 따지지 않는 호주에서도 이 직업은 3D(dirty, dangerous, difficult) 업종에 속했지만 이민자가 도전해볼 만한 직종이었다. 이 업종은 호주의 역대 이민자 그룹에서 아일랜드계 - 이탈리아계 - 동유럽계 - 터키계 - 한국계 - 베트남계 - 중국계 등으로 승계된 분야이다.

이 회장은 청소 경험이 별로 없었지만 일거리가 빠르게 늘어나면서 상업용 건물 청소용역 회사를 설립했다. 수많은 한국 동포가 이 회사를 활용했다. 이 사장은 회사가 빠르게 성장하면서 사무실 관리와 경영업무를 맡았다. 학교에서 배운 경영과 회계 등이 실무에 큰 도움이 됐다고 한다. 현대식 경영기법을 잘 모르는 아버지에게 이 사장은 끊임없이 새로운 시스템을 소개했다. 구식 경영으로는 가파른 상승곡선을 그리는 매출액을 감당할 수 없었기 때문이다. 그 과정에서 부녀 간의 갈등도 있었다고 한다. 그러나 결국 그녀는 아버지를 설득해 새로운 시스템을 도입하는 데 성공했다.

(3) 호주가 주목하는 여성 CEO 이숙진

연매출 1,000억 원을 바라보는 청소용역업체 제이마이홀딩스 그룹. 트웬티 포, 세븐 데이즈(24시간, 7일)를 기본으로 언제나, 어디서든 현장으로 달려가는 한국인 여성 CEO 이숙진이 있기에 가능한 일이다. 영업 대신 신뢰를 얻는 믿음 마케팅은 그녀만이 갖고 있는 성공비결이다.

"비행기 탈 때 빼고는 24시간 켜져 있고, 팀장들 핸드폰도 24시간 켜져 있어요. 트웬티 포 세븐으로 업체들한테 통하고 있고 그 신뢰가 있기 때문에 따로 마케팅을 할 수고는 덜었죠."

(4) 주독야경으로 이뤄 낸 성공

감수성 풍부한 10대의 끝, 낯선 호주에서의 이민생활을 시작해야 했던 이숙진 대표. 학교를 다녀온 후 가방 놓고 밥 먹을 틈도 없이 아버지를 따라 몇 시간씩 나가서 매장 청소를 했다고 한다. 현재 제이마이홀딩스의 회장이 되기 전 땀내음의 흔적이 묻어나는 그녀의 과거 이야기를 들어본다.

"사물을 긍정적으로 바라보면 지혜가 생기는 것 같아요. 좋게 바라보면 뚫릴 수 있는 힘도 생기거든요."

(5) 아름다운 노블리스 오블리제

세계인들을 글로벌 한국학 전문가로 만들기 위한 그녀의 노력이 시작됐다.

시드니대학에 한국학 박사과정을 개설하여 지원자들에게 3년 간 전액장학금을 지급하면서 한국 알리기에 힘쓰고 있다. 기업은 직원들에게, 이익은 한인들과 지역사회에 돌려주려고 노력하는 CEO 이숙진. '노블리제 오블리주'를 실천하는 그녀의 모습에서 판단할 수 없는 진정한 성공의 가치를 느낄 수 있을 것이다.

"제가 가지고 있는 것이 많아서가 아니고 나눌 수 있을 때 나눠야 된다고 생각을 해요."

(6) 직원이 주인 되는 회사 만들 터

이 같은 계획의 일환으로 지난 4월 25일에는 2003 미스코리아 호주 지역예선을 호주 한인 청년문화 축제로 승화, 연출하기도 했다. 이 밖에도 지난 해 호주 내 최초의 한인은행으로 출범한 벤디고은행 한인지점 창립이사로도 활발한 활동을 벌이고 있다.

"사업에서 성공하기 위해서는 타이밍, 노력, 운의 3박자가 잘 맞아떨어져야 합니다. 그리고 경영자에게는 꾸준히 공부하는 자세가 절대적으로 필요합니다. 빠른 판단력과 결정력, 그리고 한 번 내린 결정에 대해서는 뒤돌아보지 않는 과감성도 갖춰야 합니다. 항상 긍정적인 결론을 내리고 그에 맞는 가장 효율적인 방법을 찾는 자세도 빼놓을 수 없습니다."

그는 막연한 운보다는 꼭 해내겠다는 의지와 꿈을 가져야 목표를 이룰 수 있다고 믿는 사람이다. 피나는 노력 없이 이루어질 수 있는 것은 아무것도 없기 때문이다. 요즘 이숙진 발행인은 결코 작지 않은 또 하나의 새로운 일을 아주 조용하게 추진하고 있다.

4.4 용어해설과 연습문제

용어해설

:: 세계한상대회(世界韓商大會, The World Korean Business Convention) : 600만 명의 재외동포를 한민족 경제자산으로 결집하기 위해 2002년부터 매년 10월에 개최되는 한민족 경제인 대회. 재외동포 기업인들의 비즈니스 네트워크 구축과 국내외 동포들 사이의 상호 교류를 통해 실질적인 한민족 비즈니스의 장을 마련하고, 궁극적으로는 600만 재외동포 경제인들을 국가적 자산으로 승화시킬 목적으로 2002년부터 개최되기 시작한 전 세계 한민족 경제인들의 모임이다. 매년 10월에 열리며, 재외동포재단과 매일경제신문사가 공동으로 주관한다. 해외에서 활발한 비즈니스 교류 활동을 하는 동포 기업인을 비롯해 각계의 전문가, 차세대를 이끌어 나갈 경영인들이 대규모로 참가한다.

:: 수문록(隨聞錄) : 조선 후기의 문신 이문정(李聞政)이 4년 2개월 동안 재위한 경종연간의 역사를 들은 대로 기록한 책으로 일명 농수수문록(農叟隨聞錄)이라고도 한다. 내용을 보면 제1·2책에는 장희빈사건과 신사처분·경종즉위에 관한 기록, 목호룡(睦虎龍)·김일경(金一鏡)의 변, 노론 4대신의 출척(黜斥), 영조의 즉위 등이 기록되어 있다. 제3책은 부록으로 《농수이공유고(農叟李公遺稿)》가 있다. 내용으로 〈정유일기(丁酉日記)〉·〈계팔자서(戒八子書)〉 등 이문정의 유고 11편이 있고, 〈무민재이공유고초(無悶齋李公遺稿鈔)〉라 하여 농수의 아들의 글 2편이 수록되어 있다.

:: 반려(伴侶) : 짝이 되는 동무

:: 세계경제포럼(WEF, World Economic Forum) : 저명한 기업인·경제학자·저널리스트·정치인 등이 모여 세계경제에 대해 토론하고 연구하는 국제민간회의. 1971년 독일 출신의 하버드대 경영학교수 클라우스 슈바브(Klaus Schwab)에 의해 만들어져 독립적 비영리재단 형태로 운영되고 있고 본부는 제네바에 있다. WEF는 초청된 인사들만 참석할 수 있는 배타적인 고급 클럽의 성격을 띠고 있다. WEF의 법인회원은 일정 기준 이상의 매출액을 내야 하는데, 매년 WEF에 1만7,000달러의 회비를 내고, 포럼에 참가하기 위해서는 별도로 1인당 7,353달러 등 항공비, 숙박비를 제외하고 총 2만5천달러(3천250만 원)를 내야 한다. 정치인은 철저하게 현직에 국한되며 주로 국제적 영향력이 큰 국가 원수급이 참가한다. 초청받은 정치지도자들은 회비를 내지 않는다.

:: CEO(Chief executive officer) : 최고경영자. CEO는 대기업에서 이사회의 주재, 기업그룹 방침의 결정, 장기계획 작성 등과 관련하여 총괄적인 책임을 가지는 최고경영자로, 통상적으로는 기업의 회장이 CEO를 겸임하고 있다.

:: 이기적(利己的) : 자기 자신의 이익만을 꾀하는 또는 그런 것

:: 이타적(利他的) : 자기의 이익보다는 다른 이의 이익을 더 꾀하는 또는 그런 것

:: 주경야독(晝耕夜讀) : 낮에는 농사(農事) 짓고 밤에는 공부(工夫)한다는 뜻으로, 바쁜 틈을 타서 어렵게 공부(工夫)함을 이르는 말

:: 인턴십 : 인턴십은 기능·기술에 관한 자격 취득을 목적으로 일정한 교육을 마친 후에 정규자격을 취득하기 전에 받는 실지훈련 또는 그와 같은 직무를 일컫는다. 직업교육의 현장실습 프로그램에는 인턴십, 워크 스터디 프로그램, 산학협동교육, 현장의 일반적인 일을 실제로 체험하는 프로그램, 현장의 일을 관찰하기 위한 프로그램 등이 있다.

:: 3D업종 : 기존의 더럽고(dirty), 힘들고(difficult), 위험한(dangerous) 일을 지칭하는 말

:: 마케팅 전략 : 마케팅 목표를 달성하기 위해서 다양한 마케팅 활동을 통합하는 가장 적합한 방법을 찾아 실천하는 일

:: 패션 : 특정한 시기에 유행하는 복식이나 두발의 일정한 형식

:: 트렌드 : 유행 또는 경향을 말하며, 독창성이나 저작권을 신경쓰지 않고 따라할 수 있다고 여겨지는 것

:: 매스티지 : 비교적 값이 저렴하면서도 감성적 만족을 얻을 수 있는 고급품을 소비하는 경향. 대중(mass)과 명품(prestige product)을 조합한 신조어로, 명품의 대중화 현상을 의미한다.

:: 주경야독 : 낮에는 농사(農事) 짓고 밤에는 공부(工夫)한다는 뜻으로, 바쁜 틈을 타서 어렵게 공부(工夫)함을 이르는 말

연습문제

01. 문대동이 생면부지의 미국에서 무기로 삼은 것은?
① 배짱 ② 학력
③ 인간관계 ④ 자금

02. 윤리적 리더가 관심을 갖지 않아도 될 항목은?
① 공정성 ② 이익
③ 정의 ④ 원칙

03. 문대동의 '삼문트레이딩 쇼핑센터'의 직원은 절반 이상이 특정 국가 출신이다. 어느 나라인가?
① 미국 ② 캐나다
③ 한국 ④ 멕시코

04. 다음 중 숙빈 최씨의 아들은?
① 숙종 ② 효종
③ 정조 ④ 영조

05. 세계가 주목하고 있는 여성 CEO인 김성주 씨는 윤리적 리더가 되기 위한 중요한 품성이 있다고 생각하였다. 이 품성이 없으면 사람들이 리더를 신뢰하지 않는데, 어떤 품성인가?
① 정직 ② 성실
③ 배려 ④ 비전

06. 김성주 CEO가 중학교 때, 부모님으로부터 경험한 특별한 감정은 무엇인가?
① 배려 ② 차별
③ 애정 ④ 무시

07. 김성주 씨가 인수 6년 만에 글로벌 명품브랜드라는 명성을 되찾게 한 독일 명품 브랜드는?

① MGM ② MCM
③ 구찌 ④ 입생 로랑

08. 스티브 김이 설립한 재단이 장학사업과 복지사업에 연간 20억 원 이상을 지원하는 지역은?

① 미국, 한국 ② 한국, 청도
③ 필리핀, 베트남 ④ 한국, 연변

09. 스티브 김은 자신이 설립한 재단의 사회사업을 무엇이라고 부르는가?

① 살리는 사업 ② 먹이는 사업
③ 기르는 사업 ④ 보내는 사업

10. 호주의 사업가 이숙진 씨가 운영하는 회사의 업종은 무엇인가?

① 요식업 ② 청소업
③ 제조업 ④ 교육업

11. 기업경영에서 얻어진 수익을 다시 사회에 환원하는 나눔의 기업인을 무엇이라고 하는가?

① 정의의 기업인 ② 진실의 기업인
③ 정도의 기업인 ④ 섬김의 기업인

12. 김성주 회장이 인수한 회사는?

① 패션브랜드 MCM ② 패션브랜드 MGM
③ 섬유브랜드 MCM ④ 섬유브랜드 MGM

13. 스티브 김이 설립한 재단은?

① 희망 재단 ② 꿈 재단
③ 꿈 희망 재단 ④ 교육 희망 재단

14. 3D업종의 D의 의미에 해당하지 않는 것은?

① dirty ② difficult
③ dangerous ④ death

15. 영조의 어머니인 숙빈 최씨는 무슨 벽을 뛰어넘었는가?

① 신분 ② 족보
③ 성별 ④ 나이

연습문제 – 단답형

01. 문대동 회장이 기업가 정신으로 중요하게 생각한 것은 무엇인가?

02. 이숙진 회장이 아시아계 여성 최초로 받은 상은 무엇인가?

03. '스티브 김'이 1993년 IT 시장의 잠재성을 예측하고 창업한 회사 이름은 무엇인가?

04. 김성주 회장이 뛰어난 경영능력을 인정받아 수상한, 유럽연합의 작은 노벨상이라 불리는 기업인상은 무엇인가?

05. 정도의 기업인이라 불리는 문대동 회장은 보수적이기로 유명한 남부 텍사스 주에 미국 여성들을 사로잡는 기업을 이루었다. 액세서리부터 가발까지 오직 여성만을 위한 (   ) 쇼핑센터를 성공시키고 골프장까지 건설했다.
(   ) 안에 알맞은 말을 쓰시오.

06. 영조의 생모 숙빈 최씨의 신분은 무엇이었는가?

07. 스티브 김의 인생에서 첫 번째 터닝 포인트는 무엇인가?

08. 이숙진 회장의 마케팅 전략은 무엇인가?

09. 김성주 회장의 비즈니스에 대한 패러다임은 무엇인가?

10. 문대동 회장의 첫 번째 성공비결은 무엇인가?

11. 숙빈 최씨의 인현왕후를 향한 변함없는 무엇이 있었는가?

12. 김성주 회장이 말하는 패션의 속성은 무엇인가?

13. 매스티지란 무슨 뜻인가?

14. 김윤종이사장은 성공을 바라는 사람이라면 항상 (　　　)와 (　　　)을 느껴야 한다고 말하고 있다.

15. 이숙진회장이 아시아계 여성 최초로 받은 상은 무엇인가?

✦ 본문출처(사이트)

네이버 사전, 백과사전
EBS 직업의 세계
KBS 글로벌 성공시대
TED
http://news.mk.co.kr/newsRead.php?year=2011&no=600930
http://peripanu.blog.me/40155843501
http://cafe.naver.com/...C3%D6%BE%BE&useKeywordHighlight=true&clubid=17223071&#content-area
http://blog.naver.com/...2594%25A8%26nx_and_query%3D%26nx_sub_query%3D%26nx_search_hlquery%3D%26nx_search_fasquery%3D
http://blog.naver.com/hhr8326?Redirect=Log&logNo=20150494397
http://cafe.naver.com/miss2006/2150
http://www.naeil.com/news/Local_ViewNews_n.asp?bulyooid=7&nnum=562570

PART

V 경제경영 분야의 글로벌리더 (Ⅲ)

혁신과 열정의 조직 분위기를 조성한 스티브 잡스의 리더십

○ 혁신의 중요성과 업무에 대한 열정, 그리고 공격적인 R&D 투자

생각만 다르게 할 것이 아니라 제품을 통해 이를 실현해야 한다는 아이디어의 실현을 강조한 스티브 잡스는 '다르게 생각하라(Think Different)'라는 이념을 주장하였다. 스티브 잡스는 새로운 아이디어가 떠오르면 해당 기술의 엔지니어와 함께 산책을 하면서 엔지니어에게 회사 비전을 설명하고 성공하고자 하는 의욕을 고취시켰다. 엔지니어의 능력을 최대한 이끌어내어 처음에는 불가능하다고 여겨졌던 기술과 디자인을 실현하도록 하는 현상을 '현실 왜곡 공간'이라고 지칭하고 있으며, 이것이 잡스의 리더십이다.

출처: 삼성경제연구소, 〈ISSUE Paper〉, 2002.6

PART

V

경제경영 분야의 글로벌리더(Ⅲ)

성공한 리더는 성공에 대한 자신의 믿음을 확고히 다지고 업무에 대한 집념을 계속 불사르기 위해, 자신의 철학을 세우고 이를 실천하기 위해 지속적으로 노력한다. 마찬가지로 세계적인 기업가들도 자신들에게 주어진 경영환경의 불확실성을 극복하고 기업을 지속적으로 발전시키기 위해 도전과 열정, 창의성, 실행력 등을 중시한다. 이번 시간에는 성공한 리더들이 갖추어야 할 주요 조건들을 확인하고, 이를 실천하기 위한 활동들을 구체적으로 생각해보자.

5.1 극복하지 못할 실패는 없다

Prologue

- 세계적으로 성공한 기업가들은 새로운 것을 끊임없이 추구하고 변화를 두려워하지 않는 도전정신과 새로운 것을 구체화시키는 인내와 노력이 두드러진다.
- 세계인의 라이프스타일과 문화를 바꾼 디지털 혁명가 '스티브 잡스'와 포기를 모르는 젊은 CEO 김윤진에 대해 알아본다.
- 성공한 기업가로서 두 사람이 공통적으로 보여준 기업가 정신이 무엇인지 알아본다.

5.1.1 디지털 혁명가 스티브잡스

(1) 성장 과정

스티브 잡스는 1955년 2월 24일 미국 캘리포니아 주 샌프란시스코에서 태어났다. 태어나자마자 양부모 폴과 클라라에게 입양되었다. 그의 양아버지는 고등학교를 중퇴하고 군인이 되었으며 캘리포니아 주 해안경비대에 들어가 경비정 기관사로 근무하다가 전역 후 클라라와 결혼하였다. 그들은 아이가 없자 스티브 잡스를 입양하였다. 잡스는 성인이 되어서 자신이 입양된 사실을 알게 되었다.

스티브 잡스가 3살 되던 해 그의 가족은 아버지의 직장(자동차 영업, 부동산 중계)을 따라 사우스 샌프란시스코의 산업단지에 들어선 주택가로 이주하였고 주변 전자회사에 다니는 사람들과 어울리며 성장하였다. 이때 전자 분야에 관심이 많았던 동년배 빌 페르난데스, 5살이 많았던 스티브 워즈니악(Steve Wozniak)을 만나 교류했으며 스티브 잡스에게는 매우 긍정적인 영향을 주었다.

그는 고등학교를 마친 뒤 오리건 주 포틀랜드에 있는 리드 대학교에 입학하였다. 하지만 1년 만에 학교를 그만두고 캘리포니아로 돌아가 아타리(Atari)라는 전자게임 회사에 취업하였다. 그러나 얼마 지나지 않아 회사를 그만두고 전자분야의 지식이 해박했던 워즈니악과 자신의 사업적인 수완과 뛰어난 마케팅 감각을 살려 1976년 컴퓨터(회로기판)를 제조하는 회사를 공동창업 하였다.

그들은 회로기판만 있는 퍼스널컴퓨터 '애플Ⅰ'을 만들어 발표했으며, 당시 퍼스널컴퓨터 시장이 주목받게 되자 곧 새로운 컴퓨터 플랫폼인 애플Ⅱ를 만들어내어 큰 성공을 거두었다.

(2) 디지털 혁명가

스티브 잡스는 언제나 자신의 직감을 믿는다. 단순하고 간결한 아이팟과 아이폰의 디자인도 기존의 제품들에서 군더더기를 벗겨버리고 자신의 직감대로 디자인한 결과라고 한다. 사실 버튼 하나로 모든 걸 가능하게 하는 아이폰의 간단한 기능과 디자인은 많은 사람들에게 이전에 없던 세계를 선사했다. 또한 제품의 포장 상태까지도 직접 진두지휘할 정도로 완벽주의를 지향하는 그는 자신의 소신을 끝까지 굽히지 않았다.

다수의 사람들이 선택하지 않는 길을 과감하게 선택하는 실행력이 있는 그는 한 번 꽂힌 아이디어는 절대 놓지 않는 강한 근성으로 수많은 경영인들이 주장하는 창조와 혁신을 몸소 실천하였다. 스티브 잡스는 말한다. "대부분의 사람들은 원하는 것을 보여주기 전까지는 무엇을 원하는지도 모른다."고 말이다. 이렇듯 사람들의 생활 방식과 마음까지 지배한 위대한 스티브 잡스의 리더십은 직관과 감성, 통찰력이었다.

동영상 보기(1)

그는 소프트웨어 업체인 넥스트(NEXT)와 디지털 애니메이션 제작 업체인 픽사(Pixar)를 발판으로 재기에 성공하면서 '복귀' 불능을 외치던 사람들의 기대를 뒤로 하고 1996년 적자에 허덕이던 애플을 인수하면서 고향으로 돌아왔다. 이후 2000년대 컴퓨터 부문의 혁신을 주도하고 아이튠스라는 새로운 온라인 콘텐츠 유통 플랫폼을 완성했다. 이후 아이폰과 아이패드를 선보여 최근에는 애플이 구글을 제치고 세계에서 가장 가치 있는 브랜드로 선정되기도 했다.

Caption 1

Q. 다음 물음에 적절히 답하시오.

1. '스티브 잡스'가 세상 사람들을 열광시키기 전, 그는 사람들에게 어떤 평가를 받았는가?
2. 그가 세계인의 라이프스타일과 문화를 바꾼 디지털 혁명가로 불리는 이유는 무엇인가?
3. 젊은이들이 성공한 리더들의 특성인 '도전과 열정'을 갖도록 하기 위해 그가 강조한 말은 무엇인가?

5.1.2 감동의 경영 김욱진

(1) 성장 과정

김욱진(미국 이름 데이비드 킴(David Kim))은 한인 1.5세대로, 미국 멕시칸 푸드 프랜차이즈 바하 프레쉬(Baja Fresh)의 최고경영자(CEO)이다. 그는 외교관인 아버지를 따라 세계 여러 나라를 다니다가 11살 때 가족과 함께 미국으로 이민을 떠났다. 생계를 위해 노점에서 라디오와 장난감을 파는 장사를 해야 했던 부모님의 모습에 충격을 받은 그는 자신도 보탬이 되어야겠다는 생각에 14세에 팽이 장사를 시작했다. 한 개에 2달러 50센트 하는 팽이를 팔아, 첫 날 132달러의 매출을 올렸다. 이에 자신감을 얻은 그는 학창시절 동안 헌 집 수리, 비디오 판매 등 30여 가지의 장사를 하며 사업 노하우를 터득하고 19세의 나이에 백만장자가 되었다.

그 뒤 대학에서 경영학을 배우던 그는 이론에만 치우친 대학의 커리큘럼에 회의를 느끼고 자퇴를 했다. 25세의 나이에 미국 유명 레스토랑 '데니스'를 동양인 최초, 최연소로 오픈하였지만, 사업이 잘 되지 않아 빚더미에 앉게 되었다.

그의 지론은 "실패를 연습하세요. 실패를 계속 연습하는 것이 당신의 꿈에 더 가까워지는 길입니다."라는 말을 통해 나타난다.

그는 포기하지 않고 화장실 청소부터 설거지까지 하루에 18시간 이상을 매장을 되살리기 위해 온 힘을 쏟아부었고 결국 사업은 안정세에 접어들었다. 그러던 2006년, 그는 적자 상태의 '바하 프레쉬'를 인수하여 한 달 만에 흑자로 바꾸어 놓았고, 현재 연매출 3200억 원, 미국 29개 주 400여 개의 체인점을 보유한 미국 최고 멕시칸 푸드 프랜차이즈로 성장시켰다. 그 뒤로도 다양한 M&A를 통해 11개 계열사의 최고경영자가 되었다.

그는 2011년 4월, 미국 CBS 인기프로그램 '언더커버 보스'에 동양인 최초의 CEO로 출연한 뒤 '멕시칸 푸드왕'이라는 별명과 함께 미국 대중에게도 유명해졌고, 이후 한국에서도 성공한 CEO로 알려졌다.

(2) 감동의 경영

이른 성공 뒤, 그는 25세의 젊은 나이에 큰 기대를 가지고 미국 유명 레스토랑 '데니스'를 오픈했다. 그러나 생각과는 달리 사업이 잘 되지 않고 적자는 늘어만 갔다. 그는 이때 처음으로 아내 앞에서 눈물을 흘렸다. 게다가 직원들 월급을 제대로 줄 수 없을 것 같아서 고민을 하는 처지가 되었다.

그는 포기하지 않았다. 힘들 때마다 자신을 믿고 지지해 준 부모님을 생각하며 화장실 청소부터 설거지까지 18시간 이상을 일하였다. 때로 힘들면 모텔에서 잠을 자고 다음날 또 일을 하며 견디었다. 드디어 어려운 시기가 지나고 레스토랑은 안정세에 접어들며 흑자를 내기 시작했다.

그리고 2006년 적자에 허덕이던 멕시칸 프렌차이즈인 '바하 프레시'를 인수하였고, 노력 끝에 한 달 만에 흑자로 돌리는 데 성공했다. 철저한 현장주의와 직원들과 같은 공간에서 함께 하며 소통하는 그의 담백하고 겸손한 마음의 결과였다.

동영상 보기(2)

김욱진 회장은 미국에서 방송한 '언더커버 보스(Undercover Boss)'에서 기업의 사장이 말단 직원으로 취직해 일하는 모습을 촬영했다. 또 자신의 어릴 적 모습과 닮았으며 일을 아주 잘하는 25살의 호세에게 5만 달러 가치가 있는 지점의 주인이 되었다고 말하면서, 지점 하나를 선물하기도 했다. 그는 좋은 사람들을 도우면서, 이런 사람들에게 기회를 주는 게 성공한 삶이라고 말한다.

Caption 2

Q. 다음 물음에 적절히 답하시오.

1. '바하 프레쉬'를 최고의 멕시칸 푸드 브랜드로 만든 김욱진 회장의 독특한 아이디어와 영업 전략은 무엇인가?
2. 그가 새로 시작한 이동음식점 사업에서 판매한 요리는 무엇인가?
3. 미국인들에게 큰 감동을 준 그의 성공의 원인은 무엇인가?

(3) 실패는 있어도 좌절은 없다

'Never give up!' 그에게 결코 포기는 없다. 무슨 일이 있어도 포기는 안 하고 아무리 실패를 해도 내일 하루가 더 있으니까 다시 시작한다.

외교관의 아들로 태어나 어릴 적 풍요로운 생활을 하던 김욱진 회장은 11살 때 빈 몸으로 가족과 함께 미국 이민을 떠나게 되었다.

아버지가 퇴직을 하면서, 삼형제를 키우기 위해 벼룩시장의 노점에서 장난감 장사를 시작하였는데, 어린 시절 부모님이 고생하는 모습을 보고 충격을 받아 14살 때부터 노점에서 팽이를 팔았다. 이때부터 집수리, 비디오 판매 등 학교 숙제보다는 돈되는 일들을 했다.

동영상 보기(3)

미국에서 멕시코 음식으로 성공한 한국인 CEO 김욱진, 오로지 포기하지 않는 노력과 열정으로 오늘도 바쁘게 뛰어다니는 그에게 성공은 어쩌면 당연한 결과일지도 모른다. 남들이 부러워할 만한 부를 쌓고도 진정한 성공의 길은 이제 시작이라는 그는 이 순간에도 또 다른 도전을 시작하고 있다.

Caption 3

Q. 다음 물음에 적절히 답하시오.

1. 김욱진 회장의 인생에서 큰 전환점이 된 것은 무엇인가?
2. 노점상 아버지를 지켜보면서 그가 배운 것은 무엇인가?
3. 수많은 실패에도 그가 좌절하지 않은 이유는 무엇인가?
4. 그가 25살 때 외식업에서 실패한 후, 어려운 시련 속에서 무엇을 깨달았는가?

○ 리더가 되려면 인간적인 매력을 길러라.

인간적인 매력은 용기, 지혜, 어짊, 엄격함, 신용의 5가지 조건으로 구성되며, 이 5가지 조건을 모두 갖춘 리더가 되는 것이 바람직하다. 그런데 이와 같은 조건들을 갖추는 것은 현실적으로 매우 어려우며, 인간적인 매력은 사람마다 각각 다른 개성적인 측면이 있다. 그러나 리더가 갖추어야 할 인간적인 매력에는 크게 2가지 요소가 있다.

늘 큰 그릇답게 행동하라

노여움과 감정을 드러내지 않는 도량(度量)을 가져야 한다. 예를 들어, 사마천은 《사기》에서 유방을 "인(仁)하여 사람들을 사랑하고 베풀어 주기를 좋아하며, 뜻이 크고 도량이 넓다."라고 하였다.

유방은 기분에 치우쳐 곰살궂게 굴지 않고 늘 느긋하게 마음을 썼는데, 부하들에게 자신의 의견을 강요하지 않고 의견에 귀 기울였으며, 전리품의 생기면 부하들에게 나누어 주었다고 한다.

기쁨, 노여움 등의 감정을 드러내지 마라

도량, 그릇과 관계되는 것으로 리더가 갖추어야 할 조건 중 중요한 요소가 풍도(風度)로 풍격, 풍채, 풍모로도 사용된다. 즉, 주위 사람들이 보았을 때의 느낌을 뜻하는 말로, 리더에게는 리더의 풍모가 필요하다는 인식이다. 리더가 갖추어야 할 또 다른 덕목은 '기쁨과 슬픔 등의 감정을 드러내지 않는 마음가짐'이다. 리더는 희로애락의 감정을 드러내어 부하들에게 속마음을 간파당하지 않아야 하며, 항상 침착 냉정해야 한다.

동진 시대에 사안이라는 재상은 전진의 백만 대군을 단지 수만의 군사로 격파한 '비수(肥水)의 싸움' 으로 유명하다. 중요 사안을 대하는 침착성과 자신감이 그의 승리의 요건이었다. 이처럼 위기에 직면해서도 흔들이지 않는 태도가 오늘날 리더의 중요한 덕목이다.

도량이나 인간으로서의 그릇은 선천적인 요인에 크게 지배되지만, '기쁨이나 노여움 등의 감정을 드러내지 않는 마음가짐'은 후천적 노력에 의해서 실현될 수가 있다. 난세를 헤쳐나가야 할 지도자라면 이 2가지 인간적 매력을 갖추어야 되지 않을까?

– 보리야 히로시, 《성공으로 가는 리더십》, 새벽이슬, 2009

5.2 세계를 달리는 비즈니스맨

Prologue

- 창의적 리더는 급변하는 환경에 선행적으로 대응하고, 새로운 분야에 대한 호기심을 갖고 기존의 고정관념에서 벗어나 향상된 경쟁력과 가치를 만든다.
- 400만 마일의 사나이 '윤윤수' 회장, 여러 번의 실패에도 불구하고 끈기로 다시 일어선 그의 성공비결을 알아본다.

(1) 성장 과정

윤윤수 회장은 1945년 9월 경기도 화성에서 농부의 아들로 태어났다. 서울고를 졸업하고 의대를 지망했지만 재수, 삼수 모두 실패하고 후기로 한국외국어대학교 정치외교학과에 진학할 수 있었다. 한국 외국어대 정치외교학과를 졸업한 후, 종합상사가 기업의 꽃으로 꼽히던 70년대에 무역업에 뛰어들겠다는 포부를 안고 30여 곳의 무역회사에 이력서를 넣었지만 번번이 퇴짜를 맞았다. 그이 나이 32세에 드디어 잡은 직장이 미국의 유통업체 'JC페니'였다. 영어실력이 남달랐던 그는 곧 무역이란 하늬바람을 타고 인생 항로의 키를 돌려 바이어로 성장하기 위한 철저한 경영 수업을 쌓았다.

대학을 졸업한 후 메마르고 어두운 20대의 젊은 시절을 보내고 있던 그에게 큰누나의 소개로 만난 부인은 그의 인생의 등대가 되어 주었다. 그가 태어난 지 얼마 되지 않아서 장티푸스로 어머니가 세상을 떠났고, 고등학교 때 폐암으로 아버지를 잃은 그에게 그녀는 어머니의 품처럼 따뜻한 존재였고 어려울 때 끊임없는 후원자였다.

"잇따른 좌절로 어려움을 겪고 있던 시기였습니다. 가지고 있는 거라곤 젊은 육체뿐이었죠. 가족의 따뜻함에 목말라 있던 20대였습니다. 그녀는 보잘것없는 저를 한없이 감싸주었습니다. 기억나지 않는 엄마의 모습을 볼 수 있었죠. 아내는 인생의 고비 때마다 가장 든든한 지원자가 되어주었습니다." 부인은 혼수품으로 그때만 해도 귀했던 타자기를 갖고 왔다. 몸

하나 뉠 만한 방 한 칸 없던 시절, 그 타자기로 남편의 이력서를 수십 장씩 작성해 주었다. 해운 공사를 첫 직장으로 사회생활을 시작해 미국 종합 판매회사인 JC페니와 화승의 수출담당 이사를 거치면서 부인의 조언은 늘 힘이 되어 주었다.

(2) 글로벌 기업의 회장이 되다

글로벌 브랜드의 최고경영자가 된 윤윤수 회장은 스포츠 패션업계에서 '샐러리맨의 신화', '돈 버는 마술사'로 불린다. 무일푼의 월급쟁이에서 출발해 이탈리아 업체인 FILA의 한국 지사장에 오르더니 FILA 본사까지 인수한 그는 세계 스포츠 패션계에 그의 이름을 각인시켰다. FILA 본사 인수로 FILA 코리아 아시아 지역본부를 맡은 후 그의 과제는 아시아 지역에서 FILA 재도약의 기반을 마련하는 것이다. 그래서 그는 아시아 지역본부를 맡고 있던 홍콩 지사를 방문했다. 매니저들을 모두 불러 모아 회의를 주재하자 지사 사람들이 의아해했다.'이렇게 전 직원이 모여서 회의를 하는 것은 처음'이라는 것이었다.

그는 사장은 물론 직원도 모두 회사 돌아가는 것에 대해 알아야 한다고 생각한다. 그래야 자신이 주인이라는 생각을 갖고 열심히 일하게 된다고 여기는 것이다. 틈만 나면 시간을 내서 직원들과 자연스럽게 대화의 장을 갖는 것도 이런 이유이다. 윤 회장이 언젠가 대리점주들을 상대로 경영설명회를 열었는데 그때 직원들이 그의 자리로 연단을 준비했다. 그는 연단을 원탁으로 바꿨다. 아무래도 연단보다는 원탁에 둘러앉아야 자연스럽게 의견을 교환하는데 훨씬 효율적이라는 생각 때문이었다.

동영상 보기(1)

윤윤수 회장은 직원들에게 친구 같고 선배 같은 CEO가 되고 싶었다. 그래서 한 달에 한 번 정도는 회사 상황에 대해 설명하는 시간을 마련해 모든 정보를 공유하고자 노력했고, 구성원 각자에게 권한을 부여했다. 그의 조치는 다른 경영인들이 보기에는 엉성하고 질서가 없는 것처럼 보일지도 모른다. 언젠가 회사를 찾았던 윤 회장의 친구는 회사를 둘러보고 "이게 어디 회사냐. 대학교 서클 같은 분위기다."라며 혀를 찼다.

Caption 1

Q. 다음 물음에 적절히 답하시오.

1. '윤윤수' 회장이 미국시장에서 30년 넘게 우정을 나눈 미국 FILA 사장은 누구인가?
2. 그가 글로벌 기업 회장이 될 수 있었던 이유는 무엇이라고 생각하는가?

(3) 성공한 CEO의 원동력

최고의 샐러리맨 자리에 오른 지금도 그는 자신의 성공 비결을 성실성이란 한 단어로 함축한다. 도덕 교과서에 나올 법한 얘기지만, 성실만큼 성공을 앞당기는 비결은 없다고 믿는다. '게으른 천재보다 부지런한 바보가 결국에는 승리한다'는 평범한 진리를 강조한다.

"높은 연봉을 받기까지, 사람들은 특별한 성공 비결이 있는 줄 알고 있더군요. 샐러리맨에게 성실만한 성공 요인은 없다고 단언합니다. 하지만 말처럼 행동으로 옮기기가 쉽지 않죠. 직장 생활할 때나 사업체를 운영할 때 남의 일이라고 생각해본 적이 한 번도 없습니다. 성실은 제가 갖고 있는 최고의 무기였죠, 아버님은 저에게 가장 큰 재산으로 성실성을 물려주었습니다. 아버님은 어린 아들을 늘 새벽에 깨우셨죠, 어렸을 때의 습관이 몸에 밴 것 같아요."

그의 또 다른 성공 덕목은 공정성과 투명성이다. 이 두 덕목은 회사 경영에 그대로 반영된다. 그는 직원들을 때로는 큰형님처럼 따뜻하게 때로는 친구처럼 편안하게 대한다. 업무를 제대로 수행하지 못한 직원에게는 호되게 질책하지만, 프로의식을 갖고 있는 직원에게는 격려를 아끼지 않는다. 직원의 능력을 평가할 때 사적인 감정은 끼어들 틈이 없다.

동영상 보기(2)

윤윤수 회장은 자신의 연봉을 오픈한다. 그 이유는, 그래야 직원들이 믿고 따르기 때문이다. 회사 역시 투명한 어항처럼 운영한다. FILA 코리아에서 뒷거래나 이중장부라는 단어는 전혀 적용되지 않는다. FILA 코리아의 오늘을 있게 한 경영 방침이다. 그는 성공한 샐러리맨으로 사회에서 평가받기를 기대하지만, 가정에서는 존경받는 가장으로 인정받기를 더 원한다. 가족이 지금의 그를 만든 원동력이기 때문이다.

Caption 2

Q. 다음 물음에 적절히 답하시오.

1. '윤윤수' 회장은 자신의 성공 비결을 무엇이라고 말하는가?
2. '윤윤수' 회장의 성공 덕목을 모두 말해보자.

(4) 발상의 전환

월급쟁이 사장으로 시작한 그는 2005년 FILA 코리아 오너로 변신한다. 그 과정에서 차입매수(LBO) 기법을 활용했다. 그로부터 2년 만에 다시 LBO 방식으로 이탈리아산 글로벌 스포츠 브랜드인 휠라 본사를 인수한다. 이때 절반의 선 로열티를 받고 라이선스 계약을 장기로 전환하는 전략을 구사했다. 이런 역발상 경영은 그의 트레이드마크가 됐다.

FILA를 인수하는 데 4500억 원을 빌릴 수 있는 용감한 사람은 세상에 몇 명 되지 않는다. 그러나 휠라 코리아 윤윤수 회장은 마련했다. 준비를 오랫동안 해서 코스닥에도 등록했다. 그는 늘 돈보다 새로운 생각을 선택했다. 윤 회장은 나무를 심을 때 새가 날아와서 나무에 오를 때까지를 생각했다. 그가 FILA브랜드를 키울 때, 라이선스를 빌려 쓰는 기간을 5년으로 하던 것을 평생 영구적으로 빌려주는 정책을 썼다. 그 대신에 절반을 선금으로 받아서 큰돈을 벌었다.

가짜 휠라가 판을 치는 중국 본토에 들어가서는 진짜를 만들자고 제안해서 가짜 잘 만드는 중국인을 움직여서 진짜 공장을 가동했다. 기왕에 가짜로 입을 바에는 브랜드를 붙여주고 철저한 관리로 좋은 품질의 제품을 만들어서 가짜를 사라지게 한 것이다.

동영상 보기(3)

누군가 윤 회장에게 젊은 세대에 대한 조언을 구했다. "정직·성실·인내를 다하고 한 가지 더, 외국어를 열심히 하라고 권하고 싶습니다. 네덜란드·벨기에·스위스 등도 국토 면적은 우리나라만 합니다. 이렇게 작은 나라인데 국민 소득은 3만 달러 이상이에요. 이들 나라 국민의 공통점이 독일어·프랑스어·영어를 유창하게 한다는 겁니다. 생존 전략으로 외국어를 택한 겁니다.

Caption 3

Q. 다음 물음에 적절히 답하시오.

1. 윤윤수 회장이 창의적이고 역발상적인 방법으로 성공시킨 사례는 무엇인가?
2. 그는 결정적이고 창의적인 생각이 어디에서 나온다고 말하는가?

❍ 매시업(mash-up)

매시업은 무수히 많은 여러 가지 요소들이 하나로 결합되면서 완전히 새로운 개념을 만들어 내는 것으로 웹 서비스뿐만 아니라, 기술이나 디자인, 문화, 라이프스타일 등 사람들의 삶이 연결되어 있는 수많은 분야에서 이루어지고 있으며, 모바일과 소셜 네트워크에서 꽃을 피우고 있다.

매시업은 하나의 기능에 새로운 기능을 추가하고 통합하는 인티그레이션(integration)으로 추가가 아닌 결합을 의미하는 컨버전스(convergence)와는 다르다. 인티그레이션이 '1+1=2'라는 산술적 의미를 갖는다면, 컨버전스는 '1+1=2+a'라는 둘 간의 결합으로 새로운 시너지를 얻는 것으로 표현될 수 있지만, 매시업은 '1+1'은 무엇이든 될 수 있기 때문에 기존의 개념으로 설명할 수 없는 새로운 차원의 가능성을 제시하고 있다.

예를 들면, 카메라가 장착된 휴대폰에서 인티그레이션은 두 가지 기능을 각각 사용할 수 있는 것이고 컨버전스는 두 가지 기능을 이용해서 사진을 찍은 후, 이를 전화를 통해서 보낼 수 있는 기능이 추가된 것이며, 매시업은 화상통화와 같은 완전히 새로운 패러다임으로 바뀌는 것이다. 즉, 서로 다른 원소가 만나 새로운 원소가 되는 핵융합과 같이 서로 다른 무엇이 만나 완전히 새로운 것을 만들어 내는 것으로 디지털 연금술이라고도 볼 수 있다.

〈표 5.1〉 **인티그레이션, 컨버전스, 매시업**

단계 / 구분	integration	convergence	mash-up
형태	기능 추가	기능 결합	새로운 기능 탄생
장점	편의성	시너지	새로운 패러다임
적용 분야	제품	기술, 라이프스타일	분야에 구분 없음
적용 영역	같은 분야 내로 제한	근접한 영역으로 제한	분야에 제한 없음

5.3 원대한 꿈과 실행력

Prologue

- 주어진 일을 끝까지 수행하는 실행력의 차이가 경쟁력의 차이를 가져온다. '긍정적 착각'이 인간의 삶에 미치는 영향을 이해한다.
- 세계 최고의 '세일즈 왕'의 성공비결에 대해 알아보고 라오스의 국민기업 '코라오'의 오세영 회장에 대해 알아본다.
- '세일즈 왕'과 오세영 회장의 성공적 리더십을 실행력의 관점에서 살펴본다.

5.3.1 긍정의 리더십 버락 오바마

(1) 성장 과정

버락 오바마(Barack Hussein Obama)는 1961년 8월 4일 미국 하와이 주의 호놀룰루에서 케냐 출신의 하와이 대학 유학생인 흑인 아버지와 미국인 백인 어머니 사이에서 태어났다. 2세 때 하와이 대의 첫 아프리카 유학생이었던 아버지는 이혼하고 케냐로 돌아갔다. 1966년 재혼한 어머니를 따라 인도네시아로 이주하였다가 어머니가 다시 이혼하여 하와이로 돌아왔다. 다인종 · 다민족 · 다문화 가정에서 자라면서 술과 담배와 마약에도 손을 대는 등 불우한 청소년 시절을 보냈으나, 이러한 경험을 통하여 관용과 화합을 배우게 되었다.

하와이에서 푸나호우 고등학교를 졸업한 뒤 로스앤젤레스의 옥시덴털 대학교에 진학하여 2년 동안 공부한 뒤 뉴욕의 컬럼비아 대학교 정치학과에 편입하였다. 대학 시절부터 아프리카계 미국인으로서 정체성에 눈을 뜨게 되어 마약을 끊고 학업에 정진하였다. 1983년에 대학 졸업 후 잠시 컨설팅회사에서 일하다가 1985년부터 사회운동에 투신하여 시카고 빈민가에서 주민들의 주거와 교육 환경을 개선하는 데 헌신하였다.

1988년에 하버드 대학교 로스쿨에 입학한 뒤 1991년에 최고 권위의 로스쿨 학술지로 인정받은 〈하버드 로 리뷰(Harvard Law Review)〉의 첫 흑인 편집장이 되어 주목을 받았다. 1992년 로펌에서 만난 미셸 로빈슨(Michelle Robinson)과 결혼하였으며, 1993년부터 2004년까지 시카고대학교 법과대학에서 전임강사로 헌법을 가르치기도 하였다.

1996년 일리노이 주 상원의원 선거에 출마하여 당선됨으로써 정치에 입문하였고, 1998년 재선되었다. 2000년 연방 하원의원에 도전하였으나 민주당 내 경선에서 패배하였고, 2002년 일리노이주 상원의원에 3번째로 당선되었다.

2004년 민주당 전당대회에서 진보와 보수, 인종 차별이 없는 하나의 미국을 지향하여 불안 속에서도 담대한 희망을 갖자고 역설하면서 전국적 명성을 얻었고, 그해에 흑인으로는 유일하게 연방 상원의원에 당선되었다.

2007년 2월 링컨 대통령이 노예해방 투쟁을 선언한 장소인 일리노이 주 스프링필드에서 대통령 선거 출마를 선언하였다. 민주당 대통령 후보 경선에서 힐러리 클린턴, 존 케리, 존 에드워즈 등과 경쟁하였고, '변화와 희망'을 앞세워 2008년 1월 첫 경선지인 아이오와 주 코커스에서 승리를 거둠으로써 돌풍을 일으켰다. 이후 힐러리 클린턴과 경합 끝에 2008년 8월 민주당 대통령 후보로 확정되었다.

대통령 선거 공약으로는 집권 후 16개월 안에 상원의원 시절부터 명분 없는 전쟁이라고 반대해온 이라크전쟁에서 철군할 것과 전국민 건강보험 혜택을 비롯하여 대학 교육비 절감, 중산층과 서민을 위한 세제 개편 등 사회복지 정책을 적극적으로 추진하고 대(對) 북한 정책에서도 전임 부시 정부와 달리 직접 협상 등 적극적 개입으로 한반도의 긴장을 완화시킬 것 등을 제시하였다.

유권자들에게 '변화(change)', '우리는 할 수 있다(Yes, We can)'라는 희망으로 다가서면서 흑인뿐만 아니라 백인들에게도 폭넓은 지지를 얻었다. 이를 바탕으로 2008년 11월 4일 치러진 대통령 선거에서 공화당 존 매케인 후보의 2배가 넘는 선거인단을 확보하여 압도적 승리를 거두었고 2009년 1월 20일에 제44대 미국 대통령에 취임하였다. 투표일에 우려했던 '브래들리효과(선거 전 여론조사에서는 앞섰던 흑인 후보가 실제 개표에서는 득표율이 낮게 나오는 현상)'도 나타나지 않음으로써 미국의 첫 흑인(혼혈) 대통령이 되었다.

(2) 긍정의 리더십

케냐인 아버지와 백인 어머니 사이의 혼혈, 복잡한 가족관계 때문에 인도네시아에서 자라고, 미 고교 재학시절 방황하며 마약복용을 하는 등 험한 세월을 보낸 오바마, 누가 이런 사람이 미국의 대통령이 될 것이라는 생각을 할 수 있었을까?

대부분의 사람들은 자신의 현실을 한탄하며, 힘들어하는 것에서 끝나는 경우가 많다. 가난한 집, 배운 것이 없거나 작은 나라에서 태어난 것을 탓하고 원망한다.

최근 각광받고 있는 학문 중에 긍정심리학이 있다. 긍정적인 사고가 좋은 결과를 가져온다는 내용인데 자기 자신에 대한 긍정적인 착각(illusion)이 성공, 창의성, 장수 등에 도움을 준다고 한다. 자기 자신의 행동을 자신이 잘 조절할 수 있다고 과대평가하고, 실제 능력보다 더 잘 할 수 있다고 믿으며, 장래에 대해 보다 화려하고 비현실적으로 생각하는 이런 낙관적인 편견이 개개인들의 대인관계, 신체, 동기에서 유익한 결과를 가져오는 것이다.

일반적으로 사람들은 자기에 대한 착각을 하면 인식불안이 오고, 이 때문에 부적합한 상황에 처하게 되지 않나 걱정하지만, 실제로는 행동 유지를 위해 스스로 현실을 체크(check)하는 기전을 가지고 있어 큰 문제는 일어나지 않는다.

동영상 보기(1)

긍정적 착각은 스스로의 동기부여에 매우 효과적이며 장기적으로는 성공의 길로 인도하는 역할을 한다고 한다. 자신의 행동을 바꾸는 방법은 긍정적 사고로 전환하고, 자신에 대한 긍정적인 착각을 가지고 실천하는 것이다. 작은 일부터 실천하는 것이 중요하다. 매일 조금씩 달라지기 위해 실천하는 것이 중요하다. 어려운 것, 추상적인 목표가 아닌 눈에 보이는 것부터 시작하여서 조금씩 쉬운 것부터 어려운 것으로 바꿔갈 수 있다. 부정에서 긍정으로, 생각에서 실천으로 바뀐다면 우리가 기적이라고 부르는 오바마의 대통령 당선 같은 일이 일어날지도 모른다.

Caption 1

Q. 다음 물음에 적절히 답하시오.

1. '긍정적 착각'의 의미는 무엇인가?
2. 성공적 리더가 되기 위해서는 왜 '긍정적 착각'이 요구될까?
3. '긍정적 착각'의 힘을 믿고 자신의 담대한 꿈을 이룬 정치가는 누구인가?

5.3.2 보험 세일즈왕 오세영

(1) 성장 과정

오세영은 1963년 서울에서 출생하여 성균관대학 공과대학을 졸업한 후 종합상사에 취직했다. 그러나 그는 '더 큰 꿈'을 위해, 직원으로 안정적인 미래가 보장됐던 직장에서 나왔다. 그리고 한국 땅을 벗어나 베트남으로 향했다. 하지만 그곳에서 시작한 무역 사업이 망하면서 곧 이웃나라 라오스로 발길을 돌렸다. 그 당시의 라오스는 세계 최빈국답게 정말 아무것도 없었다. 그렇지만 텅 빈 도시의 느낌인 라오스가 자신의 모습과 닮았기 때문에 오히려 더 편안하게 느껴졌다. 그곳에서 자동차 5대를 가지고 중고차 판매를 시작했다. 2003년에는 오토바이 시장에까지 진출하며 그의 사업은 궤도에 올랐다. 그의 기업 '코라오'는 이제 전자유통, 금융, 건설 등 아홉 개 분야에서 폭넓은 사업을 하면서 라오스의 국민기업으로 떠올랐다.

그는 라오스의 대통령으로부터 '노동훈장'과 '경제발전훈장' 등을 수상하며 외국인이 받을 수 있는 최고의 상을 받았다. 처음에는 자신이 행복하기 위해서 사업을 했지만 이제는 자신의 사업으로 인해 행복해하는 사람들을 보는 것이 더 행복하다고 말하는 오세영 회장. 그는 이제 라오스에 뼈를 묻을 생각까지 할 만큼 라오스를 사랑한다. 이제 라오스를 인도차이나 반도의 허브 국가로 만들 꿈을 꾸며 일하고 있다.

(2) 성공은 끈기와 반복이다

세계 최고의 세일즈왕이 은퇴식을 열었다. 무려 오천여 명에 달하는 보험업계의 영업 사원들이 참석해서 그에게 영업 비결을 가르쳐 달라고 사정했다. 그러자 그는 말없이 미소를 지었다. 잠시 후, 연회장의 등불이 어두컴컴해 지더니 건장한 청년 네 명이 무언가를 메고 들어왔다. 한가운데 강철공이 매달려 있는 쇠로 된 구조물이었다. 이때 참석자들은 도대체 무슨 영문인지 알 수가 없어서 웅성거리기 시작했다.

세일즈왕은 구조물 앞으로 다가가 강철공을 힘껏 밀었다. 그러나 육중한 강철공은 꿈쩍도 하지 않았다. 세일즈왕은 5초 간격으로 강철공을 계속 밀었지만 강철공은 도무지 움직일 기미가 보이지 않았다. 차츰 시간이 지나면서 참석자들 사이에 작은 소란이 일어났지만 세일즈왕은 아무 말 없이 계속해서 강철공을 미는 데만 열중했다. 사람들이 하나 둘 연회장을 떠나가기 시작하면서 상당한 숫자가 빠져나갔다.

동영상 보기(2)

세일즈왕이 강철 공을 밀기 시작한 지 40분쯤 되었을 무렵 강철공이 천천히 움직이기 시작했다. 그리고 가속도가 붙으면서 진폭이 점점 확대되어 이젠 어느 누구도 그 움직임을 멈추지 못할 정도가 되었다. 드디어 세일즈왕은 연회장에 남은 사람들을 뒤돌아보며 자신의 성공 비결을 말했다. "성공은 간단한 일을 지속적으로 반복하는 것입니다. 끈기를 갖고 날마다 조금씩 발전시키다 보면 가속도가 붙으면서 멈출 수가 없게 되죠. 그때 바로 성공에 도달하는 것입니다."

Caption 2

Q. 다음 물음에 적절히 답하시오.

1. 세계 최고의 보험 세일즈 왕이 털어놓은 성공 비결은 무엇인가?
2. 그 이유는 무엇이라고 생각하는가?

(3) 소비자를 먼저 생각한다

오세영 회장은 한국 종합상사의 신입사원 시절 부서 전체의 실적을 달성할 정도로 탁월한 능력을 보였던 업계에서 인정받는 유망주였다. 하지만 오세영 회장은 더 큰 꿈을 이루기 위해 베트남으로 향했다. 수천만 달러에 이르는 사업규모로 자신의 사업체를 키웠지만, 첫 사업의 시작이었던 봉제공장은 파트너의 배신으로 1년 만에 실패를 하고 만다. 자신의 주거래

품목이었던 장비들의 활로가 막히면서 두 번째 무역 사업까지 망하게 되었다.

오만하고, 자만했던 그는 자신과 지나온 자신의 삶을 되돌아보게 되었다. 그는 반성의 시간을 통해 마음의 안정을 되찾고, 자신을 받아준 라오스에서 재기의 날개를 펼쳤다. 그는 항상 말한다. 코라오 그룹은 라오스 직원들 덕분에 유지되는 라오스 직원들의 것이라고. 그는 제품을 만들 때 항상 라오스 현지인들에 초점을 맞춰 제작을 해왔다. 라오스인들에게 맞는 싸면서도 품질이 좋은 오토바이를 만들기 위해 직접 전 세계를 돌아다니며 적절한 부품들을 찾아 다녔던 그는, 결국 6개국에서 조달받은 부품으로 라오스에서 오토바이를 생산해 품질은 높이고 가격은 낮추는데 성공했다.

동영상 보기(3)

그는 국민에게 사랑받을 수 있는 제품이 무엇인가를 철저하게 먼저 구상한다. 또 그는 라오스가 자신의 인생의 마무리를 같이 할 나라라고 생각한다. 그래서 자신을 받아준 라오스를 동남아, 인도차이나 반도 교육의 허브로 만들기 위한 거대한 포부도 가지고 있다. 그는 "코라오 때문에 라오스가 행복해졌다. 그 기업을 창립한 사람이 나다. 궁극적으로 이런 이야기를 들으면 아마 정말 성공한 사업가가 되었다고 생각할 수 있을 것 같아요."라고 말한다.

Caption 3

Q. 다음 물음에 적절히 답하시오.

1. 오세영 회장이 라오스 정부로부터 은행 사업 허가를 받을 수 있었던 것은 무엇 때문인가?
2. 그가 라오스의 국민기업 '코라오' 성장의 원동력이 된 오토바이 사업을 과감하게 시작할 수 있었던 이유는 무엇인가?
3. 그가 라오스에서 빠른 시간에 성공할 수 있었던 결정적 요인은 무엇인가?

5.4 용어해설과 연습문제

용어해설

:: **플랫폼(platform)** : 플랫폼이란, 컴퓨터 시스템의 기본이 되는 특정 프로세서 모델과 하나의 컴퓨터 시스템을 바탕으로 하는 운영체제를 말한다.

:: **프랜차이즈(franchisee)** : 가맹점, 독점 판매권 취득자. 본부가 있고 본부에서 각 지역에 가맹점을 두어 판매권, 영업권을 주고 경영 지도를 하여 사업 확장을 꾀하는 방식

:: **차입매수(LBO, Leveraged Buy-Out)** : 기업을 인수·합병(M&A)할 때 인수할 기업의 자산이나 향후 현금흐름을 담보로 은행 등 금융기관에서 돈을 빌려 기업을 인수하는 M&A 기법의 하나. 따라서 적은 자기 자본으로 큰 기업 매수가 가능하다. LBO 방식은 매입자가 인수 대상의 기업을 주가나 배당을 고려하지 않고 불채산부문(不採算部門)의 매각 등 과감한 경영을 할 수 있는 이점이 있으며, 반대로 매수될 기업의 경영자가 LBO를 사용하여 자사주를 모아 매수를 피할 수도 있다.

:: **애플** : 컴퓨터 소프트웨어와 개인용 컴퓨터를 생산하는 미국 기업

:: **커리큘럼** : 교육목표를 달성하기 위하여 선택된 교육내용과 학습활동을 체계적으로 편성·조직한 계획

:: **M&A** : M&A(Merges & Acquisitions)란 외부경영자원 활용의 한 방법으로 기업의 인수와 합병을 의미한다. M&A의 뜻을 살펴보면 기업의 인수는 대상 기업의 자산이나 주식을 취득하여 경영권을 획득하는 것을 말하며, 기업의 합병은 두 개 이상의 기업이 결합하여 법률적으로 하나의 기업이 되는 것을 의미하는데, 최근 M&A가 보다 넓은 의미로 쓰이고 있다. 기업의 인수와 합병 그리고 금융적 관련을 맺는 합작관계 또는 전략적 제휴 등까지 포함시켜 M&A의 개념으로 보고 있다.

:: **하늬바람** : 농가나 어촌에서 서풍(西風)을 가리키는 용어이다. 우리나라에서 풍향에 따른 바람에 대한 명칭은 조선 시대 실학자 이익(李瀷)의 저서 《성호사설(成湖僿說)》에 잘 기술되어 있다. 한의(寒意)바람이라고도 한다.

:: **투명성** : ① 분산 처리 시스템의 주요 고려 사항의 하나로서, 자원의 존재 위치와는 상관없이 시스템의 모든 파일에 대하여 사용자가 동일한 방법으로 접근할 수 있도록 하는 것. 사용의 단순성, 용이성 등을 위해 어떤 객체의 특성 중 일부가 사용자에게 숨겨져 그 존재를 인식하지 못하게 한 것을 말한다.
② 응용 프로그램에서, 물리적 파일의 구조를 의식하지 않고 독립적 파일을 사용하기 위한 데이터 관리 소프트웨어의 특징. 응용 프로그램에는 데이터나 파일의 구성이 데이터 관리 프로그램의 외부 규격에 기술되어 있다.

:: **로열티** : 특허권·실용신안권·상표권 등의 공업소유권(무체재산권)의 사용료

:: **역발상** : 일반적인 생각과 반대가 되는 생각을 해냄. 또는 그 생각

:: **라이선스** : 합작 또는 제휴. 기업이 소유하고 있는 브랜드 사용 허가나 제공받은 디자인이나 제조기술의 사용 허가를 두고 하는 말이다. 외국의 라이선스를 얻어 제작한 상품은 직수입한 상품과는 구별된다.

:: **긍정심리학** : 인간 마음의 밝은 면을 규명해서 북돋우려는 심리학의 한 분야

:: **노하우** : 특정 기능을 수행하는 능력. 어떤 일을 하는 방법을 아는 것

:: **차입매수(LBO)기법** : 타인자본, 즉 외부 차입금으로 조달된 자금으로 기업을 인수 · 합병하는 것. 자금 여력이 충분하지 않은 매수기업이 피매수기업의 자산 및 수익력을 바탕으로 은행이나 보험회사로부터 차입 등을 통해 기업을 매수할 수 있다.

:: **브래들리 효과** : 선거에 있어서 여론조사의 결과와는 다른게 실제 선거에서의 득표율이 낮게 나오는 현상

:: **허브** : 데이터 통신에서 데이터가 하나 또는 그 이상의 방향으로부터 한곳으로 모이는 장소로서, 들어온 데이터들은 다시 하나 또는 그 이상의 방향으로 전달된다. 허브는 보통 어떤 종류의 스위치를 포함한다.

연습문제

01. 스티브 잡스가 처음 회사를 창업한 후 큰 성공을 거둔 제품은?
① 애플 II ② 애플 III
③ 리사 ④ 아타리

02. 김욱진 씨는 14세에 처음으로 미국에서 장사를 시작하였다. 이때 판매한 물건은?
① 라디오 ② 팽이
③ 비행기 ④ 퍼즐

03. 스티브 잡스는 자신의 소신을 굽히지 않는 사람으로 유명하다. 그런 그가 믿는 것은?
① 협력(協力) ② 성실(誠實)
③ 직감(直感) ④ 인화(人和)

04. 다음 중 스티브 잡스가 근무했던 회사가 아닌 것은?
① 아타리(Atari) ② 넥스트(NEXT)
③ 픽사(Pixar) ④ 인터그래프(InterGraph)

05. 김욱진이 2006년에 인수한 '바하 프레쉬'는 그가 인수한 지 얼마 만에 적자에서 흑자로 돌아섰는가?
① 1개월 ② 6개월
③ 1년 ④ 3년

06. 다음 중 김욱진 씨가 25세의 젊은 나이에 오픈한 미국 유명 레스토랑 이름은?
① 언더커버 보스 ② 데니스
③ 파라다이스 ④ 제이 알렉산더

07. 윤윤수 회장은 샐러리맨으로서 최고의 자리에 올랐다고 할 수 있다. 그런 그가 강조하는 성공 비결은 무엇인가?

① 신의 ② 정직
③ 성실 ④ 재능

08. 다음 중 윤윤수 회장의 경영 방침은 무엇인가?

① 인화 ② 신의
③ 비전 ④ 정직

09. 버락 오바마는 '이것'의 힘을 믿고 자신의 담대한 꿈을 이루었다. '이것'은 동기부여에 매우 효과적이며 장기적으로는 성공의 길로 인도하는 역할을 하기도 한다. '이것'은 무엇인가?

① 긍정적 착각 ② 긍정적 신념
③ 진취적 오해 ④ 진취적 시각

10. 오세영 회장이 베트남에서 사업에 실패하고 라오스로 간 뒤, 처음 팔기 시작한 상품은?

① 냉장고 ② 자동차
③ 오토바이 ④ 컴퓨터

11. 스티브 잡스가 어떤 개인용 컴퓨터를 만들어 큰 성공을 하였는가?

① 애플 I ② 애플 II
③ 넥스트 ④ 아이폰

12. 미국 CBS 인기프로그램 '언더커버 보스'에 동양 최초로 CEO로 출연한뒤 '멕시칸 푸드왕'이라고 별명을 가진 사람은?

① 김욱진 ② 윤윤수
③ 오세영 ④ 이상미

연습문제 – 단답형

01. '긍정적 착각'의 힘을 믿고 자신의 담대한 꿈을 이룬 정치가는 누구인가?

02. 윤윤수 회장은 샐러리맨으로서 최고의 자리에 올랐다고 할 수 있다. 그런 그가 강조하는 성공비결은 무엇인가?

03. 미국에서 멕시코 음식으로 성공한 한국인 CEO 김욱진 회장은 노점상 아버지를 지켜보면서 '이것'하지 않는 법을 배웠다. '이것'은 무엇인가?

04. 스티브잡스의 리더십은 직관과 (   ), 통찰력이다.

05. 버락 오바마는 '이것'의 힘을 믿고 자신의 담대한 꿈을 이루었다. '이것'은 동기부여에 매우 효과적이며 장기적으로는 성공의 길로 인도하는 역할을 하기도 한다. '이것'은 무엇인가?

06. 창조와 혁신의 아이콘이었던 스티브잡스는 대학교를 1년만에 그만두고 아타리(Atari)라는 전자게임 회사에 취업하였다. 그러나 얼마 지나지 않아 회사마저 그만두고 전자분야의 지식이 해박했던 스티브 (   ) (와)과 함께 컴퓨터를 제조하는 회사를 공동창업 하였다.
(   ) 안의 인물을 쓰시오.

07. 미국인들에게 큰 감동을 준 김욱진 회장의 성공의 원인은 무엇인가?

08. 김욱진 회장의 인생에서 큰 전환점이 된 것은 무엇인가?

09. 세계 최고의 보험 세일즈왕 오세영의 성공 비결은 무엇인가?

10. 글로벌 브랜드의 최고 경영자가된 윤윤수 회장은 어떤 패션업계에서 두각을 나타내었는가?

11. 스티브 잡스는 2000년대 컴퓨터 부분의 혁신을 주도하는 ( )라는 새로운 온라인 콘텐츠 플랫폼을 완성하였다.

12. 김욱진 회장이 새로 시작한 이동 음식점 사업에 판매한 요리는 무엇인가?

13. 윤윤수 회장의 가장 큰 재산은 성실성, 그리고 성공의 덕목은 ( )과 ( ) 이다.

14. 성공적 리더가 되기 위해서는 왜 '긍정적 착각'이 요구되는 이유는 무엇일까?

15. 보험 세일즈왕 오세영의 성공은 ( )와 ( )이다.

16. 오세영이 성공한 동남아시아 국가는 어느나라인가?

✦ 본문출처(사이트)

네이버 사전, 백과사전
EBS 직업의 세계
KBS 글로벌 성공시대
TED
위키백과
http://cafe.naver.com/danacity/1132
http://ko.wikipedia.org/wiki/%EB%8D%B0%EC%9D%B4%EB%B9%84%EB%93%9C_%ED%82%B4
http://brandbook.blog.me/150113250082
http://skadbwjd9381.blog.me/30135071210
http://kin.naver.com/qna/detail.nhn?d1id=6&dirId=61303&docId=46791916&qb=7Jyk7Jyk7IiY&enc=utf8&section=kin&rank=1&search_sort=0&spq=0&pid=RsHaNc5Y7udsscFr4SVssc--193829&sid=UAyH5cmGDFAAADA4B7g
http://blog.daum.net/c0112411199/750
http://cafe.naver.com/hansungbum/1775

PART

Ⅵ 직업학문 분야의 글로벌리더 (Ⅰ)

글로벌 매니저가 갖추어야 할 4가지 핵심역량

○ 핵심역량은 유능한 매니저가 글로벌 복합성을 다스릴 수 있는 '축'

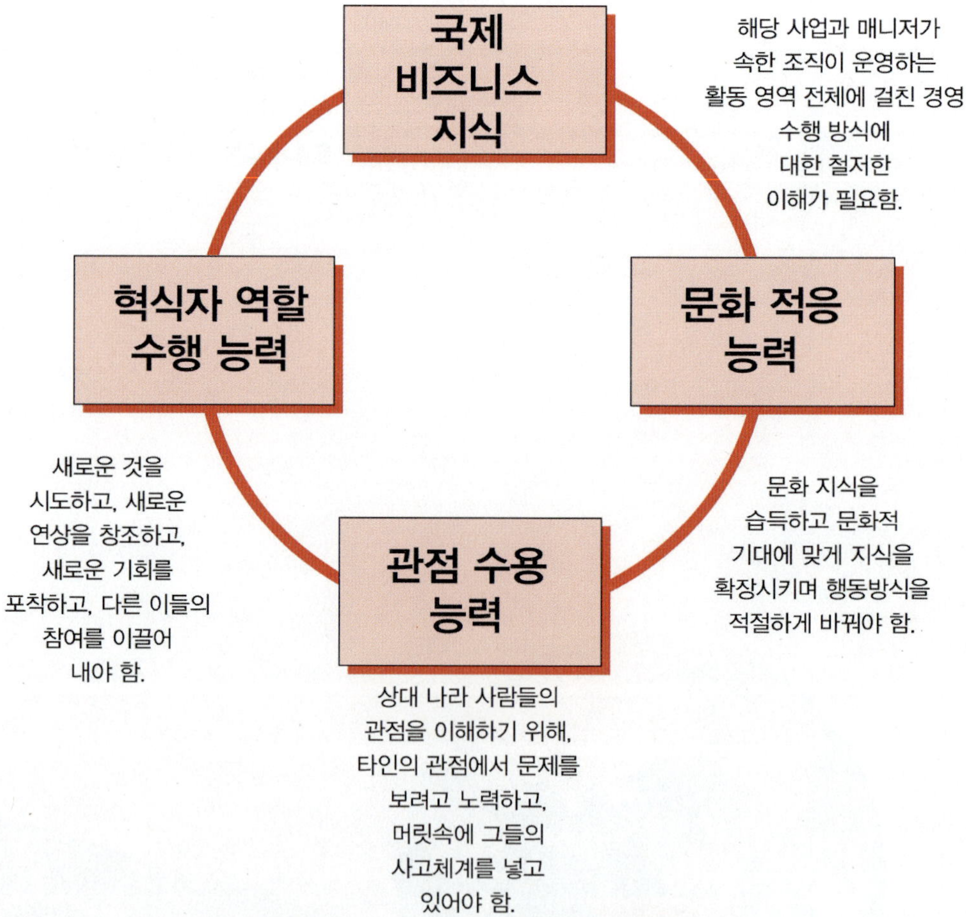

PART

Ⅵ 직업학문 분야의 글로벌리더(I)

우리 사회는 끊임없이 변화되고 있지만 그중에서 몇 가지 변화되지 않는 것은 직업에 대한 소명과 노력, 실패를 두려워하지 않는 용기라고 할 수 있다. 이번 차시에서는 하나의 직업 분야를 선도해 나가는 명장이나 명인들은 어떤 특성을 가지고 있는지, 그리고 목표를 구체적으로 실현하기 위해서 어떻게 접근하였는지에 대해 알아본다.

6.1 혁신의 귀재

Prologue

- 조선 분야 품질명장 1호로 선정되었고, 산업부 장관이 지정한 신지식인이며, 명실상부 최고의 조선 관련 기계 엔지니어로 자리매김한 명장 김병희는 어떻게 이와 같은 성취를 이룰 수 있었는가?
- 1970년의 조선 산업 분야의 열악한 작업 환경에도 불구하고, 지속적으로 새로운 아이디어를 제시하여, 보다 효율적으로 작업할 수 있는 환경을 구축해 나갔다. 그가 보여준 리더로서의 요건들이 무엇인지 알아보자.

(1) 성장 과정

매 순간 자신이 선 자리에서 최선을 다해 온 김병희 명장, 그는 1976년 울산공업고등학교를 졸업하고 현대조선에 입사하였다. 그러나 부푼 꿈과 기대를 안고 첫 발을 내디딘 직장이었지만, 사회초년생인 그에게 닥친 현실은 생각보다 힘들었다. 밤 9시 30분까지의 현장 근무를 견디지 못하고 5일을 근무한 후, 직장을 나오게 되었다.

첫 직장에서 좌절했다는 자괴감과 미래에 대한 막막함이 그를 괴롭혔으나 그에게 재입사를 권유해온 회사의 제안을 받아들인 이후 적극적으로 직장생활을 해나갔다.

40년 가까이 되는 긴 시간 동안 조선업에 몸을 담아 왔다. 나이는 어렸지만 도전정신만큼은 지금과 다를 것이 없었다. 자신에게 지지 않겠다는 생각으로 회사 내에서 누구보다 열심히 노력한 결과 1988년 회사 내의 최연소 팀장으로 승진하기에 이르렀다.

(2) 뭔가 도전하고 배울 때가 가장 행복하다

현장 기능직으로 시작해 '명장'이 되고, 지금은 후배들을 지도하는 위치에 오르기까지 그에게는 학습에 대한 남다른 열정이 있었다. 자신의 업무 분야뿐만 아니라 닥치는 대로 배우고 개발하고 익히는데 하루가 모자랄 지경이었다.

"무엇인가 새로운 것을 배운다는 것만큼 행복한 일도 없는 것 같습니다. 배우면 배울수록 또 새로운 것이 나타나고, 그러면 다시 도전하게 되고, 그런 도전이 생활의 활력소가 되어 지금의 자리까지 올라올 수 있었던 것 같습니다. 물론, 현장 업무를 하는데 있어 관련 기술만 정확히 익히면 되는 것 아니냐고 생각할 수도 있겠지만, 제 성격이 뭔가 항상 개발하고, 도전하는 것을 좋아해서 그런지 틈만 나면 배우고 싶고 가만히 못 있게더라고요."

(3) 명장 중의 명장

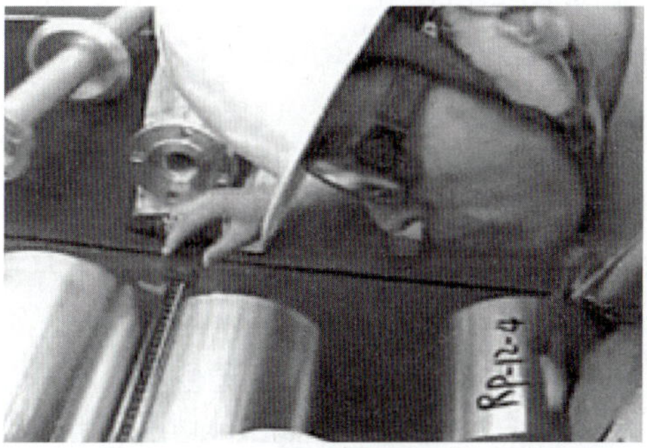

조선산업은 노동집약 산업의 대명사로 통했다. 열악한 작업환경 속에서 근로자의 노동 강도는 그 어느 곳보다 높았다. 그러나 지금은 대부분의 공정과 설비가 첨단화·자동화되어 노동 강도는 낮아지고 업무 효율은 높아졌다. 지금과 같은 작업환경이 조성되기까지 누구보다 많은 열정과 노력을 쏟은 사람이 바로 김병희 명장이다.

지금은 현장을 관리 감독하는 업무를 맡고 있지만, 그 역시 시작은 바로 이곳 현장에서부터였다. 그는 현장에서 요모조모 작업 공정을 살펴보는 데에 있어 그냥 지나치는 법이 없다. 남들보다 더 오랜 시간, 더 많은 일을 하지만, 힘들다고 생각해 본 적은 없다. 스스로가 좋아서 하는 일이기 때문이다.

동영상 보기(1)

1991년 조선 분야 품질명장 1호를 시작으로 2000년에는 산업부장관이 지정하는 신지식인에 선정되었으며, 2011년에는 생산기계 분야 대한민국 명장 자리에 올라 기능인으로서 이룰 수 있는 거의 모든 타이틀을 거머쥐며 명실상부 최고의 기계 엔지니어로 자리매김했다.

Caption 1

Q. 다음 물음에 적절히 답하시오.

1. 명장 김병희가 일하는 의장 생산부란 어떤 부서인가?
2. 명장 김병희가 의장 생산부에서 생산하는 부품은 몇 개인가?
3. 기계팀에서 만드는 부품이 매번 달라질 수밖에 없는 이유는?

(4) 살아 있는 품질보증 인증서

올해로 38년째 직장생활을 맞은 김병희 엔지니어는 지금까지 손에서 기계를 놓은 적이 없다. 많은 기계들을 깎고 다듬으며 더 새로운 기계들을 만들어 내기 위해 노력했다. 그 노력의 결과 그는 4건의 발명 특허와 2건의 실용신안을 출원해냈다. 또한 공장 내에 다루지 못하는 기계가 없는 그이기에 현장 작업자들 역시 기계나 설비에 대한 문제들이 생길 때마다 김병희 씨에게 의뢰를 하고 있다.

동영상 보기(2)

공장 내의 모든 기계 관리는 전적으로 그의 몫이라고 해도 과언이 아니다. 하루에도 열 건이 넘게 들어오는 의뢰들을 빠르게 처리해내는 것도 그만의 능력이다. 40년 가까이 쌓아온 경험과 노력들이 모여 현재 그는 자신의 사인 하나로도 품질보증을 설 수 있는 살아 있는 품질보증 인증서가 되었다.

Caption 2

Q. 다음 물음에 적절히 답하시오.

1. 명장 김병희가 자기 계발의 계기로 삼은 상황은 어떠했는가?
2. 김병희가 오른 품질명장이란 무엇인가?
3. 명장 김병희는 무엇을 할 때에 삶의 보람을 느낄 수 있다고 했는가?

(4) 멈추지 않는 도전의식

우리나라 조선산업의 한 축을 담당하고 있다고 해도 과언이 아닌 명장 중의 명장 김병희! 그는 고교 졸업 후 바로 일을 시작해 40년 가까이 되는 시간 동안 조선업에 몸을 담아 왔다.

나이는 어렸지만 도전정신만큼은 지금과 다를 것이 없었다. 자신에게 지지 않겠다는 생각으로 회사 내에서 누구보다 열심히 노력하며, 틈틈이 책을 읽고 새로운 기계를 발명하는 것에도 게을리하지 않는다.

동영상 보기(3)

김병희 명장은 입사 이후 지금까지 숨 가쁘게 달려왔지만, 그는 아직도 이루어야 할 것이 많다고 얘기한다. 그에게 있어 삶은 끊임없이 도전해야 하는 숙제와도 같다. 정년퇴직을 얼마 앞두지 않은 지금도 그는 자신에게 주어진 업무는 물론, 자신이 걸어온 길을 따르기 위해 노력하는 후배들도 직접 찾아 자신이 가진 정보를 전수하는 데도 아낌없는 노력을 다하고 있다.

Caption 3

Q. 다음 물음에 적절히 답하시오.

1. 명장 김병희를 있게 한 중요한 성격 특성 중의 하나는 무엇인가?
2. 김병희는 도전에 대해서 어떤 자세를 취하고 있는가?
3. 명장 김병희를 여전히 청년이게 하는 원동력은 무엇인가?

○ 모든 것은 결국 'Human Business'

성공한 기업의 비결은 첫째도 사람, 둘째도 사람, 셋째도 사람이다. 그러나 보다 중요한 것은 그들의 육체가 아니라 그들의 두뇌이다.

- Rosabeth Kanter, 하버드대학 교수 -

비즈니스란 기본적으로 사람에 의한(by the people), 사람을 위한(for the people), 사람의(of the people) 일이다.

- Thomas Malone, MIT대학 교수 -

우리는 2p라는 두가지 성공 요인을 갖고 있다. 그것은 Product와 People이다.

- Helmut Panke BMW 그룹 전(前) 회장 -

6.2 동충하초의 대량생산

Prologue

- 활력과 면역력 증강, 항암 효과, 항균 작용 및 당뇨와 고혈압 예방 등에 있어서 뛰어난 효능을 자랑하며 장·노년층 사이에서 큰 인기를 끌고 있는 신비의 비약 동충하초를 대량생산할 수 있는 기술을 개발함으로써 산업화시킨 성재모 박사는 어떤 과정을 통하여 이와 같은 성취를 이룰 수 있었는가?
- 기존의 접근법에서 탈피하여 전혀 새로운 방식으로 동충하초를 대량생산할 수 있는 기술을 개발한 성재모 박사의 발상의 전환이 얼마나 가치 있는 것인지에 대해서 생각해 보자. 또한 새로운 장을 열어준 핵심키인 '곤충'이 아닌 '현미'를 모체로 하여 45일 만에 피어나는 동충하초의 탄생 배경과 재배 과정을 살펴보자.

(1) 성장 과정

성재모 박사는 1944년 충남 부여에서 출생하여 1962년 대전고등학교를 졸업하였다. 그는 일제 강점기에 태어나 초등학교 때 6.25를 거쳤으며, 고등학교 때 4.19와 5.16을 겪었다. 1970년 고려대 농학과를 졸업하고, 1980년 미국 워싱턴 주립대 식물병리학 석사와 1985년 충남대 농학과 박사과정을 마쳤다.

농촌진흥청에서도 15년 동안(1970년~1984년) 꾸준히 근무했다. 이런 성실성이 인정받아 미국 워싱턴 주립대학에 국비 유학을 할 수 있었다. 이후 1984년 강원대 농과대학으로 자리를 옮겨 그곳에서 정년퇴임했다. 강원도 횡성에 ㈜머쉬텍동충하초연구소를 설립하고 여전히 동충하초 연구에 몰두하고 있다.

(2) 외고집 동충하초 연구가, 대량생산의 길을 열다

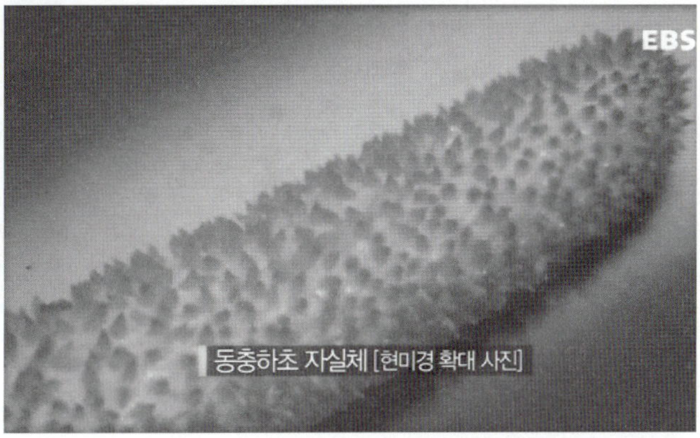

버섯농가에 동충하초의 대량생산의 장을 열어 준 핵심 키는 무엇일까? 바로 성재모 박사의 액체종균 개발에 있었다. 잡균의 침입으로부터 보호하고 오로지 동충하초균만 고루 잘 퍼지도록 한 것이다.

또한 뛰어난 약리작용을 하는 동충하초의 대량생산은 그의 끊임없는 열정의 결과로, 연구 30년 만에 얻은 결실이다.

동영상 보기(1)

동충하초는 불로장생, 강장강정의 비약이란 이름으로 오래전 중국에서 이용되었다. 또 폐와 신장병을 치료하고 노화를 억제하는 효과가 있는 것으로도 알려져 있다. 그러나 신비의 약재로 이용되어 왔던 동충하초는 비싸서 아무나 쉽게 사용할 수 없는 약재였다. 1년을 기다려야 겨우 한 줄기 얻을 수 있던 동충하초를 45일 만에 수만 개씩 생산해내게 된 그만의 비법은 무엇인가? 그 탄생 배경과 재배 과정을 알아본다.

Caption 1

Q. 다음 물음에 적절히 답하시오.

1. 동충하초는 어느 질병에 좋은 비약인가?
2. 동충하초의 대량생산의 장을 열어준 핵심 키는 무엇인가?
3. 성재모 박사가 말하는 대량생산이 중요한 이유는 무엇인가?

(3) 자연에 생명을 불어넣다

현미 속에서 마법처럼 45일 만에 피어나는 동충하초, 성재모 박사는 현미를 이용하여 동충하초의 대량재배에 성공하였다.

현재 '성재모 동충하초'로 이름붙인 현미 동충하초는 국립종자원에 품종 등록되어 있다.

동영상 보기(2)

잡균의 침입으로부터 보호하고 오로지 동충하초균만 고루 잘 퍼지도록 재배하며, 뛰어난 약리작용을 하는 성재모 동충하초만의 비밀은 어디에 있는가? 바로 가을 들판에 있다. 그가 '곤충'이 아닌 '현미'를 모체로 한 동충하초를 생각해낸 것은 매우 생산적이고 혁신적인 연구의 결실이다.

Caption 2

Q. 다음 물음에 적절히 답하시오.

1. 동충하초에서 식물의 씨앗과 같은 것으로 버섯이 되는 핵심 요소는 무엇인가?
2. 동충하초 인공재배 과정 전반에서 요구되는 주의할 사항은 무엇이라고 생각하는가?
3. 성재모 박사가 동충하초를 현미에서 재배하려고 한 이유는 무엇인가?

(4) 동충하초에 대한 끊임없는 열정

곤충의 희생으로 새 생명이 꽃 피웠듯이 자신의 온 생을 바쳐 동충하초의 세계화를 이루겠다는 일흔 살 성재모 박사가 개발한 동충하초는 이미 국내를 넘어 세계로까지 그 명성을 이어가고 있다.

그는 한국 동충하초의 우수성을 세계에 알리고, 세계인의 건강까지도 동충하초를 통하여 지키고 싶다고 말한다. 이러한 동충하초는 최근에는 정력 증강, 면역력 증강이나 항암작용에 초점을 맞춘 약재로 개발되고 있으며, 소비자들이 손쉽게 맛볼 수 있는 기능성 식품으로 이용의 폭을 넓혀가고 있는 중이다.

동영상 보기(3)

동충하초의 기주가 되는 곤충 표본을 약 만칠천여 점이나 보유하고 있는 성재모 박사! 그는 30년간 전국 각지, 세계 전역의 산을 뒤지고 다니며 동충하초를 채집한다. 오늘도 가을 산에 숨어 있는 보물을 찾아 나선 그! 크기가 커봤자 몇 센티, 작게는 1mm도 되지 않는 동충하초가 매의 눈 같은 성재모 박사의 눈을 피해가지 못한다. 박사가 찾은 가을산 동충하초들은 과연 어떤 모양일까?

Caption 3

Q. 다음 물음에 적절히 답하시오.

1. 성재모 박사가 채집한 동충하초의 표본 수는 얼마인가?
2. 성재모 박사가 국내 동충하초 채집 과정에서 가장 뿌듯하게 여긴 것은 무엇인가?
3. 성재모 박사의 향후 동충하초 연구에서 바라는 점은 무엇인가?

○ 글로벌 경영의 신 모델 창출

- 효율적인 글로벌 경영모델을 구축·활용할 수 있는 역량 배양 -

박용만 두산 인프라코어 회장은 2008년 3월 〈매일경제〉 신문 인터뷰에서 "글로벌 플레이를 하려면 국적이 사라져야 하며 조직 구성원은 글로벌 시민이 되어야 한다."고 했다. 즉, 합리성은 미국에서, 저돌적 공격정신은 한국에서, 문화적 유연성은 유럽에서, 성장의 당위성은 중국이나 동유럽에서 취해야 글로벌 기업이 되고, 글로벌 기업의 종사자는 이를 적응·활용해야 한다.

출처: 삼성경제연구소, 〈CEO Infomation〉, 2008,4

6.3 가장 이상적인 초밥의 맛

Prologue

- 《미슐랭가이드》가 선정한 세계 최고 미식도시 중의 하나인 일본 도쿄, 그중에서도 별 세 개짜리 최고의 레스토랑의 주인이자, 주방장인 오노 지로는 누구인가? 그는 어떤 과정을 통하여 스시 분야에서 세계 최고의 위치에 오를 수 있었는지에 대하여 알아보자.
- 자신이 생각하는 가장 이상적인 초밥의 맛을 위해 살아온 오노 지로, 최고의 재료를 사용하는 것, 맛의 보편성을 확인하는 것, 순수한 초밥의 맛만으로 승부하는 것, 좋은 재료가 떨어지거나 구입하지 못하였을 경우에는 레스토랑의 문을 닫는 등, 그의 초밥 인생을 살펴보자.

(1) 성장 과정

오노 지로는 일본 도쿄 긴자의 초밥집 '스키야바시 지로'를 운영한다. 그는 7세부터 일을 하기 시작했으며 9세부터 요리업계에 몸을 담아 70년 이상을 요리를 만들며 살아왔다.

시즈오카에서 태어난 그는 어려운 가정형편으로 고모 집에 맡겨졌으나, 집을 나와 동네 요릿집에서 온갖 궂은 일을 맡아하면서 요리를 배웠다. 25세에 고객의 소개로 도쿄 초밥집으로 직장을 옮겼고 나이 40세에 독립해 자신의 가게를 열었다. 그의 가게는 세계에서 64개밖에 없는 《미슐랭가이드》의 별 세 개를 받았다.

(2) 88세! 초밥 명인

화려한 명성과 달리 그의 가게는 겨우 손님 10명 남짓이 앉을 수 있다. 이유는 손님과 일대일로 마주 앉아서 초밥을 제공하는 것만이 최상의 스시를 제공할 수 있다는 그의 신념과 오랜 경험 때문이다.

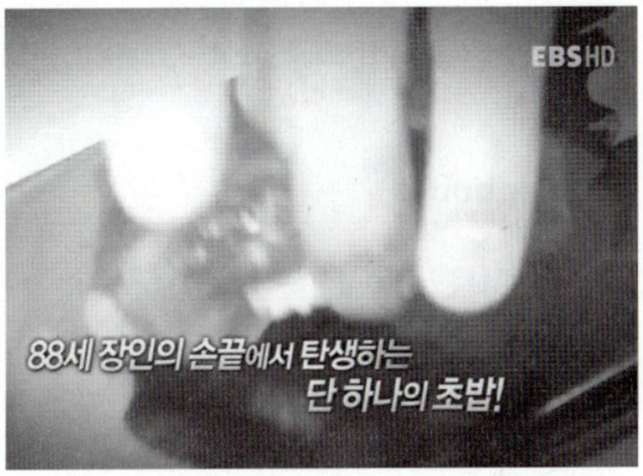

그만의 이런 고집은 그의 초밥을 맛보기 위해서는 2, 3개월을 기다려야만 하게 만들었다. 동경식 부채꼴 모양의 초밥을 선보이는 그만의 초밥 비법은 무엇인지 주방을 엿보았다.

동영상 보기(1)

"장인은 음식을 파는 사람이지 돈을 남기는 사람이 아니다."라고 말하는 오노 지로 명인. 그가 좁은 가게와 적은 수의 손님을 모시고 초밥을 제공하는 이유를 알아보자.

Caption 1

Q. 다음 물음에 적절히 답하시오.

1. 명인 오노 지로 씨가 생각하는 역량 있는 장인은 어떤 사람인가?
2. 명인 오노 지로 씨는 어떤 자세로 손님에게 서비스를 해야 한다고 말하는가?
3. 명인 오노 지로 씨가 예약제로 적은 손님만을 받는 이유는 무엇인가?

(3) '최고의 맛'을 서비스한다

오노 지로 씨는 요리사로는 다소 늦은 나이인 26살 때, 초밥의 요리법을 배웠다. 그 후 실제로 초밥을 만들기까지 무려 20년이라는 시간을 수련하면서 마침내 긴자에 자신의 이름을 건 초밥 가게를 세우게 됐다. 하지만 지금의 자리에 오르기까지 초밥에 관련된 책만 10권을 낼 정도로 초밥에 대한 연구를 게을리하지 않았다.

동영상 보기(2)

오노 지로 명인은 아흔이 가까운 나이임에도 불구하고 손에 검버섯이 생기지 않게 하기 위해 여름에도 장갑을 끼고 외출할 정도로 자기 관리가 뛰어나다. 남들이 놀 때 놀지 않고 열심히 일했다고 한다.

Caption 2

Q. 다음 물음에 적절히 답하시오.

1. 명인 오노 지로 씨는 초밥 장인이 가져야 할 기본적인 역량을 무엇이라고 말하는가?
2. 명인 오노 지로 씨가 가게 개점 전에 최종적으로 음식을 맛보는 이유는 무엇인가?
3. 명인 오노 지로 씨가 다소 늦은 나이에 초밥 요리에 입문했지만, 성공할 수 있었던 핵심 비결은 무엇인가?

(4) 대를 잇는 장인정신

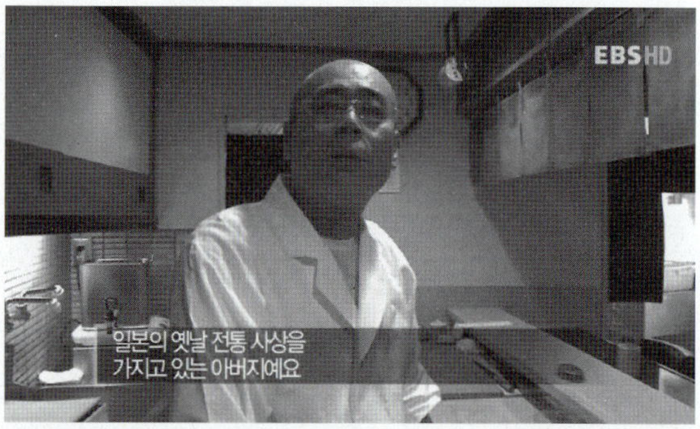

그의 가게 제자들 중에는 조금 특별한 사람이 있다. 바로 그의 아들 요시카즈 씨다. 초밥 장인의 정신과 비법을 오노 지로 씨는 아들에게 전수 중이다. 요시카즈 씨는 이미 오래 전부터 아버지의 뒤를 잇고 있다. 그는 17년 전부터 초밥의 중요한 재료인 생선 구입을 맡아서 하고 있다. 물론 생선 구입 후 맛 평가 및 생선을 써는 방법 등은 매번 오노 지로 씨의 참관 아래 철저한 지도로 진행된다.

동영상 보기(3)

오노 지로의 아들 요시카즈 씨는 자신의 아버지를 "보통의 아버지처럼 때로는 엄하고, 때로는 상냥하다."고 말한다. 일본의 옛 전통 사상을 가지고 있는 오노 지로와 아들 요시카즈의 세대를 넘어선 맛과 정신의 전수 현장을 들여다본다.

Caption 3

Q. 다음 물음에 적절히 답하시오.

1. 아들이자 제자인 오노 요시카즈에 대한 오노 지로 씨의 교육 방침은 무엇인가?
2. 명인 오노 지로 씨는 자신의 직업에 대해 무엇이 요구된다고 말하는가?

6.4 용어해설과 연습문제

용어해설

:: 명인(名人) : 어떤 분야에서 기예가 뛰어나 유명한 사람

:: 명장(明匠) : 기술이 뛰어나 이름난 장인

:: 품질명장 : 10년 이상 현장에서 근무하고 품질분임조 활동 경력이 5년 이상인 사람 가운데 장인정신이 투철한 사람을 선발, 대통령이 직접 지정패를 수여하는 제도

:: 동충하초 : 자낭균류 맥각균목 동충하초과의 소형 버섯류. 대부분 곤충에 기생하여 숙주가 되는 곤충의 시체에 자실체를 낸다. 자실체는 머리 · 줄기의 2부분으로 이루어진다. 머리부분은 공 모양, 양끝이 뾰족한 원기둥 모양, 주걱 모양 등으로 불룩해지며, 그 표면 또는 표피 아래에 여러 개의 자낭각을 이룬다. 숙주가 되는 곤충은 나비목(붉은동충하초, Cordyceps militaris)·매미목(매미동충하초, C. sobolifera)·벌목(벌동충하초, C. sphecocephala) 등이며, 그 밖에 딱정벌레목·메뚜기목과 거미에게도 기생하는 것이 있다.

:: 강장(剛腸) : 굳센 창자라는 뜻으로, 굳세고 굽히지 않는 마음을 비유적으로 이르는 말

:: 강정(强情) : 고집이 세고 완고한 성질

:: 기주(寄主) : 숙주(宿主)와 같은 말. 기생 생물에게 영양을 공급하는 생물

:: 미슐랭가이드(Michelin Guide) : 세계적인 타이어 회사 미슐랭 사가 매년 봄 발간하는 식당 및 여행가이드 시리즈로 《미쉐린가이드》라고도 한다.

:: 초밥 : 식초로 간을 한 밥에 생선을 얇게 저미거나 달걀·채소·김 따위를 섞거나 얹거나 만 것

:: 혁신 : 묵은 풍속, 관습, 조직, 방법 따위를 완전히 바꾸어서 새롭게 함

:: 실용신안 : 실용상의 편리를 위하여 물품의 형상, 구조 따위에 새로운 기술적 고안을 하는 것. 발명과 의장으로 구별된다.

연습문제

01. 혁신의 귀재 김병희는 어떤 분야의 명장인가?

① 생산기계 분야 ② 공장자동화 분야
③ 조립기계 분야 ④ 설비제작 분야

02. 성재모 박사가 일생 동안 추구한 연구 대상에 해당하는 것은?

① 홍삼 ② 동충하초
③ 천삼 ④ 슈퍼 옥수수

03. 성재모 박사의 동충하초를 일본에서는 어디에 접목시켜 재탄생시켰는가?

① 고급설비 ② 고급 탄산수
③ 고급술 ④ 고급음식

04. 오노 지로가 최상의 초밥을 위해서 고수한 일본의 시대는?

① 헤이안시대 ② 무로마치시대
③ 아스카시대 ④ 에도시대

05. 오노 요시카즈 씨는 자신의 아버지를 뭐라고 표현하는가?

① 보통의 아버지 ② 완고한 아버지
③ 뛰어난 아버지 ④ 실패한 아버지

06. 오노 지로 씨가 낸 책은 모두 몇 권인가?

① 15권 ② 10권
③ 5권 ④ 3권

07. 성재모 박사가 보유하고 있는 곤충 표본은 몇 점인가?

① 약 5천여 점 ② 약 1만 여 점
③ 약 1만7천여 점 ④ 약 2만5천여 점

08. 성재모 박사가 동충하초의 대량재배를 위해 이용한 작물은?

① 벼 ② 수수
③ 옥수수 ④ 기장

09. 김병희 명장이 출원하여 받은 발명특허는 모두 몇 건인가?

① 4건 ② 6건
③ 8건 ④ 없다

10. 김병희 명장이 조선업계에서 일한 기간은?

① 약 30년 ② 약 40년
③ 약 20년 ④ 약 10년

연습문제 – 단답형

01. '장인은 음식을 파는 사람이지 돈을 남기는 사람이 아니다'라고 말한 사람은 누구인가?

02. 조선분야 품질명장 1호로 선정되었고, 산업부장관이 지정한 신지식인이며 명실상부 최고의 조선 관련 기계 엔지니어로 자리매김한 사람은 누구인가?

03. 다음에서 설명하는 인물을 쓰시오.

- 강원도 횡성에 ㈜머쉬텍동충하초연구소를 설립
- 액체종균 개발로 버섯농가에 동충하초의 대량생산의 장을 열어 줌.
- 현재 그의 이름을 딴 현미 동충하초가 국립종자원에 품종 등록 되어 있음.

04. 김병희가 오른 품질명장이란 무엇인가?

05. 동충하초는 어느 질병에 좋은 비약인가?

06. 오노지로는 어떤 분야의 명인인가?

07. 명인 오노지로의 교육방침은 무엇인가?

08. 김병희 명장이 40년 가까이 되는 긴 시간동안 몸을 담았던 분야는?

09. 버섯 농가에 동충하초의 대량 생산의 장을 열어준 핵심키는 무엇인가?

10. 성재모 박사는 무엇을 이용하여 동충하초의 대량재배에 성공하였나?

11. 성재모 박사의 동충하초의 기주가 되는 곤충표본은 약 몇 점이나 되는가?

12. 오노지로의 가게는 세계에서 64개 밖에 없는 (   )에서 별 세 개를 받았다.

13. 오노지로는 "장인은 (   )을 파는 사람이지 (   )을 남기는 사람이 아니다"라고 말했다.

✦ 본문출처(사이트)

네이버 사전, 백과사전
EBS 직업의 세계
KBS 글로벌 성공시대
TED
blog.naver.com/media666/90118478854
http://sg1373.blog.me/50136063292

PART

Ⅶ 직업학문 분야의 글로벌리더 (Ⅱ)

창조적 영감의 원천을 다양화

○ 인문학적 상상력을 기반으로 창조적 영감 배양

요즘의 경영자들은 문학, 철학, 역사 등 인문학을 통해 상상력과 통찰력을 습득하고 이를 경영에 접목하고 있다. 인공 섬과 사막 스키장을 건설하여 '두바이의 CEO'로 불리는 모하메드 국왕은 수천 편의 시를 발표한 문학자이고, 아이폰 신화의 스티브 잡스도 고전 명시를 탐독하여 영감을 얻었다. 독서광인 MS 회장인 빌게이츠는 "인문학 없이는 나도, 컴퓨터도 있을 수 없다." 며 기업 경영에서도 인문학 가치를 높이 평가하였다.

출처: 삼성경제연구소, 〈CEO Information〉, 제650호, 2008.4

PART VII

직업학문 분야의 글로벌리더(Ⅱ)

현재 사회는 점점 빠르게 변화하고 있다. 이에 따라서 성격이 다른 여러 학문 분야에서 인간 중심적이고 이상적인 사회를 구축하려는 다양한 시도가 학문적 경계를 뛰어넘어 이루어지고 있다. 이번 강의에서는 심리학, 공학 및 인지과학 분야에서 보다 나은 사회를 만들기 위한 아이디어를 제시하고, 창의적 접근을 시도한 학자들에 관해서 살펴보자.

7.1 보다 조화롭고 함께 살아갈 수 있는 사회를 위하여

Prologue

- 베리 슈워츠는 심리학자로서 단기적인 이익을 추구하기보다는 지속 가능한 발전을 해 나가기 위해서는 사회 구성원 개개인들의 도덕적 판단 능력을 향상시키는 것이 필요하다고 주장하였는데, 이는 아리스토텔레스가 말하는 실용적 지혜와 관련될 수 있다고 판단된다. 아리스토텔레스의 실용적 지혜의 구체적 내용은 무엇일까?
- 베리 슈워츠는 보다 조화롭고 함께 살아갈 수 있는 사회를 만들어 나가기 위한 여러 가지 제안들을 하였다. 무엇보다도 인간 중심주의에 기초한 일터에서의 윤리와 도덕성의 회복, 공동체의 구성원으로서의 역할을 다할 수 있는 인재를 양성하기 위한 교육 시스템의 구축이 필요하다고 역설한 이유는 무엇일까?

(1) 성장 과정

베리 슈워츠는 1946년 미국 출신의 심리학자로서 1968년 뉴욕 대학을 졸업한 후 1971년 펜실베이니아 대학 박사과정을 마쳤다.

현재는 스워스모어 대학에서 도윈 카트라이트 교수의 사회 이론과 사회 행동을 강의하며, 종종 자신의 심리학 연구를 적용한 시사성 있는 칼럼을 〈뉴욕 타임즈〉에 싣곤 한다.

다음은 그가 현재까지 쓴 책들의 목록이다.

- *The Paradox of Choice: Why More Is Less,* Ecco, 2004
- *Psychology of Learning and Behavior,* with Edward Wasserman and Steven Robbins
- *The Costs of Living: How Market Freedom Erodes the Best Things in Life,* Xlibris

Corporation, 2001.

- *Learning and Memory,* with Daniel Reisberg

(2) 인간으로서 가져야 할 덕목

오바마 대통령은 취임식 날 경제 위기 탈출을 위하여 모두가 각자의 위치에서 최선을 다해줄 것을 호소하였다. 하지만 구체적으로 무엇을 호소하였을까? 바로 인간 개개인의 너그러움의 덕목을 호소하였다. 즉, 어떠한 일을 하더라도 사회적 차원에서 타인에 대한 고려를 해야 한다는 것이다. 타인에 대한 고려, 다른 말로 '배려' 혹은 '융통성'은 단순히 사람의 기분을 더 낫게 하는 데 그치지 않는다.

동영상 보기(1)

아리스토텔레스는 "실용적 지혜란 도덕적 자발성과 도덕적 스킬의 조합"이라고 말했다. 따라서 지혜로운 사람은 모든 규칙에서 예외로 두어야 할 것이 무엇인지 안다. 또한 지혜로운 사람은 상황에 맞게 임기응변이 가능하며 도덕적 판단이 가능하다. 동시에 지혜로운 사람은 타고나는 것이 아니라 만들어지는 것이다.

Caption 1

Q. 다음 물음에 적절히 답하시오.

1. 아리스토텔레스가 말하는 실용적 지혜는 무엇인가?
2. 베리 슈워츠는 지혜로운 사람이 상황에 맞게 무엇을 할 수 있어야 한다고 말하는가?
3. 베리 슈워츠는 현실 세계의 문제가 모호하고 한마디로 정의하기 어렵기 때문에 현명한 사람은 마치 누구와 같다고 말하는가?

(3) 규칙과 절차는 바보다

한 아이의 아버지가 아들과 함께 야구장을 찾았다. 아이는 아버지에게 레모네이드가 먹고 싶다고 하였고 아버지는 레모네이드를 사러 갔다. 그런데 레모네이드는 2가지 종류가 있었

으며 하나는 알콜이 첨가되어 있었다. 그러나 자판기에 있는 레모네이드를 봐서는 어떤 것이 알콜이 들어 있는지 확인할 길이 없었다. 그러나 아버지는 레모네이드를 사서 아들에게 주었고 그 장면을 본 경비원은 경찰에 신고를 하였고 아들은 아동보호센터로 가게 되었다. 그리고 3일 뒤 판사는 아들을 데려가도 좋다고 하였으나 조건이 있었다. 그 조건은 아버지는 집에서 나와서 호텔방에서 자야 한다는 것이었다. 그런 후 2주가 지나서야 가족들이 다시 모두 만날 수 있었다.

동영상 보기(2)

문제는 항상 발생하게 된다. 우리는 문제와 마주쳤을 때에 두 가지 접근 방식을 선택할 수 있다. 하나는 규칙이며, 사람들은 더 좋은 규칙, 더 많은 규칙을 찾는다. 또 다른 하나는 인센티브이며, 사람들은 더 좋은 인센티브, 더 많은 인센티브를 찾는다.
더 이상의 다른 접근 방식이 있을까?

Caption 2

Q. 다음 물음에 적절히 답하시오.

1. 베리 슈워츠는 지혜 없는 똑똑함이 충분하지 않음을 보여주기 위해서 어떤 이야기를 예로 들었나?
2. 베리 슈워츠가 말하는 우리의 문제 해결 접근 방식으로 규칙 말고 무엇이 있나?
3. 베리 슈워츠는 우리가 규칙에 의존하기 시작하면서 어떤 능력들이 퇴화했다고 말하는가?
4. 베리 슈워츠는 너무 많은 규제가 숙달된 연주자의 무엇을 사라지게 만든다고 주장하는가?

(4) 인센티브

15년 전 스위스에서 있었던 일이다. 핵폐기물 매립지를 어디에 지을지 결정하려 하고 있었

다. 전국 규모의 투표가 있을 예정이었다. 당시 스위스 심리학자들은 핵폐기물이 어떤 것인지 아주 잘 아는 사람들을 뽑아 설문조사를 했다. "당신 동네에 핵폐기물 처리시설을 짓는다면 찬성하시겠습니까?"라고 물어보았다. 놀랍게도 50%가 그것이 위험한지 알면서도 "네."라고 대답했다. 땅값이 떨어지리라는 것도 알고 있었다. 어디가 되었든 지어야 하고 스위스 시민으로서의 책임이라는 것도 알고 있었다.

이에 심리학자들은 이전과 약간 다른 질문을 하였다. "1년에 6주치 봉급을 더 준다고 하면 당신 동네에 핵폐기물 처리시설을 짓는 것에 찬성하시겠습니까?"이 말에는 동기가 2개있다. 하나는 내 책임이고, 또 하나는 돈도 받는다 이다. 그러나 앞선 예에서 50%가 "네."라고 대답한 것에 반해 이번 경우는 25%만 "네."라고 답하였다. 왜냐하면 인센티브가 끼어들면서 질문이 바뀌었기 때문이다.

동영상 보기(3)

대통령 취임식 전에 오바마 당선자가 말했다. "그것이 이득인지 묻기 전에 그것이 옳은 일인지를 물어야 한다." 직업생활에서도 자발적 도덕성이 붕괴되면 사람들은 점점 인센티브에 의존적이 되는 경향이 있다. 중독되는 것이다. 이렇게 되면, 사람들은 더 이상 "이게 옳은 일인가?"에 대한 관심을 갖지 않게 된다.

Caption 3

Q. 다음 물음에 적절히 답하시오.

1. 베리 슈워츠는 어디에서부터 윤리와 도덕성 회복이 이루어져야 한다고 말하는가?
2. 베리 슈워츠는 오바마가 인간의 무엇에 호소했다고 말하는가?
3. 베리 슈워츠는 스위스의 시민들은 핵 폐기물 처리시설을 짓는 것에 찬성이 많은 이유가 무엇이라고 말하는가?

7.2 시각장애인을 위한 차량 개발

Prologue

- 데니스 홍은 확산적 사고와 수렴적 사고를 적절히 사용하여 시각장애인이 기계에만 의존하지 않고 자율적으로 운전할 수 있는 차량 개발을 시도하였다. 그는 순차적 문제 해결 과정을 거침으로써 최종 해결책을 찾아냈다. 매우 복잡하고 어려운 최종 목표를 달성하기 위해서 그가 사용한 문제 해결 기법은 무엇이라고 생각하는가?
- 데니스 홍이 순차적으로 목표를 설정해 나가는 과정에서 현재 얻어진 성과를 다음 단계의 목표 설정에 적절히 활용함으로써 최종 목표에 보다 빠르게 접근할 수 있었는지, 또한 한 가지 문제를 해결하면서 얻은 성과를 또 다른 문제를 해결하는 데에 활용하였는지를 살펴보자.

(1) 성장 과정

데니스 홍원석 박사는 1994년 위스콘신 대학교 기계공학 학사와 1999년 퍼듀 대학교 대학원 기계공학 석사학위를 받았으며 2002년에는 기계공학 박사학위를 받았다. 현재는 미국 버지니아 공과대학교 기계공학과 교수를 지내고 있다. 그는 2009년에 제8회 과학을 뒤흔든 젊은 천재 10인에 발탁되었고, 미국 자동차 공학회 교육상을 받았으며, GM 젊은 연구자상과 미국 국립 과학재단 젊은 과학자상을 받았다.

그는 "제가 하고 싶은 것은 물론이고, 로봇에 관한 것도 다음 달이면 새로운 아이디어가 나와서 프로젝트가 어떻게 될지 아무도 알 수 없지만 그 모든 것들이 결국은 사회에 도움이 되고 사람들의 삶의 질을 향상시킬 수 있도록 열심히 하고 있습니다."라고 말한다.

그는 한국계 미국인으로 버지니아 공과대학 교수이자 로봇 연구소 로메라(RoMeLa)의 설립자다. 그리고 이곳은 세계 로봇 연구의 메카로 각광받고 있다. 데니스 홍은 미국 최초 휴머노이드 '찰리(Charli)'와 '다윈-OP(Darwin-OP)' 등 화재진압용 및 재난 구조용 로봇을 개발했다. 또한 인공지능 로봇 축구대회인 로보캅에 참가해 2011년, 2012년 연속으로 우승을 차지하기도 했다.

(2) DARPA Urban Challenge에서 시작되다.

일곱 살 때였습니다. 〈스타워즈〉를 처음 봤는데, 영화에 나오는 로봇과 우주선이 너무 신기해 넋을 잃고 바라봤던 기억이 납니다. 특히 C-3PO와 R2-D2를 보며 직접 만들겠다는 생각을 했습니다. 로봇 과학자가 인생의 목표가 된 것이지요.

DARPA Urban Challenge 프로젝트는 '스스로 홀로 운전하는 로봇 자동차'를 만드는 것이다. 일단 출발을 누르면 다른 어떠한 것을 만지지 않아도 자동차 스스로 목적지까지 가는 것이다. 전국 맹인협회(NFB)에서 이 연구에 도전을 하고 있는데, 맹인도 안전하고 독립적으로 운전할 수 있는 자동차를 만들어보자고 하는 것이 이 도전의 시작 이었다.

동영상 보기(1)

시각장애인이 독립적으로 운전할 수 있는 차에는 세 가지 단계가 있어야 한다. 인지, 계산 그리고 비시각적 인터페이스가 그것이다. 자동차 운전자는 시각장애인이다. 그래서 시스템이 운전자를 위해 스스로 정보를 수집하고 주변 환경을 인지해야 한다.

Caption 1

Q. 다음 물음에 적절히 답하시오.

1. 데니스 홍이 도전하기로 한 일은 무엇인가?
2. 데니스 홍은 이 아이디어를 실행하기 위해서 일단 무엇을 했나?
3. 데니스 홍이 실제 도로에서 주행할 수 있는 차량 제작을 위해서 사용한 3가지 작동 원리는 무엇인가?

(3) 운전을 위한 준비 조건

스스로 작동하는 자동차를 설계할 때 중요한 것은 시각장애인이 운전할 수 있도록 빠르고 정확하게 정보와 지시를 전달할 수 있도록 하는 것이다.

이에 따라 유저 인터페이스를 개발하였고, 3차원 핑 음향 시스템 및 진동 조끼, 음성명령을 내리는 클릭 바퀴, 다리 띠, 발에 압력을 가하는 신발을 만들었다.

동영상 보기(2)

'에어픽스'는 시각장애인들을 위한 모니터라고 생각할 수 있다. 이것은 작은 태블릿으로 되어 있으며 많은 구멍이 있다. 구멍 사이로 압축된 공기가 나오면 그 공기를 통해 이미지를 그릴 수 있다. 그래서 앞을 보지 않더라도 도로의 차선과 방해물을 볼 수 있다.

Caption 2

Q. 다음 물음에 적절히 답하시오.

1. 데니스 홍이 시각장애인에게 운전 관련 정보와 지시를 내리는 방법으로 생각해낸 클릭 바퀴는 어떤 방식으로 조종되는가?
2. 데니스 홍이 시각장애인들을 위한 모니터라고 한 것은 무엇인가?

(4) 시각장애인에게 새로운 길을 선사하다

시각장애인을 위한 자동차가 완성되었다. 2011년 1월 29일 세계적으로 유명한 국제 자동차 경주장에서 롤렉스24 자동차 경주 행사 동안 선보인 이 자동차는 놀라움을 선사했다.

데니스 홍는 이번 시각장애인들을 위한 자동차를 개발하고 나서, 그에 따른 파생 기술이 엄청난 가치가 있다고 하였다. 만약에 학교에서 선생님이 칠판에 글을 쓰고 그 뒤에서 시각장애인 학생이 글을 읽는다면 이것은 값으로도 따질 수 없는 기술이 될 것이다.

(5) 마음이 따뜻한 리더

데니스 홍이 말하는 창의력은 전혀 관계없는 것들을 연결시키는 능력이다. 전혀 관계없는 것을 보다 아이디어가 떠오를 때가 많아 늘 종이와 필기도구를 지참한다는 그는 창의력을 위해 '메모하는 습관'을 제안했다. 종이에 펜으로 쓰고 그리는 메모를 한 후 메모지를 잃어버릴까 핸드폰으로 찍어 놓는다고 비법을 공개하기도 했다.

유명세가 자신을 우쭐하게 만들지 모른다는 불안감을 토로한 그는 유명세가 있을 때 그 힘을 좋은 데 쓰고 싶다는 소감도 밝혔다. 인간을 행복하게 하는 삶은, 마음 따뜻한 과학자가 로봇과 세상에 따뜻한 온기를 불어넣고 있다.

어린이 같은 호기심과 어른스런 책임감을 갖으려 노력한다는 그의 말이 기분 좋은 여운으로 남아 맴돈다. 우리가 사는 세상을 보다 아름답게 하는 것은 머리 좋은 천재보다 마음 따뜻한 사람의 열정인 듯하다.

동영상 보기(3)

"홍 박사님, 미치셨나요? 앞을 못 보는 사람을 도로에서 운전하게 한다니요! 당신은 미친 게 틀림없어요!" 하지만 이것은 모의시험용 자동차입니다. 아직은 일반도로에서 운행되지 않을 것입니다. 안전하다고 증명되기 전에는 말입니다. 시각장애인들이 도로에서 운전할 수 있는 날이 올 것이라고 믿습니다.

Caption 3

Q. 다음 물음에 적절히 답하시오.

1. 데니스 홍은 프로젝트의 주된 목표에 앞서 보다 중요한 것이 무엇이라고 말하는가?
2. 데니스 홍이 시각장애인용 자동차 개발을 이룰 수 있었던 원동력은 무엇이라고 생각하는가?
3. 데니스 홍의 일상 생활의 습관과 머리좋은 천재가 갖고 있지 않은 어떤 마음이 열점을 더 갖고 있는가?

7.3 사회 집단 구성원의 커뮤니케이션 연결 패턴에 대한 분석

Prologue

- 인지과학자인 데브 로이는 집안 환경 내에서의 가족 구성원들의 움직임을 시간의 흐름에 따라서 기록하고, 자신의 어린아이가 어머니, 아버지 그리고 보모와 어떻게 언어적으로 상호작용하는지에 관한 대용량 데이터를 분석하여, 아이의 기본적인 언어 습득이 일어나는 과정을 분석하는 시도를 하였다. 그가 이러한 시도를 위하여 현재 활용 가능한 어떤 기법들을 사용하였는지에 주목해 보자.
- 데브 로이는 아이의 언어 습득 과정에 관한 이해로부터 출발하여, 보다 큰 규모의 사회 집단 구성원들 사이의 의사소통이 연결되어지는 패턴을 분석하려는 시도를 하였다. 그가 커뮤니케이션의 역동성을 시각화하기 위하여 대중매체(TV 등)와 미디어 비평가 그리고 소셜 미디어 사이의 연결고리를 밝히는 어떤 시도들을 하였는지를 살펴보자.

(1) 성장 과정

데브 로이는 어린아이가 언어를 배우는 방법을 연구하는 MIT 미디어랩에서 인지적 기계그룹을 지휘하고, 인간과 같은 방식으로 의사소통하는 법을 배우는 디자인 기계를 활성화하려 한다.

그는 매사추세츠 연구소를 나왔으며, 현재는 MIT 미디어랩의 교수이며, 블루핀 랩(Bluefin Labs)의 CEO이기도 하다. 그가 쓴 저서는 다음과 같다.

- Deb Roy, *New Horizons in the Study of Child Language Acquisition,* Proceedings of Interspeech 2009, Brighton, England

(2) 시간과 공간 사이의 여행

데브 로이는 '시간 - 공간 벌레'라고 불리는 영상 분석 장치를 이용하여 시간과 공간을 통한 사람들의 움직임을 이끌어 준다. 또 이 장치를 통해서 데이터 속의 특정 활동을 사람들이 살펴 볼 수 있도록 해준다.

데브 로이는 이 장치를 이용해서 패턴을 추적하는데, 특히 아이가 집에서 움직이는 모습이나 주변 환경에서 일어나는 모든 언어들을 받아 적을 수가 있다.

동영상 보기(1)

우리의 모든 삶을 기록할 수 있는 장치가 있다면 어떠할까? 말하는 것, 행동하는 모든 것들이 특별한 데이터의 형태로 모두 저장되어 있다면 그러한 데이터를 어디에 활용할 수 있을까? 과거의 특별한 경험을 다시 경험할 수 있고 미래의 계획을 위한 참고 자료로 사용할 수 있을 것이다.

Caption 1

Q. 다음 물음에 적절히 답하시오.

1. 데브 로이는 이 프로젝트를 실행하는 과학적 이유가 무엇이라고 했는가?
2. 데브 로이가 결연하고 있는 연구소는 어느 대학에 있나?
3. 데브 로이가 말하는 데이터 속으로 가는 최초의 여행은 어떤 내용이었나?

(3) 삼차원 시각의 인생

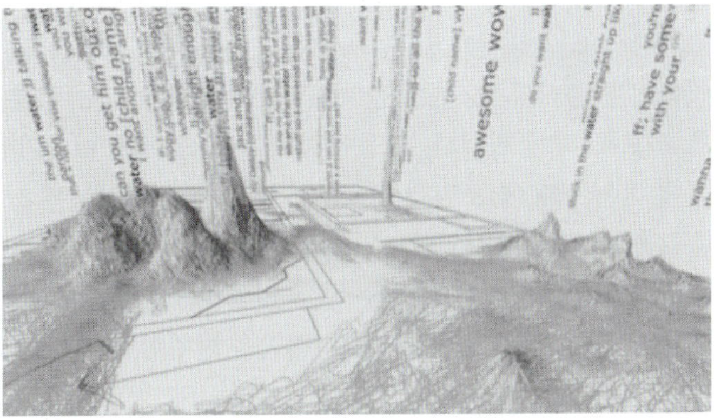

여러 대의 카메라를 가지고 한순간을 포착하는 이유는 포착한 것을 바탕으로 궁극적인 기억을 창조하기 위해서이다. 과거로 돌아가서 상호작용을 하도록 주변을 날아다니고 그 다음에는 이 조직 안으로 비디

오의 생명을 숨쉬게 한다. 비디오는 사람의 움직임을 추적하고 그 움직임을 수직의 축 안으로 바꾸고 새로운 화면으로 연다.

동영상 보기(2)

아이가 매번 특정 단어를 들었을 때 그것이 말해지는 상황을 보는 것을 비디오 데이터로 추적을 해서 찾게 된다. 추적을 하여 나타내어지는 풍경 또는 단어를 들었을 때의 풍경을 언어의 풍경이라고 한다. 데이터의 추적을 통해서 패턴을 추측할 수 있다.

Caption 2

Q. 다음 물음에 적절히 답하시오.

1. 데브 로이가 자신의 가정을 삼차원적 시각에서 관찰할 수 있었던 것은 어떤 렌즈를 사용했기 때문인가?
2. 데브 로이는 '물' 이라는 단어와 함께 일어나는 모든 활동을 추적해서 무엇이 만들어진다고 했는가?
3. 물의 단어 풍경에서 대부분의 활동은 어디에서 이루어지는가?

(4) 매스 미디어와 소셜 미디어의 연결

우리에게 소셜 그래프의 연결적인 이슈와 그것들이 어떻게 그 내용과 연결되는지를 제공하는 수천만 수백만의 링크들이 있습니다.

예를 들어, 누군가가 그것에 관한 논평을 하기 위해 움직이는 부분적인 내용의 길의 흔적을 쫓아가면, 그 다음은 우리가 그 논평이 옮겨가는 곳으로 따라가고, 그다음에는 전체의 소셜 그래프가 실행되는 것을 조사하고 그다음에는 그 소셜 그래프와 내용사이의 매우 흥미로운 구조가 되는 것이 가시화 되는 것의 흔적을 다시 되짚어 볼 수 있습니다. 우리는 이것을 동시감상의 임상이라고, 원하신다면 가상의 거실이라고 부릅니다. 여기엔 놀이에 매혹적인 역학이 있습니다. 그것은 한 가지 방법이 아닙니다. 부분적인 내용인 이벤트가 누군가가 말을 하도록 하게 합니다. 그들은 다른 사람들에게 이야기합니다. 그것이 매스 미디어로 돌아가게 하는 행동에 초점을 맞추도록 움직이고 여러분은 그 전체적인 행동을 움직이는 이러한 순환을 하도록 움직입니다.

아주 다른 한 가지 다른 예는 우리의 데이터베이스에 있는 실제인물인데 우리는 이런 것을 수천만이 아니라면 적어도 수백만을 발견합니다. 우리는 이 사람에게 이름을 주었습니다. 이 사람은 프로 아마추어이거나 미디어 비평가인데 그는 높은 전개의 비율을 가지고 있습니다. 그래서 많은 사람들이 이 사람을 따르고 있습니다. 아주 영향력있고 그들은 TV에 무엇이 방영되고 있는지에 관해 이야기를 하는 경향이 있습니다. 그래서 이 사람은 매스 미디어와 소셜 미디어를 연결하는 중요한 연결고리입니다.

우리의 세계는 점차적으로 도구화되고 있고, 우리에게는 사람들이 말하는 것과 그들이 그렇게 말하는 상황들 사이의 지점들을 수집하고 연결하는 능력이 있다. 바로 그 이전에는 보이지 않았던 새로운 사회 구조와 동력을 보는 능력이다. 그것은 마치 커뮤니케이션 주변의 우리 자신의 행동에 관해서 새로운 구조로 구축되어 있는 것을 현미경이나 망원경으로 보는 것과 같다.

동영상 보기(3)

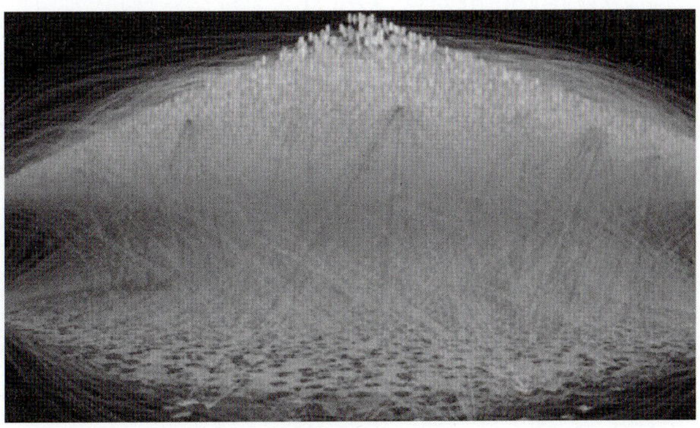

오바마 대통령의 통일 국가 연설을 보고, 이 같은 연설이 포함되어 있는 테이터 세트에서 같은 규모로 우리가 찾는 것을 얻을 수 있다면 이 부분적인 내용이 포함되어 있는 전체의 데이터는 정말 중요하다. 소셜 데이터와 이를 통한 다른 부분들의 작용들을 연결하고 분석할 수 있다면, 실제 시간에서 무엇이 방영되고 있는지에 대한 반응이 마치 전체 국가가 대화하는 것과 같을 것이다.

Caption 0

Q. 다음 물음에 적절히 답하시오.

1. 데브 로이는 매스미디어와 소셜 미디어를 연결하는 매우 영향력 있는 사람을 누구라고 하였는가?
2. 데브 로이는 우리에게 어떤 능력이 있다고 하였는가?

○ 준비의 중요성

극심한 긴박감하에서 무엇을 판단한다는 일처럼 어려운 일은 없다. 전투 준비를 많이 하면 할수록 전투가 있어났을 때 전투 결과는 훨씬 좋다. 이러한 이유로, 발생 가능한 상황에 철저히 대비할 필요가 있다.

– 샌프란시스코 49ers 미식축구팀 빌 월시 감독

○ 교섭과 설득의 5가지 방침

교섭과 설득은 현대사회에서 성공한 리더가 갖추어야 할 요소 중에서도 매우 중요한 것으로 교전을 통해서 알아보자.

• 상대방의 약점을 찾아라.

교섭하고 설득하는 데 무엇보다 중요시되는 것은 적극적인 공격 자세이다. 그러나 적극적이라고 무턱대고 돌진하라는 뜻이 아니며, 손자는 다음과 같은 명언을 남겼다. "상대를 알고 나를 알면 백번 싸우더라도 위태롭지 않다."

상대방에 대해서 잘 알고 공격하면 그만큼 성공할 확률이 높다는 뜻이다. 그러면 상대방 의 어떤 점을 알아야 할까? 상대방의 인품, 취미, 특기, 일 등에 대해서 알아두는 것도 좋겠지만 무엇보다 중요한 것은 상대방의 약점이다. 따라서 상대방의 급소를 공격하는 것이 교섭이다 설득을 위해 자주 사용하는 방식이다.

• 상대방의 자존심을 세워줘라.

급소는 사람마다 다르지만 모두 공통된 급소가 하나 있는데, 바로 자존심이다. 이러한 자존심을 충족시켜 주는 것이 인간관계를 돈독하게 하는 두 번째 포인트이다. 자존심을 충족시켜준다는 것은 아부를 뜻한다. 그렇지만 직설적으로 상대방을 추켜 세우는 것은 역효과를 내기 때문에 기회를 보아 적절한 포인트를 찾아서 상대방의 자존심을 세워주는 것이 중요하다.

• 상대방의 의표(意表)를 찔러라.

정공법으로 좀처럼 목적을 달성할 수 없는 경우에는 상대방의 의표를 찌르면 생각하지 않던 효과를 거둘 수가 있다. 특히 만만치 않은 상대여서 힘으로 누르기도 어렵고 설득하기 어려울 때 사용하면 좋다.

• 상대방에게 이익이 된다는 사실을 강조하라.

교섭이나 설득 등 대화를 통하여 대인 관계를 쌓아가기 위해서 상대방의 마음을 읽은 다음 이쪽의 의사를 상대방에게 맞추어 나가는 것이다. 일반적으로 사람마다 관심의 대상이 다르지만, 모든 사람의 공통적인 관심의 대상은 이익이다. 따라서 상대방에게 이익이 된다는 사실을 상기시키는 것, 이것이 설득과 교섭을 성공시키기 위한 가장 중요한 열쇠이다.

• 끈질기게 물고 늘어져라.

설득이나 교섭을 성공시키기 위한 비장의 무기는 끈질기게 물고 늘어지는 근성이다. 물론 끈질겨야 한다고 하지만 무턱대고 늘어지면 역효과를 불러올 수 있으므로 상황에 따라 신중하고 상대방의 반감을 사지 않을 정도여야 한다는 점을 잊어서는 안 된다.

출처 : 보리야 히로시,《성공으로 가는 리더십》, 새벽이슬, 2009

7.4 용어해설과 연습문제

용어해설

:: **인지과학(認知科學, cognitive science)** : 지능, 인식에 대한 다학문적인 학제적(學際的) 연구 분야

:: **사회(社會)** : 일정한 경계가 설정된 영토에서 종교·가치관·규범·언어·문화 등을 상호 공유하고 특정한 제도와 조직을 형성하여 질서를 유지하고 성적 관계를 통하여 성원을 재생산하면서 존속하는 인간집단

:: **융통성(融通性)** : 그때그때의 사정과 형편을 보아 일을 처리하는 재주. 또는 일의 형편에 따라 적절하게 처리하는 재주

:: **인센티브(incentive)** : 어떤 행동을 하도록 사람을 부추기는 것을 목적으로 하는 자극. 특히 종업원의 근로 의욕이나 소비자의 구매 의욕을 높이는 것을 이른다. '유인책', '조성책'으로 순화

:: **삼차원(三次元)** : 공간을 세 개의 실수로 나타낼 수 있음을 이르는 말. 공간은 상하, 좌우, 전후의 세 방향으로 이루어져 있다.

:: **매스미디어(mass media)** : 대중매체(신문, 잡지, 영화, 텔레비전 따위와 같이 많은 사람에게 대량으로 정보와 사상을 전달하는 매체)

:: **소셜 미디어(social media)** : 개방, 참여, 공유의 가치로 요약되는 웹 2.0 시대의 도래에 따라 소셜 네트워크의 기반 위에서 개인의 생각이나 의견, 경험, 정보 등을 서로 공유하고 타인과의 관계를 생성 또는 확장시킬 수 있는 개방화된 온라인 플랫폼을 의미한다.

:: **심리학** : 생물체의 의식 현상과 행동을 연구하는 학문. 예전에는 형이상학 안에 포함하여 생각하였으나 오늘날에는 실험 과학의 경향을 띠고 있다. 발달심리학·변질심리학 따위의 여러 갈래로 나누며, 군사·산업·교육 따위의 실생활에 널리 응용한다.

∷ **미국 국립 과학 재단** : 미국 상무부 산하의 정부 기관. 과학 기술 분야의 연구 지원, 계획 수립을 담당한다.

∷ **유저인터페이스** : 사용자에게 컴퓨터를 편리하게 사용할 수 있는 환경을 제공하는 설계 내용

∷ **인지과학** : 인간이나 생물의 인식 과정을 대상으로 하여 지식의 표현, 추론 기구, 학습, 시각・청각의 매커니즘 따위를 연구하는 과학. 인공 지능, 전산 과학, 심리학, 언어학, 신경 과학 따위의 여러 학문과 관련되어 있다.

∷ **역동성** : 힘차고 활발하게 움직이는 성질

∷ **패턴** : 일정한 형태나 양식 또는 유형

∷ C-3PO : 영화 스타워즈에 나오는 인간형 통역로봇

∷ R2-D2 : 영화 스타워즈에서 주인공을 도와주는 로봇

∷ **데이터베이스** : 여러 사람에 의해 공유되어 사용될 목적으로 통합하여 관리되는 데이터의 집합을 말한다. 자료항목의 중복을 없애고 자료를 구조화하여 저장함으로써 자료 검색과 갱신의 효율을 높인다.

∷ **소셜 그래프** : 소셜 네트워크의 표현하기 위해 사용되는 구조다. 소셜 그래프는 노드(Node)와 링크(Tie)로 이루어져 있다. 노드는 소셜 네트워크상에서 활동하는 각 개개인들을 나타내고, 링크는 이들 노드간의 관계를 표현한다. 이 그래프는 소셜 네트워크의 특성을 시각화하여 보여준다.

연습문제

01. 베리 스워츠의 학문 분야는?

① 심리학　② 인류학
③ 자연과학　④ 정보공학

02. 베리 스워츠는 '지식'만으로는 충분하지 않다고 말한다. 그렇다면 무엇이 더 필요한가?

① 도덕　② 지혜
③ 윤리　④ 배려

03. 베리 스워츠가 강연할 당시로부터 15년 전 스위스에서 실시된 '핵폐기물 매립지에 대한 설문조사'에서 처음 조사에서는 찬성이 50%였으나 두 번째 조사에서는 25%로 떨어졌다. 이러한 결과를 가져오게 된 질문의 요인은 무엇인가?

① 지역 이기주의　② 환경파괴
③ 인센티브　④ 방사능 오염

04. 'DARPA Urban Challenge' 프로젝트의 주된 관심사는 무엇인가?

① 지구 온난화　② 환경보호
③ 우주 탐사　④ 로봇 자동차

05. 다음 중 시각장애인을 위한 모니터 역할을 하는 것은?

① 에어픽스　② 에어샤워
③ 에어체인　④ 에어스트림

06. 다음 중 데니스 홍이 개발한 인간의 귀(내이, 內耳)와 같은 역할을 하는 자동차용 장치는?

① 차륜구동장치　② 관성측정장치
③ 방해물탐지장치　④ 자동항법장치

07. '데브 로이'는 어떤 사람인가?

① 자연과학자　② 사회과학자
③ 인지과학자　④ 기계공학자

08. '데브 로이'가 연구를 위해서 자신의 가정과 가족들의 일상을 촬영하여 녹화한 다중 트랙 음향과 영상은 대략 몇 시간 정도의 용량인가?

① 10만 시간　② 15만 시간
③ 20만 시간　④ 25만 시간

09. 데니스 홍은 자신의 기술이 '달에 사람을 보내는 아폴로 프로젝트를 추진하고 인공 위성 · 휴대전화가 발달한 것처럼, 파급 효과가 큰' 기술이라고 말한다. 이것은 어떤 기술을 말하는가?

① 스핀오프(spin-off) 기술　② 시너지(synergy) 기술
③ 세렌디피티(serendipity) 기술　④ 다중혼합(multi-compound) 기술

10. 베리 스워츠는 CEO가 '두둑한 보너스'라는 단기적인 이익에 눈이 멀어 회사의 장기적인 건전성을 무시하면서 지나치게 인센티브에 의존할 때 생기는 부정적인 영향이 두 가지가 있다고 말한다. 한 가지는 '일하는 사람의 사기'이고 또 다른 하나는 일 자체의 '무엇'이라고 한다. 이 '무엇'은 어떤 것인가?

① 당위성　② 도덕성
③ 적합성　④ 필요성

연습문제 – 단답형

01. 데니스 홍이 시각장애인들을 위한 모니터라고 한 것은 무엇인가?

02. 데니스 홍이 시각장애인들을 위한 모니터라고 말한 것은 무엇이며, 그의 프로젝트의 주된 목표에 앞서 보다 중요한 것이 무엇이라고 말하는가?

03. 데니스 홍의 'DARPA Urban Callenge' 프로젝트의 주된 관심사는 무엇인가?

04. 아리스토 텔레스가 말하는 실용적 지혜는 무엇인가?

05. 베리 슈워츠는 오바마가 인간의 무엇에 호소했다고 말하고 있는가?

06. 베리 슈워츠가 말하는 우리 문제 접근방식으로 규칙 말고 무엇이 있다고 말하고 있는가?

07. 데브로이는 어떤 분야의 과학자인가?

08. 데브로이는 (　　　　)라고 불리는 영상분석장치를 이용하여 시간과 공간을 통한 사람들의 움직임을 이끌어 준다. (　)안에 적합한 용어를 쓰시오.

09. 데브로이는 우리에게 어떤 능력이 있다고 하였는가?

10. 베리 슈워츠는 왜 "규칙과 절차는 바보다"라고 하였는가?

11. 베리 슈워츠는 직업 생활에서도 자발적 도덕성이 붕괴되면 사람들이 점점 무엇에 의존되어 간다고 하였는가?

12. 데브 로이는 매스미디어와 소셜미디어를 연결하는 매우 영향력을 갖고 있는 사람이 누구라고 하였는가?

✦ 본문출처(사이트)

네이버 사전, 백과사전
EBS 직업의 세계
KBS 글로벌 성공시대
TED
http://www.ted.com/speakers/deb_roy.html
http://imnews.imbc.com/replay/nwtoday/article/2962667_5782.html
http://bloceo.tistory.com/56

PART

Ⅷ 직업학문 분야의 글로벌리더 (Ⅲ)

혼돈의 조성 세종대왕의 리더십

○ 다양한 아이디어 창출의 혼돈(chaos) 조성

한글, 측우기 등 수많은 창조적 산출물을 만든 세종대왕의 리더십은 다양한 인재 채용에 기반을 두고 있다. 천출인 장영실, 어머니가 천출인 황희 등 출신에 상관없이 인재를 등용하였으며, 허조(법가), 황희(유가), 맹사성(도가), 변계량(불가) 등 다양한 사상을 지닌 인재를 골고루 등용하여 활용하였다.

또한 세종은 등용한 인재에 대해서는 철저히 신임하고 대폭적인 권한을 부여하였으며, 의견 충돌이 발생하도록 토론의 장을 만들었는데, 그것도 그의 리더십 중의 하나이다. 즉, 세종은 매달 5차례 경연 형식의 어전회의를 개최하여 열띤 토론의 장을 제공하였다.

출처 : 박현모,《세종처럼: 소통과 헌신의 리더십》, 미다스북스, 2008

PART

VIII 직업학문 분야의 글로벌리더(Ⅲ)

지구상에서 가장 뛰어난 지적 능력을 가진 인간이 자연환경과 생태계를 훼손시키는 것은 진정한 의미에서 자연의 지배자라고 할 수 없다. 인간과 환경이 어떻게 연결되어 있는지에 대해서 색다른 시각을 제시하는 학자들에 관해서 살펴보자. 우주에서 가장 복잡한 구조물인 사람의 두뇌에 관한 컴퓨터 모델이 가능한지와 종 특유의 성질과 자기 인식 능력이 두뇌에 기반하고 있음을 증명하려고 노력하는 신경과학자에 관해서 살펴보자.

8.1 파괴된 해양 생태계를 되살리기 위하여

Prologue

- 해양학자이자 해양탐험가인 실비아 얼은 오랜 기간에 걸친 해양 탐사 결과에 근거하여, 이미 심각한 해양 생태계의 파괴가 진행되었다고 주장한다. 해양 생태계의 파괴는 지구 온난화와 관련되어 있으며, 인류의 생존에도 큰 위협이 될 수 있음을 경고하고 있다. 그녀가 어떤 자료와 사실에 근거하여 그와 같은 주장을 하는지 살펴보자.

- 우리가 살고 있는 지구의 환경, 특히 바다 생태계를 되살리기 위해서는 파괴된 생태계로 인해 인류가 영향을 받을 수 있다는 사실부터 사람들이 알 수 있도록 해야 한다. 해양 생태계를 되살리기 위해 우리는 무엇을 할 수 있으며, 왜 그렇게 해야 하는지 알아보자.

(1) 성장 과정

이곳저곳을 다니기 좋아하는 호기심 대장 실비아 얼은 어린 시절에는 곤충과 식물에 관심이 많아 자신이 식물학자가 될 것이라고 생각했었다. 열두 살 쯤 실비아가 새로운 환경으로 이사를 하면서 새로운 운명이 다가왔다. 바다를 끼고 있는 주변 환경이 그녀에게 새로운 호기심을 불러일으킨 것이다. 집 뒤로 펼쳐진 청록색 바다에 온 마음을 빼앗겼다. '깊고 컴컴한 바다 속에도 생명이 살고 있을까? 그 모습을 두 눈으로 직접 볼 수는 없을까?' 실비아 얼은 수없이 많은 궁금증을 품은 채 선물 받은 물안경을 끼고 얕은 물속을 구경했다. 이것이 바다와의 첫 만남이다.

실비아 얼은 미국 플로리다 주립대학교에서 1955년 학사학위를 받았고, 듀크 대학교에서는 1956년 석사학위를, 1966년 박사학위를 받았다.

그녀는 캘리포니아 과학 아카데미에서 파치콜로지(Phycology)의 큐레이터를 지냈다(1979 ~ 1986년). 버클리에 위치한 캘리포니아 대학의 연구 부교수를(1969 ~ 1981년), 래드클리프 연구소 학술 연구원을 지냈다(1967~1969년).

그녀의 저서는 다음과 같다.

- 《바다 변경 : 바다의 메시지》, 발렌타인 북스, 2009
- 《다이브 : 딥 프론티어 나의 모험》, 내셔널 지오그래픽 어린이, 1999
- 《바다 : 일러스트 아틀라스》, 내셔널 지오그래픽, 2008
- 《안녕하세요, 피쉬: 산호초 방문》, 내셔널 지오그래픽 어린이, 2001
- 《세상은 블루입니다》, 내셔널 지오그래픽, 2009
- 《나의 아름다운 바다: 바다 밑 7,000시간》, 책 읽는 아이, 2012

(2) 바다는 더 이상의 에덴동산이 아니다

바다 과학자로 일하는 동안, 실비아 얼은 '우리는 바다에 대해 달보다도 아는 게 없어. 왜 그럴까?'라는 고민을 많이 했다. '우리는 머나먼 곳의 신세계를 상상하지만, 정말 신비롭고 생명력 넘치는 미지의 세계는 우리 곁에 펼쳐진 바다가 아닐까?' 누구보다 바다의 가치를 믿고 사랑했던 실비아 얼은 바다 연구에 온 힘을 쏟았다. 세계에서 가장 많은 바다 식물을 조사했고, 혹등고래를 직접 만지며 고래에 대해 연구했으며, 그때까지 아무도 걸어 보지 못했던 바다 밑 381미터까지 내려가서 그 깊은 곳에도 생명이 살고 있음을 직접 증명해 보였다.

우리 모두에게 영향을 미치는 바다의 변화에 대한 실비아 얼의 개인적인 견해를 들을 수 있다. 현재 바다에 사는 90퍼센트 이상의 물고기 종과 바다의 지난 50년이 왜 중요한지에 대하여 논의를 하려 한다. 우리가 현재 거의 반 이상의 산호초들이 바다에서 사라진 것에 대해 왜 염려해야 하고 왜 태평양 넓은 지역에서 발생한 불가사의한 산소 고갈 현상이 그곳에서 죽어가고 있는 바다생물뿐만 아니라 우리에게도 영향을 미치는지에 대해 알아보도록 하자.

동영상 보기(1)

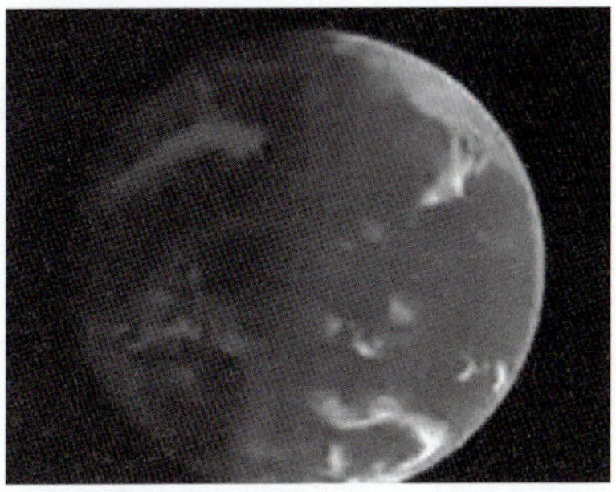

레이 엔더슨의 저서《내일의 아이들》에서는 왜 우리는 상어, 참다랑어, 오징어, 산호 등 바다 생명체를 살리기 위하여 아직 시간이 있었을 때 아무것도 하지 않았는지를 묻고 있다. 지금이 그때라는 실비아 얼 박사를 만나보자.

Caption 1

Q. 다음 물음에 적절히 답하시오.

1. 실비아 얼이 해양 탐사를 시작했던 때는 지금으로부터 몇 년 전인가?
2. 실비아 얼은 바다 물고기의 몇 퍼센트를 잃었다고 주장하는가?
3. 지구상에서 바다가 차지하는 비율은 몇 퍼센트인가?

(3) 구글 어스에 바다를 넣다

3년 전 구글 어스 존 행크 이사는 손 안에서 지구를 굴리며 상상하며 탐험할 수 있는 것을 실비아 얼 본인은 얼마나 좋아하는지를 이야기하며 물었다. "언제 끝내실거죠?", "땅, 지구는 훌륭한데, 바다는요?" 그 이후 구글러들은 DOER 마린, 내셔널 지오그래픽, 전 세계 최고의 과학자들과 함께 일을 하여 바다지도를 완성하였다. 한 번 같이 보도록 하자.

동영상 보기(2)

바다의 아래로 내려가게 되면 고래의 시선으로 볼 수 있고, 하와이 제도의 다른 부분도 탐험할 수 있다. 더 깊은 곳 바로 바닷속 7마일 마리아나 해구는 두 사람밖에 가본 적이 없다. 49년 동안에 단 두 사람밖에 가보지 못한 그곳을 함께 감상해 보자.

Caption 2

Q. 다음 물음에 적절히 답하시오.

1. 49년 동안 겨우 두 사람만이 가본 바닷속 가장 깊은 곳은?
2. 실비아 얼이 말하는 북극곰들에게 슬픈 소식은 무엇인가?
3. 실비아 얼은 바다를 파괴하는 것이 우리의 어떤 장치를 파괴하는 것이라고 말하는가?

(4) 바다 보호 구역의 현실

현재 세계적으로 4000여 곳이 넘는 보호 구역이 존재한다. 이러한 곳도 모두 구글 어스에서 볼 수가 있는데, 다만 아주 유심히 들어다보아야 보인다는 점이다. 예를 들면, 지난 3년간 미국은 34만 제곱마일에 이르는 바다를 국가 천연기념물로 지정을 하였다. 하지만 전 세계적으로 볼 때 이것은 보호 해역이 겨우 0.6%에서 0.8%로 증가한 것밖에 되지 않는다.

다큐멘터리 영화 〈미션 블루〉는 미국 국립 해양대기청(NOAA) 청장을 역임한 여성 해양학자 실비아 얼 박사가 2009년 TED Prize를 수상함으로써 시작된 영화 프로젝트 이다. 세상을 바꾸고자 하는 인물들에게 아이디어를 실천으로 옮길 수 있는 기회를 주기 위해 제정된 소원실현 프로그램이다.

2009년 당시 얼 박사는 영화, 탐사, 웹, 잠수정 등 각자의 수단을 이용해서 지구의 푸른 심장인 바다를 살리고 복원할 수 있기를 호소하였는데, 현재 미션 블루 관련 커뮤니티는 50개 이상의 해양 보호 단체와 그 외 같은 생각을 가진 조직들이 대형 다국적 기업 아래에서 중요한 연구를 진행 중에 있다.

동영상 보기(3)

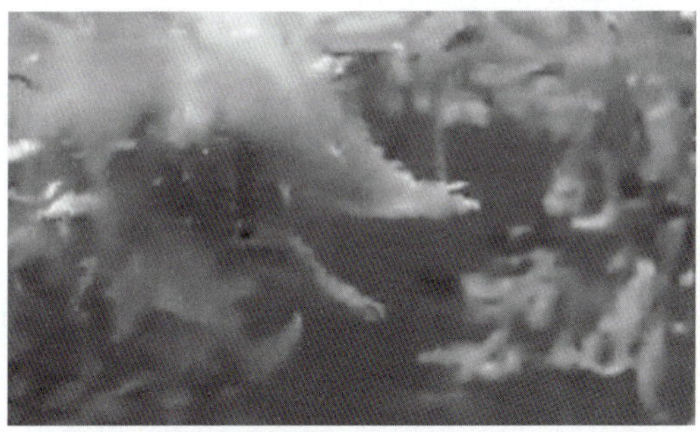

실비아 얼은 소망한다. "여러분이 영화, 탐사, 웹, 잠수정 등 무엇이든 편한 방법으로 힘을 다해서 지구의 푸른 심장인 바다를 살리는 데 함께하기를 바랍니다. 복원하기에 충분히 커다란 장소, 해양 보호 구역의 전 세계적인 네트워크에 많은 분들이 참여할 수 있도록 알리고 퍼트려 주시기를 원합니다."

자 그녀의 소원을 함께 들어 보도록 하자.

Caption 3

Q. 다음 물음에 적절히 답하시오.

1. 실비아 얼은 이 세상을 더 살기 좋은 곳으로 만들기 위해서 무엇을 해야 한다고 말하는가?
2. 지구 온난화에 힘썼던 대표적인 정치가는 누구인가?
3. 실비아 얼의 소망은 무엇인가?

8.2 생태계의 가장 신비한 부분인 캐노피 알리기

Prologue

- 생태학자인 날리니 나드카니는 숲의 생태계에서 가장 신비한 부분인 캐노피, 즉 착생식물의 특성과 그 기능을 밝히는 연구를 수행하고 있다. 그녀는 기초과학적 연구에서 얻어진 사실들을 과학계뿐만 아니라 과학계 밖의 사람들에게도 알리는 노력을 해 오고 있다. 이를 위해 독창적인 아이디어를 제시하고 있으며, 남다른 의사소통 능력을 보여주고 있다.
- 날리니 나드카니는 국제 캐노피 네트워크를 통해 학계 밖으로 지구 온난화 방지에 기여하는 캐노피의 역할을 알리기 위하여 다양한 현실적이면서 구체적인 시도를 해 나가고 있다. 이러한 시도에는 어떠한 것들이 있는지에 유념하면서 그녀의 독창적인 아이디어를 감상해 보자.

(1) 성장 과정

날리니 나드카니는 코스타리카, 파푸아뉴기니, 아마존과 태평양 북서부의 나무를 등반 탐험하는 데에 20년이라는 시간을 보냈다. 날리니 나드카니는 국제 캐노피 네트워크를 통해 학계 밖으로 지구 온난화 방지에 기여하는 캐노피의 역할을 알리기 위하여 다양하고 현실적이면서 구체적인 노력과 시도들을 하고 있다.

그녀는 '캐노피 데이터베이스'의 선구적인 연구자로, 캐노피에 살면서 내려오지 않는 동물과 식물의 세계, 그리고 숲이 어떻게 상위 계층과의 상호작용을 하는지를 연구하였다.

(2) '캐노피' 마지막 남은 미지의 생태계

테리 어윈 박사는 1983년에 캐노피를 '마지막 남은 미지의 생태계'라고 명명했으며 그녀는 오늘 '숲의 덮개(canopy)'로의 여행을 초대하려고 한다. 캐노피 연구자들이 궁금해하는 것과 그들이 과학계 밖의 사람들과 어떻게 의사소통하는지에 대하여 공유하려 한다.

그럼 캐노피(숲의 덮개)에 대하여 숲의 바닥부터 함께 살펴보도록 하자.

동영상 보기(1)

'착생식물'이라 불리는 식물이 있다. 이 식물들은 나무 위에서 자라는데 줄기가 땅바닥으로 이어지는 뿌리를 가지고 있지 않다. 뿌리 대신 진화된 잎들이 바로 안개 형태로 용해되어 존재하는 영양소를 흡수한다. 이 식물은 아주 다양하게 존재하며 전 세계적으로 28,000종이 존재한다. 그럼 '착생식물'을 알아보도록 하자.

Caption 1

Q. 다음 물음에 적절히 답하시오.

1. 날리니 나드카니는 숲에서 가장 신비한 부분이 무엇이라고 했나?
2. 날리니 나드카니가 오늘 이야기하고자 하는 것은 무엇인가?
3. 날리니 나드카니가 관심을 두고 있는 대표적인 착생식물은 무엇인가?

(3) 캐노피의 역할

캐노피 너머에는 거대한 탄소 카펫을 볼 수 있다. 캐노피를 연구하는 사람들이 직면한 문제 중 하나는 바로 따로따로 떨어져서 존재하는 탄소의 양을 이해하는 것이다.

떨어져서 존재하는 탄소의 양이 많다는 것은 알고 있지만 아직 얼마나 많은지 그리고 어떤 과정에 의해 탄소가 대기 밖으로 나와 어떻게 생물자원들에게 흡수되고, 생태계로 이동하는지에 대해서는 잘 알지 못한다.

그래서 캐노피가 생물 다양성을 품고 있으며 생태계 영양분 순환 주기에 기여하고 지구의 기후를 안정되게 유지하는 데 역할을 한다는 것을 보여주고자 한다.

동영상 보기(2)

나무 위 바비인형은 아주 좋은 예이다. 그녀의 연구실 학생들과 그녀는 바비인형을 사서 여성 재봉사가 만든 옷을 입혀서 캐노피 안내책자와 함께 세상에 내보냈다. 왜 그들은 바비인형과 같이 안내책자를 세상에 내보내게 되었을까?

Caption 2

Q. 다음 물음에 적절히 답하시오.

1. 지구 기후를 안정되게 유지하는 데 기여하는 것은?
2. 날리니 나드카니가 캐노피를 학계 밖의 사람들에게 알리기 위해 형성한 네트워크의 이름은 무엇인가?
3. 날리니 나드카니가 캐노피의 중요성을 알리기 위해 이용한 인형은 무엇인가?

(4) 그녀의 목표이자 프로젝트

그녀의 목표이자 프로젝트에 대하여 설명을 들어 보도록 하자. 프로젝트는 경제, 사회적 가치와 관련이 있으며 착생식물과도 관련이 있다.

북태평양에는 오래된 숲에서 이끼를 채취하는 큰 산업이 있다. 이 이끼들은 보통 숲에서 채취되어 화훼 관련 업자들에 의하여 화분을 꾸미고 바구니를 만드는 데 사용된다. 약 3000억 원 규모의 산업이며 급성장하고 있다. 다만 이끼들이 숲에서 채취된 후 다시 회복하는 데 몇십 년이 걸린다. 그래서 이 산업은 지속 불가능한 사업이다. 과연 그녀는 이 산업에 대해서 무엇을 말하고 싶어하는 걸까?

동영상 보기(3)

연구자들이 바깥세상으로 나와서 학계 밖의 사람들과 긴밀한 관계를 맺도록 도와야 한다. 그래서 그녀는 벤 젠더(지휘자)와 빌 게이츠가 힘을 합쳐서 에이즈에 대한 오페라를 만들고, 앨 고어와 내추럴리 7(아카펠라 그룹)이 기후변화에 대해 사람들이 박수칠 만한 노래를 만들었으면 한다. 그녀의 목표는 무엇일까?

Caption 3

Q. 다음 물음에 적절히 답하시오.

1. 날리니 나드카니는 어떤 방법으로 이끼 채취로 인한 캐노피 훼손을 막고자 했나?
2. 날리니 나드카니는 누구를 이용하여 이끼를 재배했는가?
3. 날리니 나드카니는 과학자들이 과학계 밖의 사람들과 어떠해야 한다고 주장하는가?

○ 잘 만들어진 목표(well formed goal)와 SMART

잘 만들어진 목표는 이미 결과(outcome)를 명확히 나타내고 있으며 계획을 실행하기 전에 그 결과의 달성 방법을 알고 있는 출발점을 전제로 한다.

〈표 8.1〉 SMART

S	구체적인 (specific)	• 긍정적인 말. 구체적 예) 저는 취직 시험에 자신감을 갖고 싶어요.
M	측정 가능한 (measurable)	• 현실적이고 양적으로 표현 예) 저는 7월 말에 30% 판매를 늘리고 싶어요.
A	받아들일 수 있는 (acceptable)	• 생태적으로 적합, 자기 대화로 점검 예) 저는 같은 실수를 반복하지 않도록 믿음을 갖고 조심하고 있습니다.
R	실현 가능한 (realizable)	• 자기 통제하에 주체적 예) 우리를 평화롭게 할 수 있도록 이웃에게 이야기할 겁니다.
T	시간이 정해진 (timed)	• 잘 맞는 목표에 맞게 정한다.

출처: 박진희, 최인화 옮김, 《jobEQ를 코칭하라》, (주)한국비즈니스코칭, 2011.5

8.3 인간 두뇌의 비밀을 풀기 위하여

Prologue

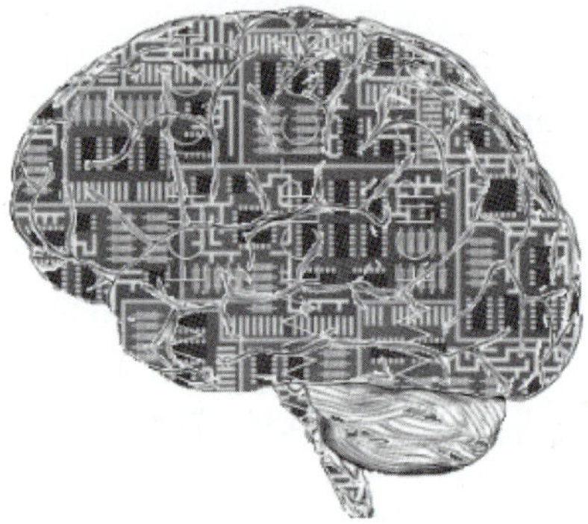

- 헨리 마크람은 인간 두뇌에 관한 구체적이고 사실적인 컴퓨터 모델을 만들어 내는 시도를 하고 있다. 그는 정신 작용의 여러 단계들에 대한 시뮬레이션 연구를 바탕으로 두뇌 설계의 비밀을 탐구해 오고 있다. 인간 두뇌의 비밀을 풀기 위한 그의 끊임없는 호기심은 우주의 비밀을 풀려고 하는 물리학자들의 호기심에 비견할 수 있을 것이다.
- 헨리 마크람은 인간의 사회 적응 과정, 자폐증, 종의 특화된 성질 및 인간의 자기 인식 능력 등에 관한 연구에 근거하여 인간의 두뇌는 또 하나의 우주이며, 우주를 인식할 수 있는 실체임을 보여주고 있다. 인간 두뇌는 과학적 연구의 궁극적인 영역인가에 주목하면서, 지적 호기심이 과학적 탐구의 출발점임을 다시 한 번 생각해 보자.

(1) 블루 브레인(Blue Brain) 프로젝트란?

헨리 마크람은 블루 브레인 프로젝트를 이끌고 있다. 이 프로젝트는 인간의 뇌의 구조를 역공학하여 그 구조를 수천 개의 컴퓨터 칩을 연결하여 만들어 가는 인공뇌 프로젝트이다. 그는 시뮬레이션을 통해서 미래를 찾고 있으며 시뮬레이션으로 두뇌의 분자와 유전자 수준도 다운 모델링이 가능하다고 이야기하고 있다.

'블루 브레인(Blue Brain) 프로젝트'로 불리는 이 연구의 목표는 대뇌 신피질에 대한 상세한 컴퓨터 모델을 만드는 것이다. 인간 뇌의 85% 가량을 차지하는 신피질은 언어 · 기억 · 분석 · 판단 등을 담당하는, 인간 뇌 중 가장 복잡한 부분으로 인간의 창조 활동의 원천이다. 당시 연구책임자인 헨리 마크람 교수는 "IBM의 슈퍼컴퓨터 '블루진'을 이용해 2~3년 안에 3차원 신피질 모델을 완성하는 것이 1차 과제이다"

라고 밝혔다. 그는 이를 기초로 감정을 담당하는 구피질, 원초적 본능을 담당하는 뇌간 등 뇌의 다른 부분으로 모델링 작업을 확대해 10년 안에 인간 두뇌 전체에 대한 컴퓨터 뇌 모델을 완성하겠다는 청사진을 제시했다.

그리고 지금 그 1차 목표인 신피질 모델에 가까이 다가선 것이다. 연구팀은 이미 생쥐의 뇌를 세포 단위 수준으로까지 복제하는 성과를 거두었다고 한다. 슈퍼컴퓨터로 각기 다른 신경세포 수만 개의 소프트웨어 모델들을 만들었고, 이렇게 만든 인공 신피질을 디지털 방식으로 조합할 수 있는 수준에 도달했다는 것이다. 슈퍼컴퓨터에 깔린 1만개의 연산장치를 사용해 감각 정보가 들어왔을 때 뇌가 어떻게 반응하는지에 대한 단서를 얻기 시작했다. 예를 들어, 뇌에 꽃 한 송이를 보여주고 뇌의 활동을 추적하는 것인데 '시스템을 자극하면 시스템이 독자적인 표현을 만들어낸다'라는 것이다. 궁극적으로 이런 표현을 추출해 뇌가 세계를 어떻게 인식하는지를 직접 보는 것이 연구 목표이다.

블루 브레인 프로젝트가 모두 완성되면 자폐증, 정신분열, 우울증, 파킨슨병 등 뇌와 관련된 질환을 치료하는 데 도움이 된다. 두뇌의 작동 과정을 완벽하게 재현해 컴퓨터로 모의실험을 함으로써 두뇌의 회로 이상으로 발생하는 질병의 원인을 규명하고 치료법을 개발하는 데 도움을 줄 수 있다.

(2) 두뇌를 파헤치는 이유

그의 목표는 인간의 두뇌에 관한 구체적이고 사실적인 컴퓨터 모델을 만들어 내는 것이다. 그래서 그는 지난 4년 동안에 설치류의 조그마한 두뇌에 대한 모델을 증명해 왔다. 그리고 이 증명을 토대로 인간 두뇌로 확장시키는 일을 진행하고 있다. 그러나 왜 그가 이런 일을 하는 것일까?

거기에는 3가지 이유가 있는데, 그 이유에 대하여 같이 알아보도록 하자.

동영상 보기(1)

헨리 마크람은 두뇌가 또 다른 우주를 창조하고 만들어낸다고 한다. 그리고 이 또 다른 우주를 우리 주변에 거품과 같은 형태로 투영시킨다고 한다. 이것은 오랫동안 이어져온 철학적 논쟁인데 헨리 마크람은 이것에 대하여 어떻게 이야기하는지 함께 살펴보자.

Caption 1

Q. 다음 물음에 적절히 답하시오.

1. 헨리 마크람은 신경과학자의 사명이 인간 두뇌에 관한 구체적이고 사실적인 어떤 모델을 만들어내는 것이라고 말하는가?
2. 헨리 마크람은 인간 두뇌에 관한 컴퓨터 모델을 만들어내는 것이 어떤 사람을 위한 매우 구체적인 해결책의 마련을 위해서 중요하다고 했는가?
3. 지각 거품을 유지하게 하는 것은 무엇인가?

(3) '당신은 생각한다. 그러므로 존재한다.'

우리 두뇌의 지각을 알기 위해서 한 가지 예를 들어본다. 우리가 문을 향해 걸어가서 문을 열게 되었을 때 지각 처리를 위해서 반드시 해야 할 것은 판단을 하는 것이다. 방의 크기와 벽, 높이, 방 안의 물체들에 대해 수천 개의 판단을 하는 것이다. 우리가 보는 것의 99퍼센트는 우리의 눈을 통해서만 들어오는 것이 아니다. 그것은 우리가 방에 대해서 추론하는 것이다. 그렇다면 왜 헨리 마크람은 '나는 생각한다. 그러므로 나는 존재한다.'가 아닌 '당신은 생각한다. 그러므로 존재한다.'라고 이야기하였을까?

동영상 보기(2)

대뇌 신피질을 백만 개의 건반이 있는 거대한 그랜드 피아노라고 생각해 보라. 각각의 신피질 기둥들은 하나의 음표를 만들어낼 것이다. 우리가 여기에 자극을 한다면 음표는 교향곡을 연주할 것이다. 하지만 이것은 단지 지각의 교향곡이 아니다. 그렇다면 과연 무엇일까?

Caption 2

Q. 다음 물음에 적절히 답하시오.

1. 헨리 마크람은 신피질을 위해서 뉴런이 몇 배까지 확장되었다고 말하는가?
2. 우주가 만들어낸 마지막 작품은 무엇인가?
3. 헨리 마크람은 인간의 사회 적응 과정을 무엇에 비유하며 설명하고 있는가?

(4) 신경과학의 궁극적인 목표

신경과학의 궁극적인 목표는 신피질 기둥들의 디자인을 이해하는 것이다. 그리고 이것은 단순히 신경과학을 위한 것만이 아니다. 지각을 이해하고, 실제를 이해하고, 심지어는 물리적인 실제를 이해해야만이 가능할 것이다. 그래서 헨리 마크람은 15년 동안에 신피질을 체계적으로 해부하였다. 그는 이것은 열대우림에 대한 카탈로그 한 편을 작성하는 것과 같다고 했다. 신경과학의 궁극적인 목표를 위해 그가 한 행동들을 한 번 살펴보자.

동영상 보기(3)

사람의 두뇌에 있는 뉴런은 모두 똑같지 않고 같은 곳에 위치하거나 같은 방향으로 위치하지 않는다고 한다. 모두가 다른 위치 다른 작용을 하는 뉴런에 대하여 어떻게 실체를 만들어낼 수 있을까? 함께 지켜보자.

Caption 3

Q. 다음 물음에 적절히 답하시오.

1. 헨리 마크람은 신피질을 체계적으로 해부하는 것이 마치 무엇에 대한 카탈로그 한 편을 작업하는 것과 같다고 말했는가?
2. 헨리 마크람이 말하는 두뇌 설계의 가장 큰 비밀은 무엇인가?
3. 우주가 스스로를 바라볼 수 있도록 진화시킨 것은 무엇인가?

8.4 용어해설과 연습문제

용어해설

:: **에덴동산(Garden of Eden)** : 그리스도교에서 말하는 낙원(樂園)

:: **마리아나 해구** : 태평양 북마리아나 제도의 동쪽에서 남북방향 2550km의 길이로 뻗은 해구이다. 평균 너비 70km, 평균 수심 7000~8000m이며 세계에서 가장 깊은 비티아즈 해연(1만1034m)과 그 다음으로 깊은 챌린저 해연(1만863m)이 있다.

:: **착생식물(着生植物, epiphyte)** : 식물의 표면이나 노출된 바위 면에 붙어서 자라는 식물로 기근(氣根)과 같은 특별한 기관이 발달해 있다. 빗물이나 수증기 또는 여기에 녹아 있는 영양염류를 뿌리와 잎 면으로 흡수한다. 온도가 높고 습기가 많은 지대에 많다.

:: **데이터베이스(database)** : 여러 사람에 의해 공유되어 사용될 목적으로 통합하여 관리되는 데이터의 집합을 말한다. 자료 항목의 중복을 없애고 자료를 구조화하여 저장함으로써 자료 검색과 갱신의 효율을 높인다. 현대적인 의미의 데이터베이스 개념을 확립한 사람은 당시 제너럴일렉트릭 사(社)에 있던 C.바크만으로 그는 1963년 IDS(Integrated Data Store)라는 데이터베이스 관리시스템을 만들었다.

:: **이끼(선태식물)** : 선류(蘚類)·태류(苔類)를 포함하여 약 2만3000종으로 이루어진 최초로 육상생활에 적응한 식물군으로 흔히 이끼식물이라고 한다. 분류학상으로는 양치식물에 가깝지만, 통도조직이 발달해 있지 않고 엽록체가 있어 독립영양생활을 한다. 형태학상 줄기·잎의 구별이 있거나, 편평한 엽상체로서 조직의 분화는 적고 헛뿌리가 있다. 무성세대와 유성세대를 거친다.

:: **신피질(대뇌피질)** : 대뇌 표면을 구성하는 회백질로 이루어진 부분으로 여러 층의 세포층으로 이루어졌다.

:: **교향곡(交響曲, symphony)** : 관현악으로 연주되는 다악장 형식의 악곡

:: **카탈로그(catalogue)** : 상품의 소개를 목적으로 한 인쇄물

:: **뉴런(neuron)** : 신경계의 단위로 자극과 흥분을 전달한다. 신경세포체(soma)와 동일한 의미로 사용하기도 하고, 신경세포체와 거기서 나온 돌기를 합친 개념으로 사용하기도 한다.

연습문제

01. 실비아 얼은 해양 생태계의 파괴가 무엇과 연결되어 있다고 주장하는가?

① 지구 온난화 ② 원자력 발전
③ 열대우림의 파괴 ④ 탄소배출의 증가

02. 다음 중 실비아 얼의 저서가 아닌 것은?

① 바다 변경 ② 내일의 아이들
③ 안녕하세요, 피쉬 ④ 세상은 블루입니다

03. 다음 중 세계에서 가장 깊은 해구는?

① 케르마테크 해구 ② 필리핀 해구
③ 마리아나 해구 ④ 통가 해구

04. 캐노피(canopy)를 뜻하는 말은 무엇인가?

① 숲의 안식 ② 숲의 신비
③ 숲의 숨결 ④ 숲의 덮개

05. 다음 중 뿌리가 아닌 잎에서 대기 중의 안개의 형태로 존재하는 영양소를 흡수하는 식물은?

① 이끼 ② 천마
③ 대마 ④ 버섯

06. 날리니 나드카니를 위하여 이끼를 재배한 사람들은 누구인가?

① 대학생들 ② 교도소 죄수들
③ 그녀의 동료들 ④ 기업들

07. 헨리 마크람의 주 관심사는 무엇인가?

① 심해 탐사 ② 환경보전
③ 인간 두뇌 연구 ④ 지구온난화 해결

08. 헨리 마크람이 인간 두뇌 연구를 하는 주요한 이유가 아닌 것은?

① 사회적 번영 ② 동물 실험의 한계
③ 정신질환의 치료 ④ 인공두뇌 창조

09. 다음 중 뉴런의 정보들이 서로 소통하는 장소는?

① 시냅스 ② 시상하부
③ 척수 ④ 없다

10. 1983년 캐노피를 '마지막 남은 미지의 생태계'라고 명명한 사람은?

① 날리니 나드카니 ② 테리 얼윈
③ 헨리 마크람 ④ 실비아 얼

연습문제 - 단답형

01. 우주가 스스로를 바라볼 수 있도록 진화시킨 것은 무엇인가?

02. 날리니 나드카니는 숲에서 가장 신비한 부분이 무엇이라고 했는가?

03. 헨리 마크람이 이끄는 프로젝트로, 인간의 뇌 구조를 역공학하여 그 구조를 수 천 개의 컴퓨터 칩을 연결하여 만들어가는 인공뇌 프로젝트의 이름은 무엇인가?

04. 헨리 마크람은 신경과학자의 사명이 인간 두뇌에 관한 구체적이고 사실적인 어떤 모델을 만들어 내는 것이라고 말하는가?

05. 테리 어윈 박사는 1983년에 ( )를 '마지막 남은 미지의 생태계'라고 명명했다. 또한 이것은 열대우림의 수목층 상부를 일컫는 말이다. 위의 ( ) 안에 들어갈 말은 무엇인가?

06. 레이 엔더슨의 저서 ( )에서는 왜 우리는 상어, 참다랑어, 오징어, 산호

등 바다 생명체를 살리기 위하여 아직 시간이 있었을 때 아무것도 하지 않았는지 묻는다. 위의 ( ) 안에 들어갈 책 제목은 무엇인가?

07. 현재 세계적으로 바다의 보호지역은 몇 곳이나 되는가?

08. 전 세계적으로 착생식물의 종류는 얼마나 되는가?

09. 대뇌 신피질에 대한 상세한 컴퓨터 모형을 만드는 프로젝트의 이름은 무엇인가?

10. 실비아 얼이 "우리는 바다에 대해서 무엇보다도 아는게 없다"라고 비유한 것은?

11. 49년 동안 바다 속 마리아나 해구는 단 몇 사람만 탐험했는가?

12. 미국 국립 해양 대기청 청장을 역임한 여성 해양 학자 실비아 얼 박사가 2009년 TED Prize를 수상함으로써 시작된 영화 프로젝트는?

✦ 본문출처(사이트)

네이버 사전, 백과사전
EBS 직업의 세계
KBS 글로벌 성공시대
TED
http://en.wikipedia.org/wiki/Sylvia_Earle
http://www.ted.com/speakers/sylvia_earle.html
http://www.ted.com/speakers/nalini_nadkarni.html
http://www.ted.com/speakers/henry_markram.html
http://en.wikipedia.org/wiki/Henry_Markram
http://news.donga.com/3/all/20111014/41089638/1
http://ttalgi21.khan.kr/2291

PART

IX 문화스포츠 분야의 글로벌리더 (I)

기업 경영에 있어 CEO와 리더의 역할의 중요성

○ 스포츠 감독의 역할은 기업의 CEO와 유사

스포츠 감독	분류	기업 CEO
팀의 경기력 극대화를 통한 경기에서의 승리	목표	기업의 역량 극대화를 통한 기업 경쟁에서의 승리와 이윤 창출
작전 수립	전략	전략 수립
선수 트레이닝	교육	인재 육성
현지 여건 조사 및 타팀 비디오 시청을 통한 경기 분석	정보	정보 수집 및 활동
승리할 수 있다는 자신감 고취	조직 분위기	강한 기업 문화 형성

출처: 삼성 경제 연구소, 〈ISSUE Paper〉, 2002.6

PART IX

문화스포츠 분야의 글로벌리더(Ⅰ)

누구든지 인생에서 감당하기 힘든 일들이 한 번쯤은 일어난다. 이때 직면하게 되는 역경과 어려움을 어떻게 극복해야 하는지, 또 극복 후 어떻게 자신의 삶을 주체적으로 살아가야 하는지 생각해보자. 나아가서 자신의 삶의 잠재력뿐만 아니라, 이 세상에서 어려움에 직면해 있는 다른 사람들의 잠재력을 이끌어 줄 수 있는 방법을 모색해 보자.

9.1 장애와 역경 그리고 잠재력

Prologue

- 정강이뼈가 없이 태어난 에이미 멀린스를 통해서 우리가 '장애'라는 것을 어떻게 바라보아야 하는지 살펴보며 선입견에서 벗어나 '장애'에 대한 새로운 정의를 내려본다.
- 삶의 역경을 딛고 일어나 잠재력을 극대화시켜 육상 선수로, 배우로 활약하고 있는 에이미 멀린스를 통해 삶의 역경에 대한 부정적인 시각을 변화시켜 본다. 그리고 우리 삶에서 맞이하고 있는 혹은 맞이하게 될 역경을 대처할 수 있는 방법에 대해 공유해 본다.

(1) 성장 과정

에이미 멀린스(Aimee Mullins)는 1976년 펜실베니아 주 엘런타운에서 정강이뼈가 없는 장애를 갖고 태어났다. 앨런타운에 있는 파크랜드 고등학교를 졸업하고 워싱턴 D.C.에 있는 조지타운 대학교를 졸업했다. 고등학교 때 소프트볼에서 도루 학교 기록을 세웠다. 대학교 때 NCAA육상대회에서 비장애인과 경쟁했다. 1996년 애틀란타 장애인 올림픽에 출전해서 100미터 달리기에서 17.01초, 멀리뛰기에서 3.14미터를 기록했다. 1999년 디자이너 알렉산더 맥퀸(Alexander McQueen)의 패션쇼의 모델을 했다. 1998년 〈Dazed & Confused〉 지의 표지모델을 했다. 2002년 영화 〈크레마스터 3〉에서 '치타 우먼' 역을 맡았고, 2006년 영화 〈세계무역센터〉에서 기자 역을 맡았다.

(2) 장애의 의미

'장애'는 불구의, 약한, 쓸모없는, 망가진, 막막한, 부상을 입은, 짓이겨진, 변변찮은, 훼손된, 쇠퇴한, 낡은, 약화된, 무력한, 힘을 빼앗긴, 마비된, 장애가 있는, 노망한, 노쇠한, 병으로 누운, 녹초가 되어, 몹시 지친, 바닥난, 쇠약한, 소외된, 아픈 것을 뜻하고, 그 반대말은 건강한, 강한, 유능한이다. 에이미 멀린스는 이 정의를 친구에게 읽어주면서 처음에는 당황해서 웃었다. 그러다 '짓이기다'를 읽는 순간에 목이 메었다. 그리고 이런 단어들의 폭력성에서 받은 심리적인 충격을 참기 위해서 읽는 것을 멈출 수밖에 없었다.

또한 그녀는 사전적인 의미 말고도 또 다른 것 때문에 많은 상처를 받았는데 과연 그 상처의 원인은 무엇이었을까? 그 상처의 원인을 함께 찾아보도록 하자.

동영상 보기(1)

그녀가 다리가 없다는 객관적 의학 소견과 그녀는 불구인가 아닌가 하는 사회의 주관적 견해 사이에는 차이가 있다고 한다. 과연 이 차이는 무엇일까?

Caption 1

Q. 다음 물음에 적절히 답하시오.

1. 〈생각〉 '장애'라는 단어의 뜻을 생각해 본 적이 있는가? 그 의미는 무엇일까?
2. 사전에서 'Disabled'라는 단어의 뜻을 찾은 에이미는 어떤 문제점을 지적했는가?
3. 어린 시절의 에이미가 재활운동도 잘 받고 운동선수가 될 수 있도록 자극을 준 것은 무엇이었는가?
4. 에이미는 무엇이 개인의 능력을 현실로 이끌어 내는 것을 방해한다고 했는가?

(3) 역경을 어떻게 마주할 것인가?

사실 사람들은 그녀가 극복한 역경을 주제로 그녀와 끊임없이 이야기를 나누고 싶어한다. 그러나 그녀는 그녀에 대한 사람들의 표현이 자신과 잘 맞지 않았고, 그런 질문을 들을 때마다 늘 불편했다. 그리고 이제는 그 이유를 알게 되었는데, 사람들은 그녀의 성공을 어떤 능력에서 온 것처럼 여긴다는 것이다. 따라서 우리가 해야 할 일은 역경을 마주한 자들을 단순히 역경으로부터 보호할 것이 아니라 그것을 극복할 수 있도록 하게 하는 것이다.

동영상 보기(2)

그녀는 몇년 전, 펜실베이니아 북동쪽 부근 마을에 있는 어떤 식료품점의 진열대에 가득히 쌓여 있는 토마토 앞에서 반바지 차림으로 서 있었다. 그때 뒤에서 어떤 남자가 말을 걸었다. "에이미 멀린스 씨 맞나요?" 그녀가 돌아보았을 때 어떤 나이 든 사람이 자신을 쳐다보고 있었다. 그녀는 누군지 몰랐는데, 과연 이 남자는 누구였을까?

Caption 2

Q. 다음 물음에 적절히 답하시오.

1. 에이미는 무엇을 통해 역경을 극복할 수 있다고 했는가?
2. 그녀는 역경을 무엇에 비유했는가?
3. 에이미는 무슨 장애를 딛고 1996년 어느 올림픽에 어떤 종목으로 출전하였는가?

(4) '장애'의 새로운 정의

그녀는 장애라는 것이 더 이상 짐이 될 수 없다고 말한다. 하루는 그녀가 아이들과 2분 동안 의족에 대해 이야기하는 시간을 가졌다 한다. 그녀가 아이들에게 물었다. 집 한 채를 뛰어넘고 싶은데 어떤 다리를 만들어야 할까? 그랬더니 아이들은 캥거루, 개구리, 고고 가제트, 인크레더블 등과 같은 여러 가지 대답을 내놓았다. 그 아이들의 대답에 장애를 가진 사람이 한순간 대단한 사람이 되었다. 기술의 발달로 이제는 장애를 가려줄 많은 것들이 탄생하였고, 장애를 갖고 태어났다는 것이 더 이상 벽이 될 수 없는 세상이 되었다.

더 나아가 이제는 장애를 가진 사람들이 자신 스스로의 정체성을 디자인할 수 있는 사람이 되었다. 한 번은 그녀를 오랜만에 본 친구가 깜짝 놀랐다. 그녀의 키가 갑자기 커보였던 것이다. 친구는 그녀가 176cm인 줄만 알았는데 의족을 신어 185cm가 되었기 때문이다. 친구는 키가 커진 그녀를 보며 "이건 불공평해!" 라며 질투가 섞인 말까지 내뱉었다. 왜 그랬을까? 아마 장애를 지닌 사람들이 때로는 일반인들보다 더 많은 것을 창조하고 변화시킬 수 있기 때문일 것이다.

동영상 보기(3)

그녀는 진정한 장애는 '억눌린 장애'라고 말한다. 많은 사람들이 장애인이라 하면 일반인의 도움을 반드시 받아야 한다는 고정관념을 가지고 있다. 그리고 장애가 곧 불행이라 믿는 사람들도 여전히 많이 있다. 그러나 장애인은 단지 일반인들과 틀린 것이 아니라 다른 것일 뿐이라고 바꾸어 생각해보아야 한다. 에이미 멀린스가 남자 친구에게 "왜 나랑 사귀느냐?"고 물었다. 그러자 남자 친구는 "다리가 없다는 것을 눈치챘을 땐 이미 반한 다음이었다." 고 말했다. 남자 친구가 그녀의 장애를 사랑해주었을 때, 비로소 그녀는 자신의 장애에서 벗어날 수 있었고, 더 이상 자신의 장애를 미워하지 않았다고 한다.

Caption 3

Q. 다음 물음에 적절히 답하시오.

1. 에이미가 이야기한 학생들을 대상으로 한 실험 결과는 무엇에서 기인했는가?
2. 에이미는 '장애(Disabled)'를 어떻게 정의했는가?
3. <생각> '장애(Disabled)'에 대한 사전적 의미와 에이미가 정의한 의미는 어떤 측면이 다른가?
4. 에이미는 '장애'를 극복할 수 있는 방법으로 무엇을 제시했는가?
5. 에이미는 우리에게 필요한 사람은 어떤 사람이라고 했는가?

9.2 민족적 역경을 이겨내기 위해서

Prologue

- 어린 시절, 수단 내전을 겪으며 자라난 임마누엘 잘이 걸어온 길을 살펴보며, 그가 그 역경을 이겨낼 수 있었던 과정을 알아본다.
- 조국의 어려움을 알리기 위해 임마누엘 잘이 하는 여러 활동, 특히 그가 조국의 미래를 위해 세운 자선단체의 활동과 역할에 대해 살펴보며 우리 각자의 사회적 역할에 대해 생각해 본다.

(1) 성장 과정

임마누엘 잘(Emmanuel Jal)은 1980년 남수단의 톤즈(Tonj)에서 태어났다. 어렸을 때 제2차 수단 내전이 발발하여 아버지는 수단인민해방군(Sudan People's Liberation Army, SPLA)에 입대하고 어머니는 정부군에 의해 사망하였다. 임마누엘을 포함한 많은 아이들도 SPLA에 들어가 훈련을 받았다. 싸움을 견딜 수 없게 되어 임마누엘과 몇 아이들은 3개월에 걸쳐 와트(Waat)로 도망쳤다. 와트에서 만난 엠마 머큔(Emma McCune)에 의해 케냐의 나이로비에 있는 학교에 다니게 되었다. 머큔은 몇 달 후 교통사고로 사망했지만 그의 친구들인 매들린 번팅(Madeliene Bunting)과 안나 레드가드(Anna Ledgard)는 임마누엘이 계속 공부할 수 있도록 도왔다.

임마누엘은 케냐에서 공부하는 동안 노래를 시작했다. 또한 거리의 아이들과 난민을 위해 모금활동을 했고 같은 경험을 겪은 사람들의 격려로 임마누엘은 몇 개의 그룹을 결성하였다. 그의 첫 싱글 'All We Need Is Jesus'는 케냐에서 히트했고 영국에서 에어플레이 차트에 올랐다. 2004년 그는 첫 앨범 'Gua'를 발매했고 2005년 두 번째 앨범 'Ceasefire'를, 2008년 세 번째 앨범 'Warchild'를 발매했다. 2008년 'Gua Africa'라는 학교 건축과 장학금, 교육지원을 위한 비영리 자선단체를 설립했다.

(2) 전쟁 고아

임마누엘 잘은 8살 때 소년병이 되었고, 그는 왜 전쟁이 일어났는지 몰랐다. 다만 그가 알고 있는 것은 뇌리에 박힌 이미지였다. 그는 훈련소에서 이렇게 말했다. "최대한 많은 이슬람교도와 아랍인을 죽이고 싶어요." 훈련은 쉽지 않았지만 그를 이끈 힘이 있었다. 그 힘은 가족을 위한 복수심이었다. 자신과 가족을 위해서 복수를 하고 싶었고, 마을을 위해 복수를 하고 싶었다.

동영상 보기(1)

그는 이제 전쟁이 왜 일어났는지 알고 있다. 전쟁의 근본 원인, 즉 진실을 알게 되었다. 사람들을 죽이는 것은 이슬람교도나 아랍인이 아닌, 종교나 인종을 이용하여 원하는 것을 가져가려고 하는 사람들이었다. 그들이 원하는 것은 석유와 다이아몬드와 금과 땅이었다. 그는 진실을 알고 나서 선택의 기로에 섰다. 계속 증오해야 하는지 아니면 용서를 해야 하는지.

Caption 1

Q. 다음 물음에 적절히 답하시오.

1. 〈생각〉 만약 지금 우리나라가 전쟁을 하고 있고, 가난에 굶주리고 있다면 어떻게 하겠는가?
2. 임마누엘 잘은 자신을 스스로 뭐라고 부르는가?
3. 그가 소년병이 된 목적은 무엇이었는가?
4. 그가 깨달은 전쟁의 원인은 무엇이었는가?

(3) 음악의 힘

임마누엘 잘의 노래 일부를 들어보자.

…

아! 다르푸르의 아이들이여.
티브이에서는 너희 굶주린 배가 나오고 내가 싸우는 건 너희를 위해서야.
집을 떠났지. 언제가 되면 다시 돌아갈지.

조국은 전쟁으로 피폐해졌고
내가 듣던 음악은 폭탄과 총성
많은 사람이 죽었고 난 더 이상 눈물조차 흘릴 수 없었다.
신에게 물었다. 내가 왜 여기 있어야 하는지
왜 우리 민족은 가난한지.
왜 다른 아이들은 읽고 쓰는 것을 배울 때,
난 싸우는 법을 배우고 있었는지.
난 달팽이, 독수리, 토끼, 뱀, 뭐든지 살아 있는 것이라면 먹었다.
뭐든 먹었다.
부끄러운 일이다. 그러나 누가 비난할 수 있겠는가.
...

동영상 보기(2)

임마누엘 잘이 음악에 대하여 알고 있는 것은 '음악은 힘을 가지고 있다는 것'이다. 음악은 우리 몸 세포 하나하나와 마음속 심장에 스며들어 영혼과 정신에 영향을 미치는 유일한 것이다. 또 음악은 우리가 사는 방식에도 영향을 미친다. 그가 이야기하는 음악의 힘에 대하여 들어보자.

Caption 2

Q. 다음 물음에 적절히 답하시오.

1. 〈생각〉 그동안 살아오면서 자신이 받은 상처를 치유해 준 존재는 무엇이었는가?
2. 임마누엘 잘에게 있어서 음악은 어떤 존재인가?
3. 그가 아침과 점심을 먹지 않은 돈으로 무엇을 하였으며 그 목적은 무엇인가?
4. 인터넷을 통해서도 기부를 받고 있는 그에게 가장 감동적인 기부 금액은 얼마였는가?
5. 〈생각〉 그 기부 금액에 그가 감동받은 이유는 무엇인가?

(4) 아프리카에 필요한 것

임마누엘은 가족을 모두 잃고도 아픔과 사회변화에 대한 의지를 알릴 수 없는 고향의 한 노부인을 대신해서 이 자리에 섰다고 말합니다. 그 곳에는 언론이나 페이스북, 마이스페이스, 유튜브도 없기 때문에 자신이 나서서 세계를 돌며 자신과 고국의 이야기를 전하게 되었다고 말합니다.

그는 자신의 고향 수단에 교육시설을 짓기 위하여 저녁만 먹으며 아침, 점심 먹을 돈을 모으고 있다. 그는 '이기기 위해 잃다'라는 캠페인을 하는데 지는 것이 바로 그가 싸우고 있는 전투를 이기게 하는 것이기 때문이다. 그는 자신의 고향에서는 하루에 한 끼만 먹는 게 당연하고 현재 고향에서 아이들이 라디오를 들으면서 임마누엘이 아침을 먹기만을 기다린다고 했다. 왜냐하면 아침을 먹었다는 뜻은 바로 학교를 지을 돈이 생겼다는 뜻이기 때문이다. 그는 교육이 아주 중요하다고 생각한다. 왜 중요하게 생각하는지 함께 살펴보자.

동영상 보기(3)

스스로 '전쟁소년'이란 꼬리표를 붙였던 임마누엘은 영국 구호단체 직원이었던 엠마 머큔이라는 사람에게 입양되어 교육을 받고 음악까지 할 수 있게 되었다. 그는 음악을 통해 상처를 치유받고 자신도 세상에 쓸모 있는 존재가 될 수 있다는 사실을 깊이 깨닫게 되었다. 그는 더 이상 자신의 민족이 하늘에서 떨어지는 구호물자에 의해서 살기를 바라지 않는다. 오히려 농사를 지을 수 있도록 연장을 주고 사람들의 눈이 트일 수 있도록 교육에 투자해야 자신의 고향 아프리카가 변한다고 믿고 있다.

Caption 3

Q. 다음 물음에 적절히 답하시오.

1. 임마누엘 잘은 지금 아프리카에 필요한 것은 무엇이라고 말했는가?
2. 그는 조국을 위해 무엇을 설립했고, 그 단체에서 하는 일은 무엇인가?
3. 그가 마지막에 부른 노래는 누구의 어떤 행적을 기리기 위한 것인가?
4. 〈생각〉 굶주리고 있는 아프리카, 북한을 위해 우리가 할 수 있는 일은 무엇일까?

9.3 내가 이룬 꿈을 다른 사람도 이룰 수 있도록

Prologue

- 베네수엘라 빈민층 청소년을 위한 무상 음악교육 프로그램인 '엘 시스테마'를 설립한 호세 안토니오 아브레우의 생각과 '엘 시스테마'의 목표에 대해 알아본다.
- '엘 시스테마'가 개인과 사회에 미치는 영향은 무엇이며, '엘 시스테마'를 통해 빈민층 아이들이 변할 수 있는 가능성에 대해 살펴봄으로써 결국 예술은 누구를 위해 존재해야 하는지에 대해 생각해 본다.

(1) 성장 과정

호세 안토니오 아브레우(Jose Antonio Abreu)는 베네수엘라의 음악교육 프로그램인 엘 시스테마(El Sistema)를 창설해 빈곤층 청소년 교화사업을 펼쳐온 베네수엘라의 음악가이자 경제학자·사회운동가이다. 1939년 베네수엘라 트루히요에서 태어난 아브레우는 수도인 카라카스 소재 호세 앙헬 라마스 고급 음악학교에서 작곡, 피아노, 오르간 등을 배우고 조교수와 대작곡가를 거쳐 지휘자로서도 명성을 얻었다. 이후 미국 펜실베이니아 대학에서 경제학 박사학위를 받았고, 1960년대 초반에는 국회의원을 지내기도 했다. 36세가 된 1975년에는 베네수엘라 수도 카라카스의 빈민가 차고에서 빈곤층 청소년들의 교육 및 재활을 위해 전과 5범 소년을 포함한 11명의 청소년에게 사재를 들여 악기를 사주고 연주하는 방법을 가르치기 시작했다. 이후 정부의 지원을 받아 본격적으로 엘 시스테마 사업에 나섰다.

엘 시스테마는 빈곤층을 포함한 청소년들에게 무상으로 악기를 제공하고 오케스트라 훈련을 실시해 범죄, 마약의 유혹에서 구출하는 사회적 프로그램이다. 엘 시스테마는 1977년

스코틀랜드에서 열린 국제경연대회에서 입상하면서 국제무대에 알려지기 시작했다. 특히 아브레우 박사가 문화부 장관과 국가문화원장(1988~1994년)을 맡으면서 조직은 더욱 확대됐으며 2010년에는 200여 개 지부에 30만 명이 참여하는 전국적인 조직이 됐다.

(2) 가치 있는 도움

음악으로 베네수엘라 빈민촌을 탈바꿈시킨 '엘 시스테마'(El Sistema) 운동은 빈민층 아이들에게 무료로 악기를 나눠주고 오케스트라 활동에 참여시켜 범죄와 마약의 유혹에서 벗어나게 하는 데 목적을 둔 프로그램이다. 엘 시스테마 프로그램은 빈곤층 청소년 교육에 헌신한 베네수엘라의 지휘자, 작곡가이자 경제학자인 아브레우 박사에 의해서 시작되었다. 그가 빈곤층 사회운동을 시작한 때는 36세가 되던 1975년이다. 아브레우는 빈부차가 극심한 베네수엘라에서 고통받는 빈곤층 아이들을 위해 '엘 시스테마'라는 음악교육 프로그램을 고안하였고 정부에 제안해 지원을 받아냈다. 아브레우 박사는 엘 시스테마를 통해 거리를 배회하던 아이들에게 소속감을 주고, 책임과 의무, 배려 등의 가치를 익히게 했다.

그 결과 아이들은 물론이고 가족과 이웃들도 빈곤으로 인한 무질서와 범죄에서 벗어나는 등 엘 시스테마는 사회복지와 개혁의 실마리를 제공했다.

동영상 보기(1)

지난 35년간 엘 시스테마에 참가한 베네수엘라 청소년들은 30만여 명에 달한다. 현재 베네수엘라 전역 200여 개 센터에서 운영되고 있는 엘 시스테마는 멕시코를 포함해 라틴아메리카의 여러 국가로 전파돼 음악을 통한 청소년 교육, 나아가 사회 개혁에 기여하고 있다.

Caption 1

Q. 다음 물음에 적절히 답하시오.

1. 〈생각〉 지금 내가 하고 싶은 일을 하는 데에는 누구의 도움이 있다고 생각하는가?
2. 호세 안토니오 아브레우가 설립한 베네수엘라의 무상 음악 프로그램인 '엘 시스테마'는 어떤 역할을 하고 있는가?
3. 음악가로 세계적으로 활동하고 있는 에딕슨 루이즈와 구스타보 두다멜이 음악가가 되기까지는 개인의 노력뿐만 아니라 무엇이 필요했는가?

(3) 음악이 끼치는 영향력

아브레우 박사는 폭력과 범죄가 넘쳐나는 베네수엘라의 수도 카라카스의 빈민가 차고에서 11명에게 사재를 털어가며 악기를 사주고 연주하는 방법을 가르쳤다. 처음 무료로 클라리넷을 받은 전과 5범 소년은 "내가 악기를 들고 도망가지 않을 것이라고 아브레우 박사가 믿고 있어 놀랐다."고 했다. 아브레우 박사는 악기를 분실하거나 도난당하는 것에 상관없이 그들에게 총 대신 악기를 잡을 것을 요구했다. 이후 더 많은 빈민층 아이들이 음악 교육의 기회를 받을 수 있도록 정부에 제안해 체계적 시스템을 만들어낸 것이 '엘 시스테마'의 시초이다.

'엘 시스테마'는 이 조직을 거친 청소년들이 세계적 음악가로 성장하면서 더욱 명성을 얻었다. 지금은 남미 전역과 미국에까지 확산되었다. 베네수엘라의 대표적 청소년 오케스트라인 '시몬 볼리바르 오케스트라'의 지휘자인 구스타보 두다멜(Gustavo Dudalmel)은 지난해 미국 로스앤젤레스 필하모닉의 음악 감독이 됐다. 또 카라카스 빈민가 출신으로 더블 베이스를 연주했던 에딕슨 루이즈(Edicson Ruiz)는 17세 때 베를린 필하모닉에 최연소 입단해 세계적 주목을 받았다.

동영상 보기(2)

'엘 시스테마'는 다큐멘터리 영화로도 제작돼 지난달 국내에도 개봉됐다. 또 베네수엘라 기자 출신인 체피 보르사치니가 쓴 《엘 시스테마, 꿈을 연주하다》라는 책도 나와 독자들의 눈길을 끌었다. 아브레우 박사는 이번 수상과 관련한 소감으로 "빈곤층 청소년들에게 인생의 가치를 일깨워 줌으로써 건강한 사회 구성원으로서 사회에 봉사할 기회를 주려는 나의 노력이 인정받게 돼 영광스럽다."고 밝혔다.

Caption 2

Q. 다음 물음에 적절히 답하시오.

1. '엘 시스테마'의 효과를 느낄 수 있는 세 개의 근본적인 영역은 어디인가?
2. 음악을 배우는 아이들은 개인적으로 무엇이 개발되며, 이는 결국 사회적으로 어떤 영향을 미치는가?
3. 음악으로 구축된 정신세계는 결국 무엇을 이겨낼 수 있다고 말했는가?

(4) 예술의 존재 이유

엘 시스테마의 표어는 '연주하고 싸워라(to play and to fight)'이다. 음악을 연주한다는 목표와 이를 위해 자신과 싸워야 한다는 인내심의 표현이라고 할 수 있다. 엘 시스테마의 연주자들은 음악적인 완벽함을 추구하기 위해 끊임없이 노력하고 있으며, 꿈이 실현될 수 있도록 인내하고 또 인내하도록 교육받고 있다. 우리나라뿐만 아니라 전 세계에서 벤치마킹하려 하는 엘 시스테마!

엘 시스테마의 원칙은 간단하다. 악기를 잡을 수 있는 나이가 되면 아이들 각자에게 악기를 주고, 그들에게서 엘 시스테마에 속한 앙상블에서 연주하겠다는 약속을 받으면 수업료와 외출비 등 이 프로그램에 참여하는 데 드는 모든 비용이 무상으로 지원된다. 아이들의 레슨은 단계별, 수준별로 나뉘어서 그룹 형식으로 진행되는데, 이 레슨에서 중요한 부분은 상대적으로 높은 수준의 아이들이 아직 기초 단계의 아이들을 도와주고, 가르쳐 주는 것이다.

동영상 보기(3)

엘 시스테마를 통해서 뛰어난 음악가들이 점점 늘어나는 것을 보면서 클라우디오 아바도, 사이먼 래틀, 주빈 메타 같은 세계적인 거장들도 엘 시스테마에 대한 칭찬과 격려를 아끼지 않고 있다.

Caption 3

Q. 다음 물음에 적절히 답하시오.

1. 호세 안토니오 아브레우는 음악을 통해 무엇으로부터 아이들을 지킬 수 있다고 했는가?
2. 호세 안토니오 아브레우는 정신적 위기를 돌파하기 위해 무엇이 필요하다고 했는가?
3. 호세 안토니오 아브레우는 예술이 누구를 위해 존재해야 한다고 주장하는가?

9.4 용어해설과 연습문제

용어해설

:: 정강이뼈(정강뼈, tibia) : 종아리를 이루는 뼈 중 하나로, 무릎과 발목 사이에 위치하며, 다리를 사용할 때 체중을 지탱하는 역할을 한다. 정강이뼈는 종아리의 앞안쪽면에 있으며 몸에서 두 번째로 큰 뼈이다. 위아래로 뼈 끝이 확장되어 있어 관절면을 넓게 하여 체중을 전달하는 역할을 한다. 몸쪽끝은 안쪽관절융기(medial condyle)와 가쪽관절융기(lateral condyle)에 의해 넓어져 있으며 넙다리뼈와 관절을 이루어 위관절면(superior articular surface: tibial plateau)을 형성한다. 위관절면에는 반달(menisci)과 넙다리뼈와 정강이뼈 사이에 앞십자인대(전방십자인대, anterior cruciate ligament), 뒤십자인대(후방십자인대, posterior cruciate ligament), 곁인대(collateral ligament) 등의 무릎 주요 인대가 붙는 부분을 제공한다. 정강이뼈의 앞모서리는 가장 튀어나온 모서리로 이것과 인접한 종아리의 안쪽 면은 정강이(shin)이라고 한다. 정강이뼈의 먼쪽끝은 몸쪽끝보다 작으며 안쪽으로만 확장되어 있는데 이곳을 안쪽복사(내과, medial malleolus)라고 하며 목말뼈와 관절을 이룬다.

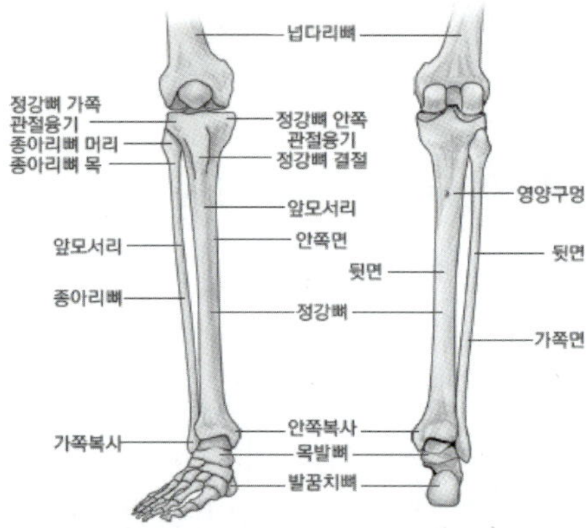

오른쪽 다리를 앞에서 본 모양 오른쪽 다리를 뒤에서 본 모양

:: 수단(Sudan) : 정식 명칭은 수단공화국(Republic of the Sudan)으로, 면적은 250만5,813km^{2}로 아프리카 대륙 최대 크기이며, 인구는 4,021만8,450명(2008년 현재), 수도는 카르툼(Khartoum)이다. 인종은 흑인이 55%, 아랍인이 39%, 베자족이 6%이며, 약 597개의 부족으로 복잡하게 구성되어 있다. 주요 언어는 아랍어이나, 135여 종의 아프리카 부족어가 사용되며, 상부층에서는 영어가 널리 통용된다. 종교는 수니파 이슬람교가 70%를 차지하며, 기독교가 25%, 원시종교가 5%를 점유한다. 기후는 열대대륙성 기후이다. 전형적인 후진국형 경제로서 경제구조의 낙후성과 저생산, 저소득, 만성적 국제수지 적자 등으로 특징지어진다. 그러나 농업 잠재력과 부존되어 있는 원유자원 및 철광석 · 우라늄 · 목재 등 미개발 자원이 풍부하여 경제개발 가능성이 매우 높은 국가이다. 한때 미국 회사 등에서 석유채굴을 추진하여, 석유 수입국으로부터 탈피할 수 있을 것으로 전망되기도 하였으나, 남북 내전의 격화로 공사가 1984년 중단되었다. 2007년 현재 국민총생산은 461억

5,500달러이며, 1인당 국민소득은 1,242달러이다. 이 나라는 대통령 중심제의 공화제이며, 의회는 양원제로 구성되어 임기 각 6년의 상원(50석)과 하원(450석)으로 구성되어 있다. 주요 정당으로는 국민회의당, 민족민주연합 등이 있다.

:: **베네수엘라(Venezuela)** : 정식명칭은 베네수엘라 볼리바르 공화국(Republica Bolivariana de Venezuela)이다. 동쪽으로 가이아나, 서쪽으로 콜롬비아, 남쪽으로 브라질과 접하며 북쪽으로는 카리브 해와 접해 있다. 에스파냐의 정복자가 마라카이보(Maracaibo) 호수에 세워진 인디오 가옥을 보고 베네치아를 연상하여 작은 베네치아라는 뜻으로 국명이 지어졌다. 석유수출국기구(OPEC) 가입국이며, 세계 5위 석유수출국으로 석유 관련 수출품이 수출의 약 90퍼센트를 차지한다. 차베스(Chavez) 대통령은 미국 주도의 신자유주의에 기반한 세계화의 흐름에 반대하는 좌파정권으로, 석유를 중심으로 지역 내 영향력 제고 및 지역경제통합에 선도적 역할을 하고 있다. 연방공화국으로서, 행정구역은 22개 주, 1개 준주(아마조나스), 1개 연방구(수도권 지역), 1개 연방자치령(72개 섬으로 구성된 11개 연방통제군도)으로 이루어져 있다.

:: **CG(computer graphics)** : 컴퓨터에 의한 영상처리. 미국 매사추세츠공대(MIT) 박사과정을 이수하고 있던 이반 서덜랜드가 1963년에 발표한 "스케치패드 시스템"에 관한 논문에서 시작되었다. 실제로 볼 수 없는 화상을 표시할 수 있다는 이점이 있고 컴퓨터가 출력하는 정보를 시각화하기 때문에 응용범위가 넓다. 최근에는 CG로 약칭되는 경우도 많다. 현재 의약품 개발, 지도, 측량, 디자인 분야 등 다양한 시스템이 개발되어 실용화되고 있다.

연습문제

01. 에이미 멀린스의 1백 미터 최고 기록은 15.77초이고 멀리뛰기 기록은 3.5미터이다. 사람들이 부르는 그녀의 별명은?
① 원더우먼 ② 슈퍼우먼
③ 스프린터 ④ 영화배우

02. 에이미 멀린스가 'TED' 강연에서 진짜 장애를 무엇이라고 하였는가?
① 억눌린 마음 ② 억눌린 영혼
③ 사회적 비난 ④ 내면의 좌절

03. 임마누엘 잘은 자신의 고향 수단에 교육시설을 짓기 위하여 하루 한 끼만 먹는다고 한다. 그의 식사는?
① 아침 ② 점심
③ 저녁 ④ 간식

04. 임마누엘 잘이 2004년 발표한 첫 앨범 이름은?
① SPLA ② SUDAN
③ AFRICA ④ GUA

05. 에이미 멀린스는 '진정한 장애'를 무엇이라고 표현하는가?
① 억눌린 장애 ② 상실된 장애
③ 표현된 장애 ④ 심리적 장애

06. 다음 중 수단의 정치 제도와 가장 관계가 먼 것은 무엇인가?
① 대통령 중심제 ② 입헌 군주제
③ 양원제 ④ 복수 정당제

07. 다음 중 호세 안토니오 아브레우가 시작한 무상 음악 교육 프로그램인 '엘 시스테마' 출신 음악가가 아닌 사람은?
① 구스타보 두다멜 ② 에딕슨 루이즈
③ 시몬 볼리바르 ④ 마누엘 로페즈

08. 다음 중 '엘 시스테마'의 표어는 어떤 것인가?

① 인내하고 연주하라 ② 연주하고 이겨라
③ 꿈을 갖고 연주하라 ④ 연주하고 싸워라

09. 호세 안토니우 아브레우가 2010년에 한국에 와서 받은 상은 어떤 것인가?

① 서울 평화상 ② 노벨 평화상
③ 세계 지도자상 ④ 라프토 인권상

10. 다음 중 임마누엘 잘의 첫 싱글은 어떤 것인가?

① The World Is Yours ② All We Need Is Jesus
③ The Last American Man ④ All That I Got Is You

연습문제 – 단답형

01. 임마누엘 잘은 지금 아프리카에 필요한 것이 '이것'과 '교육시설'이라고 하였는데, '이것'은 무엇인가?

02. 임마누엘 잘은 자신을 스스로 뭐라고 부르는가?

03. 호세 안토니오 아브레우는 정신적 위기를 돌파하기 위해 무엇이 필요하다고 했는가?

04. 에이미 멀린스는 ( )가 개인의 능력을 현실로 이끌어내는 것을 방해한다고 하였다. 위의 ( ) 안에 들어갈 말은 무엇인가?

05. 에이미 멀린스의 친구들이 의족으로 인해 키가 커진 그녀를 보고 질투 섞인 말을 한 이유는, 장애를 지닌 사람들이 때때로 일반인들보다 더 많은 것을 '이것'하고 변화시킬 수 있기 때문일 것이다. '이것'은 무엇인가?

06. 흑인들의 애환을 담은 재즈는 동양인으로서는 극복하기 어려운 음역이었지만 나윤선이 이를 극복하고 자신의 독특한 음역을 개척하였는데, 이는 끊임없는 노력의 결과였다.
"(　　　　)은 없다, 노력하라."는 것이 나윤선의 신념이었다. 위의 (　　) 안에 들어갈 말은?

07. 음악으로 베네수엘라 빈민촌을 탈바꿈시킨 운동의 이름은 무엇인가?

08. 호세 안토니우 아브레우는 음악으로 구축된 정신세계는 결국 무엇을 이겨낼 수 있다고 말했는가?

09. 이마누엘 잘이 깨달은 전쟁의 원인은 무엇인가?

10. 엘시스테마의 효과를 느낄 수 있는 세계의 근본적인 영역은 각각 무엇인가?

11. 에이미 멀린스는 역경을 무엇에 비유하였는가?

✦ 본문출처(사이트)

네이버 사전, 백과사전
EBS 직업의 세계
KBS 글로벌 성공시대
TED
http://cafe.naver.com/2871007/2500
http://holydio80.blog.me/100102601145
http://blog.naver.com/ayun501?Redirect=Log&logNo=30122349908
http://dlswk41.blog.me/30094498840
http://blog.naver.com/cr_mind?Redirect=Log&logNo=50110456122
http://www.youtube.com/watch?v=SG5Iu8x-eTU

PART

X 문화스포츠 분야의 글로벌리더 (Ⅱ)

히딩크 감독의 자신감

히딩크 감독은 감독에게 필요한 중요한 자질은 자기 능력과 분명한 자기 믿음, 강한 자신감이라고 하였다. 그는 주어진 목표를 향해 매진(Proceed)할 수 있는 추진력을 말하고 있다. 물론 감독은 주변에서 하는 말들을 모두 성실하게 귀담아 듣는 자세가 전제가 되어야 한다. 그렇지만 중요한 것은 그것들은 참고 사항일 뿐 감독은 자신의 소신이 흔들리면 안 된다는 자신감에 대한 말을 한 것이다.

출처: 삼성경제연구소, 〈ISSUE Paper〉, 2002.6

PART

X

문화스포츠 분야의 글로벌리더(Ⅱ)

문화스포츠 분야의 글로벌 리더들의 창의력과 상상력, 그리고 호기심이 뛰어난 인물들을 뿐만 아니라 지구력과 인내력, 그리고 도전정신이 뛰어난 것이 특징이다.창의적인 사고로 이 시대의 문화를 이끌어 가는 인물들의 새롭고 독특한 사고방식을 살펴보고, 이들이 자신의 일에 대해 꿈꾸고 그 꿈을 이루어 나가기 위해 노력한 것들을 보면서 그들의 삶을 우리의 삶에도 투영시켜 본다.

10.1 미지의 세계를 현실로

Prologue

- 영화 '타이타닉', '아바타'로 유명한 제임스 카메론이 어릴 적부터 키운 공상과학과 바다에 대한 꿈과 그 꿈을 이룬 과정을 살펴본다.
- 눈에 보이지 않는 미지의 세계에 대한 호기심과 모험심을 바탕으로 영화뿐 아니라 탐험가로서의 꿈을 이룬 제임스 카메론의 삶의 태도를 배워 본다.

(1) 성장 과정

제임스 카메론(James Cameron)은 1978년 캐나다 온타리오 주 카푸스카싱(Kapuskasing)에서 태어났다. 플러톤 대학을 다닐 때 물리학과 영문학에 큰 관심을 보였으며 서던캘리포니아 대학교의 촬영소를 방문할 기회를 얻었다. 그는 소설가가 되기 위해 대학을 중퇴한 후, 영화에 흥미를 갖고 단편영화를 만들기 위해 트럭 운전수로 일했다. 그러던 중 1977년 영화 '스타워즈'를 관람하는데, 그는 영화를 보자마자 바로 운전수 일을 그만두고 영화 제작소를 찾았다. 제작자 로저 콜먼 스튜디오에서 일하다가 1980년 그의 아래에서 영화 '베틀 비욘드 더 스타즈'로 예술 감독으로 데뷔한다. 1981년 영화 '피라냐 2'에서 첫 감독을 맡았다. 1984년 영화 '터미네이터'로 대성공하면서 공상과학 액션 영화의 정상으로 우뚝 서게 되었다.

(2) 영화 제작자의 길

제임스 카메론은 영화 '피라냐 2'로 감독 데뷔를 했다. 그렇지만 비평가들로부터 죠스의 아류작이란 비평을 들으며 새로운 영화를 제작해야만 했다. 이후에 만든 영화가 '터미네이터'였다. 당시의 관행에 비해서 매우 저렴한 예산으로 영화를 제작했지만, 결과는 상상을 초월하였다. 이 영화는 1984년 〈타임〉지 선정 10대 영화 안에 들어갔다. '터미네이터'는 그가 시나리오와 각본까지 직접 쓴 작품이었다. 자신의 영화가 성공한 이후, 그는 새로운 영화 제작에 들어갔다. 자료 수집기간 5년, 제작 기간 2년, 역사상 최고의 제작비, 미 박스 오피스 14주 연속 1위 등 많은 수식어를 낳은 영화 '타이타닉'이었다.

(3) 모션 캡처의 시대는 끝났다

CG와 감성의 결합되는 이모션 퍼포먼스 캡처 방식이 전격 도입되었다. 그간 관객들을 매료시켰던 수많은 영화들은 모션 캡처라는 방식을 사용해 CG를 표현해 왔다. 모션 캡처는 배우들의 몸에 센서를 부착해 그들의 움직임을 읽어낸 뒤, 후반 작업을 통해 CG를 완성시키는 방식이다. 모션 캡처 방식에는 몇 가지 한계가 있다. 그 첫 번째는 전신을 CG 처리해야 할 경우, 배우들의 얼굴에 부착된 센서로 인해 손으로 얼굴을 만지거나 가리는 연기가 불가능했던 것이고 두 번째는 배우의 표정에 대한 섬세한 표현이 이루어지지 않았던 것이다. 이에 제임스 카메론 감독은 이모션 캡처 기술 및 가상 카메라(Virtual Camera)를 개발, CG 캐릭터들을 감정이 살아 있는 실제 인물과 같이 생생하게 탄생시켰다. 모션 캡처(Motion Capture)에 'e'를 더해 이모션 캡처(Emotion Capture), 즉 감정까지도 CG화한 것이다.

먼저 이모션 캡처는 배우들이 머리에 초소형 카메라를 쓰고 연기를 하면 카메라가 얼굴 전체를 실시간으로 캡처해 모공의 움직임까지도 CG화하는 기술이다. 그간 분장 기술과 모션 캡처를 이용했던 영화들이 눈동자의 움직임과 핏줄이 비치는 피부의 투명성을 표현하지 못해 사실성이 떨어졌던 것에 반해 이모션 캡처 기술은 동공 크기의 변화, 눈썹의 미세한 떨림까지도 카메라가 잡아낼 수가 있기 때문에 〈아바타〉 속 CG 캐릭터들은 실제 사람의 피부처럼 강렬한 햇빛이 비칠 때는 핏줄이 살짝 비치는 듯한 반투명한 피부로 표현되었고, 표정과 근육의 움직임이 세밀하게 CG화 되어 마치 실존하는 생명체를 보는 듯한 착각을 불러일으키게 된다.

이모션 캡처가 CG 캐릭터에 생명력을 불어 넣었다면, 가상 카메라는 연기력을 부여했다. 이를 통해 감독이 배우에게 연기를 지시한 후 CG화하였을 시 발생할 수 있는 오차를 최소화하고, 실제 영화 속 환경에서 캐릭터에게 연기를 지시하는 듯한 방식을 통해 영화의 사실성을 더욱 더 끌어 올렸다. 이렇게 이모션 캡처와 가상 카메라를 이용해 제작된 영상은 〈반지의 제왕〉을 탄생시킨 웨타 디지털의 섬세한 작업을 거쳐 고화질의 최종 이미지로 다시 태어나게 된다.

동영상 보기(1)

영화 타이타닉이 공전의 히트를 친 후, 거의 강산이 한 번 바뀔 만한 시간이 흐른 2009년 어느 날 그의 새로운 영화가 발표되었다. 그의 영화는 다시 한 번 사람들의 시선을 고정시켰다. 바로 '아바타'였다. 그동안 영화의 특수효과의 대세가 CG라면, 그의 영화는 한 차원 진일보한 3D로 특수효과의 새로운 지평을 열었다. '아바타'는 그동안 세운 '타이타닉'의 거의 모든 기록들을 갈아치웠다.

Caption 1

Q. 다음 물음에 적절히 답하시오.

1. 〈생각〉 최초의 3D 영화인 '아바타'를 접했을 때 어떤 생각이 들었는가?
2. 어릴 적 제임스 카메론은 어떤 사람이었는가?
3. 그가 영화 제작자라는 직업을 선택한 이유는 무엇인가?
4. 영화 '어비스'를 제작하면서 그가 영화에 최초로 도입한 것은 무엇인가?

(3) 새로운 도전

제임스 카메론은 인간이 살아남기 힘든 미지의 해저 세계로 떠나고자 한다. 그의 목적지는 '챌린저 딥(Challenger Deep)'이라 불리는 마리아나 해구의 최심부이다. 그곳은 단 한 번도 햇빛이 닿지 않은 심연으로 평균 수온은 섭씨 2.6도이며, 제곱센티미터당 1톤 이상의 압력이 가해지는 곳이다. 지구상에서 가장 깊은 해저, 마리아나 해구를 탐험하기 위해 무엇보다 필요한 것은 바로 해저의 치명적인 압력을 견딜 수 있는 잠수함이다. 카메론이 탐험할 11km 아래 챌린저 딥은 찰나의 순간에 인간을 으스러뜨릴 수 있는 위험한 곳이므로, 그는 자신이 직접 설계에 참여하였다. 오랜 시간 끝에 완성된 '딥씨 챌린저(Deepsea Challenger)' 호는 어마어마한 무게의 자재가 표면을 둘러싸고 있으며 그 안에는 지름 109cm의 구체가 있다. 이 속에서 카메론은 잠수함을 조종하게 된다. 만약 이 자재들이 압력에 찌그러지면 구체는 파열되고 그의 여행은 끝이 나게 된다.

동영상 보기(2)

이 잠수함은 물속에서 똑바로 서 있는 녹색 어뢰처럼 보인다. 잠수를 시작하면 마치 총알처럼 회전하면서 바다 속으로 빠르게 내려가는 것이 특징이다. 그는 잠수함에 '수직 어뢰'란 별명을 붙였다. 이제 카메론은 시험 운전을 앞두고 있다. 과연 그의 잠수함이 마리아나 해구로부터 그를 보호할 수 있을까?

Caption 2

Q. 다음 물음에 적절히 답하시오.

1. 제임스 카메론이 세운 'Digital Domain'이라는 회사의 설립목적은 무엇인가?
2. 그가 '타이타닉'이라는 영화를 제작하면서 실제로 하고 싶었던 것은 무엇인가?
3. 그의 어렸을 때 꿈은 무엇이었으며 그 일의 매력을 뭐라고 했는가?
4. 그는 심해 탐사가 무엇과 비슷하다고 했는가?
5. 그가 심해를 탐사할 수 있었던 것은 결국 무엇 덕분이었는가?

(4) 삶의 깨달음

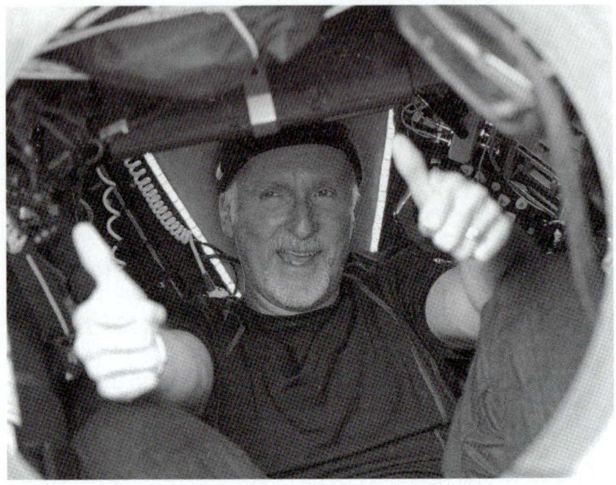

한국 시간으로 2012년 3월 26일, 카메론은 지구상에서 가장 깊은 마리아나 해구를 향해 잠수했다. 그는 순식간에 수면에서 멀어지면서 2분 만에 300미터를 내려갔다. 그러나 이 순간에도 위험은 언제나 도사리고 있었다. 잠수함을 누르는 물의 압력과 내부에서의 화재이다. 만약 잠수함 내부에 물이 들어온다면 그것은 끝이다. 단위 제곱센티미터당 1톤이 넘는 압력을 받기 때문에 선실은 그 즉시 파열되어 부서지게 된다. 실제 잠수함은 해저로 내려가면서 압력에 의해 약 7cm가 줄어든다. 또한 내부에서 화재가 발생하면 많은 산소가 소모되고, 전기 화재일 경우 단열재가 타면서 유독가스가 발생하기 때문에 화재도 조심해야 한다.

그는 햇살이 들어올 수 있는 최후 도달 지점 1,000미터를 지나 타이타닉 호가 최후를 맞이한 3,800미터 지점을 겨우 몇분 만에 내려갔다. 마리아나 해구 바닥에 도착한 후, 그는 표본을 채취하고 다양한 해저 사진과 촬영을 하며 시간을 보냈다. 대략 6시간의 탐험이지만 제임스 카메론은 1960년 '트리에스테(Trieste)'를 타고 마리아나 해구를 탐사한 해양학자 자크 피카르(Jacques Piccard)와 미 해군 중위 돈 월시(Don Walsh)에 이어 세 번째로 지구 최심부를 탐사한 사람이 되었다.

동영상 보기(3)

영화 '타이타닉', '아바타'의 감독 제임스 카메론! 그러나 그의 어릴 적 꿈은 영화감독이 아닌 해양 학자였다. 그는 3천 시간 이상을 물속에서 지낸 수준급 스쿠버 다이빙 실력을 갖추고 있으며, 실제 영화 '타이타닉' 촬영을 준비하며 12번이나 직접 잠수를 했다. 지금까지 7개의 해저 탐사 프로젝트를 지휘했으며 심해 잠수 경력은 70회가 넘는다. 또한 그는 수중 촬영기법, 수중 조명기법, 원격 기기조종 등 심해 촬영기술의 발전에 크게 공헌했다. 이 같은 기술적 발전에 힘입어 제임스 카메론은 다큐멘터리 제작에 눈을 돌렸고 어스십 프로덕션(Earthship production)이라는 제작사를 설립, 평소 애착을 갖고 있던 해양 탐사 및 해양 생태 보존에 관한 콘텐츠를 본격적으로 개발하기 시작했다. 그리고 2011년 6월, 내셔널지오그래픽협회 주재 탐험가로 임명되어 지구와 인류를 위한 다양한 해양 탐사와 연구를 하고 있다.

Caption 3

Q. 다음 물음에 적절히 답하시오.

1. 제임스 카메론은 '타이타닉'이 성공한 후 무슨 일을 시작했는가?
2. 그가 난파선인 타이타닉 호를 어떤 방법으로 탐사했는가?
3. 로봇을 통해 타이타닉 호를 보았는데 데자뷰라고 느껴진 까닭은 무엇인가?
4. 그가 실제로 난파선인 타이타닉 호를 탐사하면서 어떤 깨달음을 얻었는가?
5. 이러한 삶을 통해 그가 이룬 것은 무엇인가?

❍ 월트 디즈니(Walt Disney)의 창의성 전략

월트 디즈니는 놀라운 상상력을 가졌고 창조적인 꿈을 꾸는 사람이었다. 그는 어떤 형태의 문제에도 사용될 수 있는 창의성 전략으로 자신의 작품이 사람들에게 지속적으로 즐거움을 줄 수 있도록 하는 데에 있어 매우 창의적이고 탁월한 사람이었다. 다음은 창의성 전략의 과정을 설명한 것이다.

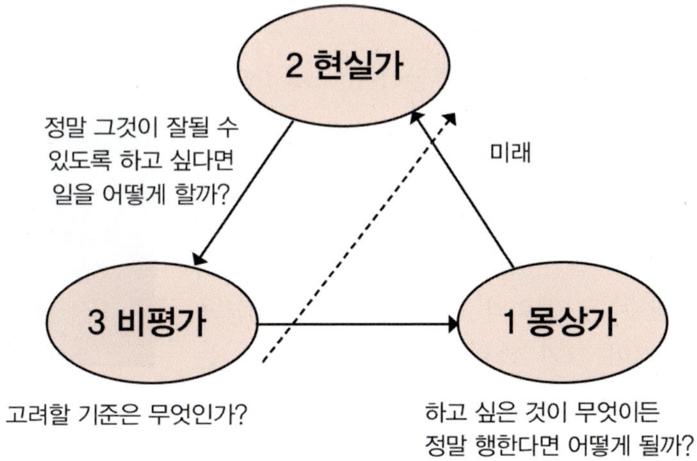

[그림 10.1] 창의성 전략 과정

몽상가는 현실가에게 아이디어를 주고, 현실가는 그것을 본보기로 개발하면, 비평가는 그 개발 결과를 평가한다. 현실가에게서 온 결과가 비평가에게 만족하지 않으면, 비평가는 몽상가에게 적합한 비전을 제시하거나 현실가에게 세부사항을 끝내게 하는데, 이때 비평가가 결과를 만족할 때까지 이 사이클이 반복해서 돌아간다. 특히, 오늘날 융합사회에서의 성공 사례를 보면 이러한 사이클을 많이 볼 수 있다.

출처: 박진희, 최인화 옮김, jobEQ를 코칭하라》, (주)한국비즈니스 코칭, 2011.5

10.2 스턴트 연기를 위해

Prologue

- 위험한 일로만 간주되었던 스턴트 연기를 보다 안전하게 이끌려고 노력하는 스티브 트루글리아의 도전을 살펴본다.
- 그가 '우주에서 점프하기'를 성공적으로 안전하게 이끌기 위해 과학과 신기술을 스턴트 산업에 도입하는 과정을 알아본다.

(1) 성장 과정

스턴트 산업의 창시자 스티브 트루글리아(Steve Truglia)는 1962년 영국 런던에서 출생하였다.

영국군 특수부대에 지원하면서 강인한 체력과 특수 훈련, 특히 낙하산 점프를 2400회 이상 성공시키고, 마라톤, 크로스 컨트리, 철인 3종 경기, 암벽 등반, 레이싱, 카누, 심해 잠수 등 체력과 기술을 요하는 스포츠에 관심을 가진 것이 그가 스턴트맨으로서 삶을 사는 계기가 되었다.

(2) 스턴트맨의 매력

영화가 처음 시작되었을 때에는 배우가 직접 스턴트도 해야 했다. 그러나 이제 과학기술의 발달과 향상된 신체 능력으로 인해 전문 스턴트 배우가 있어서 그들이 대신하게 되었다. 최근에는 그린 스크린의 도입으로 스턴트 장면 위에 어떤 장면이든 삽입할 수 있게 되었다.

동영상 보기(1)

스티브 트루글리아의 이야기를 들어보자.

Caption 1

Q. 다음 물음에 적절히 답하시오.

1. 드라마나 영화에서 볼 수 있는 스턴트맨이라는 직업에 대해 어떻게 생각하는가? 이들의 안전을 지켜주는 것은 무엇일까?
2. 스티브 트루글리아는 스턴트 일을 하면서 무엇을 제일로 생각하는가?
3. 화재 연기를 하는 스턴트 연기자들을 지켜주는 것은 무엇인가?
4. 공중에서 날아가는 연기를 하는 스턴트 연기자들을 위해 개발된 기술은 무엇인가?

(3) 새로운 것에 대한 도전

미 공군은 우주비행사가 대기권 상층부에서 낙하산을 이용해 탈출할 수 있는지를 실험하는 프로젝트 엑셀시오르를 추진하였다. 조셉 키팅거(Josseph William Kittinger II)는 이 프로젝트에 참여하여 1960년 세계 최초로 31km 높이에서 뛰어내려 성공을 하였다. 스티브 트루글리아는 고도 36.6km(22마일)에서 이 기록에 도전할 예정이다. 그곳은 공기가 희박하고 기온은 영하 50도이다. 9km부터 산소가 부족해지고 9~15km 가압호흡 내중력복이 필요하고, 15km 이상이면 우주복이 필요하다. 30km 이상은 항공기도 다니지 않는 곳이다. 그래서 그곳에 가려면 초대형 가스 풍선이 필요하다. 이는 단순히 스릴과 재미를 찾고 세계기록을 세우려는 점프 이상의 의미를 가지고 있다. 우주점프에 맞는 우주복을 찾으면서 새로운 분야의 기술을 볼 수 있기 때문이다. 지상 최대의 서커스라고 생각하고 즐겨보라.

동영상 보기(2)

스티브 트루글리아의 이야기를 들어보자.

Caption 2

Q. 다음 물음에 적절히 답하시오.

1. 샤넬의 5번째 기어쇼에서 스티브 트루글리아가 담당하게 된 '세계 최대의 루프차 타기'를 성공적으로 이끌기 위해 어떤 분야의 도움을 받았는가?
2. 1960년 조셉 키팅거라는 군인은 어디의 몇 미터의 높이에서 뛰어내렸는가?
3. 가압호흡이 필요한 구간은 어디인가?
4. 15.2km 위에서는 무엇이 필요한가?
5. 〈생각〉 1960년대에 이런 점프가 어떻게 가능했을까?

(4) 도전의 이유

스티브 투르글리아는 전문 풍선 팀의 도움을 받아 풍선을 타고, 세계에서 오직 하나뿐인 우주복을 입고 새로운 도전을 하려고 한다.

그가 공중에서 보내게 될 시간은 낙하산이 펼치기 전까지 7분 정도 소요될 것이며, 지상에 도착할 때에 이르면 음속보다 더 빠른 속도로 하강하게 된다. 지금까지 이렇게 빠른 속도를 비행기를 타지 않은 채 체험한 사람은 없었으며, 이것이 사람의 몸에 어떤 영향을 미칠 지에 대해서도 예측이 불가능한 상황이다.

성층권의 상부에서 하강해야 하는 스티브는 일반적인 스카이다이빙 복장과는 다른, 우주 비행사에게 요구되는 보호 장비를 착용해야만 한다. 성층권에는 높이에 따라 온도가 계속 하강하는 지점과 반대로 상승하는 지점이 존재하는데, 최저 -100도까지 기온이 떨어지는데다 오존층을 통과하기 때문에 보호장비는 필수사항이라고 할 수 있다. 물론 그 외에도 위험한 요소는 한두 가지가 아니다.

동영상 보기(3)

스티브 트루글리아의 이야기를 들어보자.

Caption 3

Q. 다음 물음에 적절히 답하시오.

1. 스티브 트루글리아가 처음에 찾은 우주복을 입을 수 없었던 이유는 무엇인가?
2. 그가 입을 우주복은 무엇인가? 몇 겹으로 되어 있으며 무게는 어떠한가?
3. 〈생각〉 그가 이러한 도전을 하는 것은 무엇 때문일까?

10.3 작가라는 꿈을 지키기 위해

Prologue

- 《먹고 기도하고 사랑하라》라는 책으로 유명해진 엘리자베스 길버트의 강연을 통해 창의적인 직업을 가지고 있는 사람들에 대해 우리가 어떤 선입견을 가지고 있는지 생각해 본다.
- 그녀가 앞으로도 자신의 꿈이었던 작가를 하기 위해서는 어떤 생각을 가지고 살아가야 하는지에 대한 이야기를 들으며 그녀의 삶의 태도를 살펴본다.

(1) 성장 과정

엘리자베스 길버트(Elizabeth Gilbert)는 1969년 코네티컷 주의 워터베리에서 태어났으며 코네티컷의 리치필드의 크리스마스 트리 농장의 작은 가정에서 자랐다. 이웃이 없는 한적한 시골에서 자랐고 TV나 레코드 플레이어조차 가지고 있지 않았다. 따라서 그녀는 여동생과 작은 책을 쓰면서 놀았다. 1991년 뉴욕 대학에서 정치학 학사 학위를 받았고 그 후 요리사, 웨이트리스, 잡지사 직원 등으로 일했다. 1997년 길버트의 첫 책, 짧은 이야기들의 모음인 《필그림》으로 푸시카트 상을 수상했고 헤밍웨이 어워드의 결승자에 올랐다. 2000년 두 번째 소설 《스턴맨》은 뉴욕 타임즈에서 '주목할 만한 도서'에 선정되었고 2002년 《마지막 미국인》은 내셔널 북 어워드에 후보로 지명되었다. 2006년 《먹고 기도하고 사랑하라 (Eat, Pray, Love)》는 〈뉴욕 타임즈〉의 논픽션 베스트셀러 순위에 2006년 봄부터 2008년 10월까지 88주간 올라 있었다. 2010년에는 콜럼비아 픽쳐스에 의해 영화화되었다. 2008년 〈타임〉지에 세계에서 가장 영향력 있는 100인 중 하나로 뽑혔다.

(2) 작가의 삶

베스트셀러 작가든, 무명작가든, 작가 지망생이든 간에 글을 쓰는 사람들에겐 한 가지 공통점이 있다. 바로 '창작의 고통'이다. 글을 쓰는 한 그 누구도 피해갈 수 없으며 '창작'의 무게를 이기지 못한 사람들은 결국 글쓰기를 포기하거나 스스로 생을 마감하는 극단적이고 비극적인 일이 벌어질 정도로 그 고통은 우리의 상상을 초월한다. 성공한 작가의 경우 그 압박은 더 심하다. 전작이 큰 인기를 끌게 되면 "내가 과연 더 나은 작품을 쓸 수 있을까?" 하는 고민에 휩싸여 점점 자신감이 결여되고, 스스로의 재능을 의심하는 일이 반복되며 어디론가 도망치고 싶은 마음이 간절해진다. 심지어 '나는 이 일을 하기 위해 태어났다', 즉 글쓰는 일을 자신의 소명이라 믿는 사람들조차도 끊임없는 두려움과의 사투를 벌여야 한다. 글쓰는 일은 참으로 끔찍한 일인 동시에 거룩한 도전이 아닐 수 없다.

2013년 발표한 ≪모든 것의 이름으로≫는 철저한 고증과 치밀한 인물 묘사, 강렬하고 우아한 문체를 통해 19세기의 뛰어난 여성 식물학자 앨마 휘태커의 일대기를 장대하게 그려 낸 대작 장편소설로 발표 즉시 "작가 경력 20년을 통틀어 가장 야심차고 상상력 넘치는 작품"이라는 평가를 받으며 베스트셀러 상위를 기록, 소설가로서 역량을 다시 한 번 입증했다.

동영상 보기(1)

그녀는 자신의 아버지에 대해서 말한다. "나의 아버지는 화공학자로 40년을 일하셨는데, 화공학자로 일하는 것이 두렵냐고 묻는 것을 한 번도 들은 적이 없어요."

Caption 1

Q. 다음 물음에 적절히 답하시오.

1. 〈생각〉 '작가'라는 직업을 생각하면 어떤 것들이 연상되는가?
2. 엘리자베스 길버트가《먹고 기도하고 사랑하라》라는 베스트셀러를 쓴 후 사람들은 그녀에 대해 어떤 걱정을 하는가?
3. 그러한 사람들의 반응을 처음 경험한 것은 언제였는가?
4. 작가나 예술가 같은 창의적인 직업을 가진 사람들이 정신적으로 불안하다는 편견은 무엇 때문이라고 했나?

(3) 작가의 사색

창의적 일을 하는 사람들을 천재라고 생각하며 지나친 기대와 우려를 하는 사람들에 대한 일종의 푸념이랄 수도 있고 창의적 일을 하는 모든 사람들의 부담을 덜어주는 혁신적인 아이디어 일 수도 있다.

로마 시대의 사람들은 '지니어스'를 자아도취와 비슷한 개념으로 생각했고, 고대의 예술가들은 이를 보호해주었다. 이 말은 작품의 결과가 아주 좋은 경우 예술가 혼자가 한 일이 아니라 그 예술가의 육체로부터 분리된 별도의 존재인 '지니어스'가 도와준 것으로 생각했었다는 것이다. 그 반면에 엉터리 같은 작품이 나와도 마찬가지로 예술가 혼자만의 잘못이 아니라고 평가했다. 그렇다면 그녀가 말하고 싶어하는 '지니어스'란 무슨 뜻일까?

동영상 보기(2)

그녀가 쓴 책이 국제적 베스트셀러가 된 후 주변의 사람들이 그녀를 걱정한다고 한다. 과연 그녀의 주변 사람들이 그녀를 왜 걱정하는 걸까? 걱정을 한다면 무슨 내용의 걱정일까? 함께 알아보도록 하자.

Caption 2

Q. 다음 물음에 적절히 답하시오.

1. 엘리자베스 길버트는 자신의 책이 베스트셀러가 된 후 어떤 이유로, 어떤 문제에 대해 사색하게 되었는가?
2. 그리스와 로마 시대에는 창의성이 어디에서 나오는 것이라고 생각했고, 또 그것을 뭐라고 불렀는가?
3. 고대 사회에서 가졌던 창의성에 대한 개념은 언제부터 변하기 시작했는가?
4. 그녀는 현재까지 이어진 창의성에 대한 개념에 대해 어떤 생각을 가지고 있는가?

(4) 작가의 꿈

여러 세기 전 북아프리카 사막에 살던 사람들은 달빛 아래에 모두 모여서 밤새도록 종교 댄스와 음악을 즐겼는데, 이러한 모임은 다음 날 새벽까지 계속 되었다고 한다. 그들은 전문 댄서였기에 공연은 언제든지 굉장히 멋있었다고 한다. 그런데 아주 가끔 어쩌다 한 번 신기한 일이 생기곤 했는데 그것은 춤추는 댄서 중 한 명이 초월 상태로 들어간다는 것이다. 과연 그녀는 여기서 초월 상태에 대해서 어떤 이야기를 우리에게 전해주려고 하는 것일까? 함께 들어보도록 하자.

동영상 보기(3)

춤을 추는 댄서에게 불안감이 찾아온다. 나이는 들었고 무릎이 아프다. 과연 아름다운 공연을 다시 한 번 할 수 있을까라는 고민에 빠진다. 과연 이 댄서는 그 전에 어떤 공연을 하였을까?

Caption 3

Q. 다음 물음에 적절히 답하시오.

1. 〈생각〉 자신의 생활 속에 '지니어스'라는 개념을 도입한다면 어떤 변화가 있을까?
2. 옛날 북아프리카 사람들은 댄서가 초월 상태로 들어가는 것을 어떤 힘이라고 생각했는가?
3. 그럴 때 외쳤던 '알라'라는 말은 스페인에서 어떤 말로 변했으며 현재 어떤 상황에서 사용되는가?
4. 엘리자베스 길버트는 새 책에 대한 두려움을 느낄 때 스스로에게 뭐라고 말하는가?
5. 엘리자베스 길버트는 앞으로도 자신의 꿈이었던 작가를 하기 위해서는 어떤 생각을 가지고 살아가야 한다고 했는가?

10.4 용어해설과 연습문제

용어해설

:: **아바타(avatar)** : (힌두교, 불교에서 신의) 화신(化身), 컴퓨터의 아바타

:: **피라냐** : 남미산의 작은 물고기. 살아 있는 동물을 떼로 공격하여 먹는다고 알려져 있으나 확실하지 않음

:: **내셔널 지오그래픽(National Geographic)** : 미국 국립지리학회가 1888년 창간한 잡지. 처음에는 지리에 관계된 지식을 보급하기 위하여 발간되었으나, 현재는 지구에 관한 진실을 흥미롭게 전하는 세계적인 잡지로 발전하였다. 발행부수는 약 1,035만부(1985)로 전 세계적으로 3000만 이상의 인구가 읽고 있다. 컬러 사진을 풍부하게 싣는 것이 특색이며(1910년부터 사용), 지구가 둥글다는 것을 증명한 사진, 해중(海中)·공중(空中) 촬영 사진을 처음 게재한 잡지로도 알려졌다. 이 잡지는 '어느 나라, 어느 국민에 관해서 진정한 본질만을 보여 준다'는 신조를 표방하고, 기사로 싣는 지역은 물론 그곳 사람들의 사회적·환경적·문화적 측면에 대한 실질적 정보를 제공한다. 한국에 대리점(IPS)이 있으며, 한국어판도 발행된다.

:: **스턴트(stunt)** : 주로 영화 촬영 시 행하는 위험하고 아슬아슬한 행위를 말한다.

:: **초월(transcendence, 超越)** : 인간의 의식이나 감각을 넘어선 상태

:: **CG** : 컴퓨터를 이용하여 그림을 그리는 분야. 키보드 및 입력 장치를 이용, 도형을 형성하는 데이터를 기억시킨 다음 매개 변수를 바꾸어가면서 도형을 임의로 그려낼 수 있다. 컴퓨터 그래픽은 3차원 물체를 표현하는 것은 물론 사람 눈으로 확인할 수 없는 우주의 구조나 미지의 세계에 대한 형상, 상상 세계를 표현할 수 있어 영화 및 애니메이션 분야에 광범위하게 이용되고 있다

:: **가상 카메라** : 3D 그래픽 영상을 표현하기 위한 시점의 위치

:: **모션캡쳐** : 사람, 동물 또는 기계 등의 사물에 센서를 달아 그 대상의 움직임 정보를 인식해 애니메이션, 영화, 게임 등의 영상 속에 재현하는 기술

:: **이모션캡쳐** : 초소형 카메라가 달린 장비를 배우들의 머리에 씌워 얼굴을 360도 촬영하는 방식, 얼굴 근육과 눈동자의 움직임, 심지어 땀구멍과 속눈썹 떨림까지 정밀하게 기록이 가능하다.

연습문제

01. 제임스 카메론이 영화계에 입문하여 감독이 되게 한 '결정적인 영화'는 무엇인가?

① 스타워즈 ② 어비스
③ 터미네이터 ④ 트루 라이즈

02. 제임스 카메론은 마리아나 해구를 탐험한 사람 중 몇 번째인가?

① 2번째 ② 3번째
③ 4번째 ④ 5번째

03. 다음 중 스티브 트루글리아(Steve Truglia)의 주된 직업은?

① 군인 ② 우주비행사
③ 스턴트맨 ④ 헬기 조종사

04. 스티브 투르글리아가 우주 점프에서 입을 우주복의 외피는 모두 몇 겹으로 되어 있는가?

① 2겹 ② 7겹
③ 11겹 ④ 13겹

05. 다음 중 고대 로마 사람들과 엘리자베스 길버트가 이해한 '지니어스'의 개념과 가장 거리가 먼 것은 무엇인가?

① 개인적인 재능 ② 혼을 지닌 요정
③ 예술가를 도와주는 존재 ④ 예술가로부터 분리된 존재

06. 북아프리카 사막에 살던 사람들이 초월적인 순간을 경험하면서 외치던 '알라'라는 말은 스페인으로 넘어오면서 다른 말로 바뀐다. 그것은 무엇인가?

① 훌라 ② 올레
③ 울라 ④ 올라

07. 다음 중 산소가 부족해서 가압호흡용 내중력복이 필요한 높이는?

① 3km 높이 ② 7km 높이
③ 10km 높이 ④ 15km 높이

08. 제임스 카메론은 트럭 운전수 일을 하다가 영화 '스타워즈'를 본 후 바로 자신의 일을 그만두고 영화 제작소에서 일하였다. 이후 많은 영화를 제작하였는데, 다음 중 그의 영화가 아닌 것은?

① 터미네이터 ② 피라냐 2
③ 아바타 ④ 인셉션

09. 제임스 카메론이 영화 제작자가 되기 전에 하고 싶었던 일은 무엇인가?

① 스쿠버 다이버 ② 패러글라이딩
③ 보물 탐사가 ④ 시나리오 작가

10. 다음 저서 중 엘리자베스 길버트가 처음 쓴 단편집은?

① Stern Men ② Pilgrim
③ The Last American Man ④ Eat Pray Love

연습문제 – 단답형

01. 스티브 트루글리아는 스턴트 일을 하면서 무엇을 제일로 생각하는가?

02. 엘리자베스 길버트와 같이 글을 쓰는 사람들에게는 한 가지 공통점이 있는데, 그 공통점은 무엇인가?

03. 엘리자베스 길버트를 유명하게 만든 책의 제목은 무엇인가?

04. 제임스 카메론이 영화 '어비스'를 제작하면서 그가 영화에 최초로 도입한 것은 무엇인가?

05. '먹고 기도하고 사랑하라'는 책으로 유명한 작가는 누구인가?

06. 스티브 트루갈리아는 스턴트 일을 하면서 안전과 (   )을 제일로 생각한다고 하였다. 빈칸에 들어갈 말은 무엇인가?

07. 로마 시대의 사람들은 (   )를 자아도취와 비슷한 개념으로 생각했고, 고대의 예술가들은 이를 보호해주었다. 이는 작품의 결과가 아주 좋은 경우 예술가 혼자가 한 일이 아니라 그 예술가의 육체로부터 분리된 별도의 존재인 (   )가 도와준 것으로 생각했었다는 것이다. 위의 (   ) 안에 들어갈 말은 무엇인가?

08. 영화 '어비스'를 제작하면서 제임스 카메론이 영화에 최초로 도입한 것은 무엇인가?

09. 제임스 카메론은 심해 탐사가 무엇과 비슷하다고 했는가?

10. 제임스 카메론이 영화 제작자라는 직업을 선택한 이유는 무엇인가?

11. 스티브 트루글라아가 입은 우주복은 무엇인가? 또 몇 겹으로 되어 있으며 무게는 어떠한가?

✦ 본문출처(사이트)

네이버 사전, 백과사전
EBS 직업의 세계
KBS 글로벌 성공시대
TED
http://navercast.naver.com/contents.nhn?contents_id=8268
http://blog.naver.com/agirlhoi?Redirect=Log&logNo=162592812
http://cafe.naver.com/itscene/129
http://www.wikipedia.org, http://www.elizabethgilbert.com
http://blog.naver.com/chcgvchcgv?Redirect=Log&logNo=140156709483
http://blog.naver.com/feelpine?Redirect=Log&logNo=10141544273
http://www.seri.org/kz/kzLecV.html?gbn=8&kw=&no=2372&pgno=1&ucgb=KZLECT
http://pinkbiru.blog.me/140158143470
http://everythingisbetweenus.com/wp/?p=568

PART

XI 문화스포츠 분야의 글로벌리더 (Ⅲ)

Globalization : 登泰山小天下(공자)

태산에 오르니 천하가 작구나!

PART

XI 문화스포츠 분야의 글로벌리더(Ⅲ)

아무리 경제가 발전하여도 문화가 발전하지 않으면 선진국이 될 수가 없다. 오늘날과 같은 글로벌 경제에서 문화가 초석이 되지 않으면 경제나 과학이 발전할 수가 없다. 그 이유는 우리의 삶 자체가 삶의 문화이기 때문이다. 여기에서는 창의적인 사고로 이 시대의 문화를 이끌어 가는 인물들의 새롭고 독특한 사고방식을 살펴본다.

11.1 특수효과로 영화를

Prologue

- 영화 '벤자민 버튼의 시간은 거꾸로 간다'라는 영화가 주목을 받았던 이유와 그 혁신적인 제작 과정을 살펴본다.
- 혁신적인 제작 과정, 즉 연령대별 주인공의 얼굴을 자연스럽게 표현하기 위해서 어떤 기술을 개발했고, 그 개발 과정에서 어떤 혁신적인 발상과 노력을 했는지 살펴본다.

(1) 성장 과정

에드 울브릭(Ed Ulbrich)은 특수효과 제작 전문 업체인 디지털 도메인의 최고 창의성 책임자(Chief Creative Officer)이며 설립자이고 모션 미디어의 사장이다. 그는 어바나 샴페인에 있는 일리노이 대학을 졸업하였다. 그가 제작한 영화들로는 1998년 '천국보다 아름다운', 1999년 '파이트 클럽', 2007년 '조디악', 2008년 '벤자민 버튼의 시간은 거꾸로 간다' 등이 있으며, 그는 2009년 미국 패스트 컴퍼니가(Fast Company) 선정한 '올해의 가장 창의적인 사람'에 뽑히기도 하였다.

(2) 시간을 거꾸로 돌리는 시스템

어니스트 헤밍웨이, T. S. 엘리엇 등과 함께 1920년대를 주름잡았던 소설가 F. 스콧 피츠제럴드. 《위대한 개츠비》 의 저자로 유명한 그가 1922년 초 대단한 열정을 쏟아 부어 탈고한 뒤 '내가 쓴 가장 재미있는 단편'이라고 자평한 소설이 있었으니 그것이 바로 〈벤자민 버튼의 시간은 거꾸로 간다(The Curious Case Of Benjamin Button)〉라는 작품이다. 피츠제럴드가 '기묘'하긴 해도 '내가 제일 좋아하는 두 단편 중 하나'라고 선언하기도 했던 이 소설은 시간이

거꾸로 가는 한 남자의 인생과 사랑에 관한 이야기이다.

주인공 벤자민 버튼은 일흔 살의 나이로 태어나 시간을 거꾸로 거슬러 올라가며 점점 젊어지는 남자다. 그는 평범하게 나이 들어가는 여인과 사랑에 빠져 가정을 이루고 가문의 사업도 성공적으로 이끌지만 안타깝게도 가족과 친구, 전우 등 그를 둘러싼 모든 이들과 평생의 시간이 어긋나게 된다. 말년에는 하버드 대학교에 다니며 럭비 팀에서 활약하기도 하며, 실제 나이가 일흔 살에 가까워지면서는 갓 태어난 아기의 모습이 되어 지나온 70년 인생에 대해 아무것도 기억하지 못하게 된다.

그는 영화 '벤자민 버튼의 시간은 거꾸로 간다'에서 한 시간 가량은 브래드 피트가 분장한 주인공 벤자민 버튼의 목 위는 완전히 컴퓨터로 만들어낸 영상이라고 하였다. 그는 이 영화의 영상을 만들려고 했을 때 특수 영상이 아닌 진짜 사람을 만들 생각을 했다. 그래서 그는 모션 캡쳐 기술에 관심을 가졌는데 그 당시 최신 모션 캡쳐 기술은 마커 기반 모션 캡쳐 기술이었다. 그는 모션 캡쳐 기술을 기반으로 영화의 영상을 담으려고 하였으나 그가 만들고자 한 영상은 나올 수가 없었다. 그렇다면 그는 어떠한 방법으로 영화의 영상을 만들었을까?

동영상 보기(1)

에드 울브릭은 인간의 모습을 완벽하게 가상의 모습으로 만들어내는 것은 정말로 복잡하고 어려운 일이라고 고백한다. 어떤 작업들이 그렇게 복잡하고 어려운지 알아보자.

Caption 1

Q. 다음 물음에 적절히 답하시오.

1. 〈생각〉 영화 '벤자민 버튼의 시간은 거꾸로 간다'를 보며 나이가 변해가는 주인공의 얼굴에서 어떠한 느낌이 들었는가?
2. 영화 '벤자민 버튼의 시간은 거꾸로 간다'가 여느 영화와 다른 부분은 무엇인가?
3. 이 시각효과 팀에게 주어진 임무는 무엇이었는가?
4. 그 임무를 수행하기 위해 그들이 관심을 가졌던 기술은 무엇이며, 또 그것을 포기한 이유는 무엇인가? 하지만 그 과정을 통해 그들에게 무엇이 필요하다는 것을 알게 되었는가?

(3) 분장보다 자연스러운 시각효과

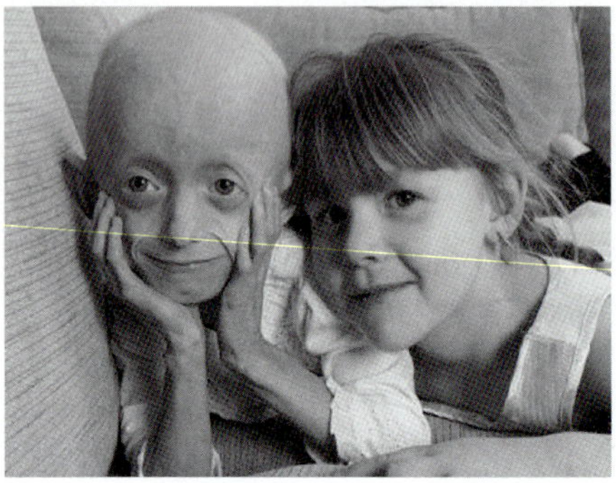

영화 '벤자민 버튼의 시간은 거꾸로 간다'에 나온 노인 브래드 피트의 얼굴은 100% 디지털 기술로 제작되었다. 많은 사람들에게 이 사실이 알려지면서 큰 관심을 끌었다. 분장보다 자연스러운 노인 브래드 피트의 얼굴에 주름살은 물론 감정까지 표현한 이 놀라운 기술은 2009년 아카데미에서 시각효과상을 받으며, 특수효과 산업에서 '성배'라 불리는 사람의 얼굴을 완벽하게 창조했다는 평을 받았다.

동영상 보기(2)

벤자민 버튼은 "만약에 사실 나는 나이를 먹을수록 늙어가는 게 아니라, 반대로 어려지고 있다고 한다면, 믿을 수 있겠어요?"라고 영화에서 말한다. 과연 이 영화는 어떻게 만들어졌을까? 사람을 대역으로 하였을까?

Caption 2

Q. 다음 물음에 적절히 답하시오.

1. 'Technology Stew'란 무엇을 의미하는가?
2. <생각> 실제 우리 생활 속에 이 'Technology Stew' 아이디어가 사용된 예를 찾아보자.
3. 이 시각효과 팀에 토대가 된 연구와 기술은 무엇인가?
4. '콘투어(Contour)' 기술을 통해 얻어낼 수 있는 것은 무엇인가?
5. 44세 주인공의 얼굴을 60, 70, 80대의 얼굴로 표현하기 위해 사용한 기술은 무엇인가?

(4) 기술의 힘

2012년 4월, 미국 캘리포니아에서 열린 코첼라 음악 페스티벌에서 가장 관심을 끈 것은 신성 DJ나 인디 락 밴드가 아니라 바로 16년 전에 사망한 래퍼 '투팍 샤커'였다. 투팍 샤커의 홀로그램이 스눕독과 닥터드레와 함께 공연을 펼친 것이다. 공연장면을 촬영한 동영상은 월요일 인터넷에서 엄청난 반향을 일으켰다. 이 홀로그램은 아카데미상 시각효과 부문 수상작인 '벤자민 버튼'의 이미지를 만들어낸 디지털 도메인 미디어 그룹의 작품이었다. "인간의 이미지를 완전하게 만들어내는 것은 무엇보다도 복잡한 일이다."라고 디지털 도메인을 주관하는 에드 울브릭이 월요일 전화 인터뷰에서 말했다. 그는 단순히 옛날 동영상을 이용해서 투팍의 히트곡 '헤일 메리'와 '2 오브 아메리카즈 모스트 원티드' 공연장면을 만들어낸 것이 아니라고 그는 덧붙였다. "원래 있던 영상이 아니라 착시를 만들어낸 것이다. 단지 시작일 뿐이다. 닥터드레는 투팍 홀로그램에 대해 광대한 비전을 갖고 있다."

동영상 보기(3)

기술의 발달이 인간의 감정을 표현하고 전달하는 데 어떤 역할을 할 수 있을까? 에드 울브릭의 기술이 영화에 끼친 영향을 알아보자.

Caption 3

Q. 다음 물음에 적절히 답하시오.

1. 촬영 시, 벤자민 역할을 맡은 여러 몸통 대역들이 쓴 파란색 모자의 기능은 무엇인가?
2. 브래드 피트의 얼굴 연기를 어떤 작업을 통해 영화로 만들었는가?
3. 보다 정교한 영화를 만들기 위해 VFX팀은 5개의 시스템을 만들었는데 그것은 무엇인가?
4. 그중에서 '이모션 캡쳐'는 무슨 문제를 해결하기 위해 만들어졌는가?
5. 〈생각〉 기술로 인간의 감정을 어느 정도까지 표현해낼 수 있을까?

○ 히딩크 감독의 소신

준비 과정에서 흘러나오는 어떤 비판도 나는 수용할 자세가 되어 있다. 당신들이 조급한 마음을 가지고 비판 의식에 사로잡혀 있을 때 나는 6개월을 기다려왔다. 지금 유명 축구 팀들이 우리를 비웃어도 반박할 필요가 없다. 우리는 강인한 체력을 가지고 월드컵에서 우리의 실력을 보여 주면 되는 것이다.

– 〈텔레 그라프〉와의 인터뷰, 네덜란드 신문

11.2 공학과 예술을 버무리다

Prologue

- 그동안 각각의 분야로 인식되어 온 공학과 예술을 접목시킨 골란 레빈의 창조적인 사고방식을 이해하며 과연 공학과 예술을 하나로 접목시킬 수 있는지 근본적인 물음에 대한 답을 찾아본다.
- 그가 소개하는 3개의 예술품이 어떤 발상에서 만들어졌으며, 어떤 공학과 어떤 예술이 어우러져 있는지 살펴본다.

(1) 성장 과정

골란 레빈은 아티스트이자 작곡가, 엔지니어이다. 인터렉티브한 시각, 청각적 표현을 위한 새로운 환경을 창조해 왔다. 골란 레빈은 뉴미디어 아티스트로써 그의 작업은 net art, interactive art, wireless art, Interactive performance 등의 장르로 분류된다.

아이트래킹 시스템을 이용, 사용자가 눈을 깜박일 때 이를 추상화된 형태로 출력하는 작품

골란 레빈의 작업들은 퍼포먼스와 동시적 이미지와 사운드를 만들고 다루는 시스템의 디자인에 초점을 맞춘다. 그리고 그러한 시스템은 인공두뇌학에 있어서의 공식 언어와 상호작용성과 비언어적 커뮤니케이션에 한 일반적인 연구사항 이기도 하다. 다양한 공동 작업을 통해 창조되는 그의 작품들은 퍼포먼스, 디지털 가공물, 가상환경을 통해 레빈은 우리와 기계와의 관계를 재조명하였다. 이를 통해 추상적 커뮤니케이션과 상호작용성의 교차점을 탐험하며 우리가 상대방과 상호작용하는 방법을 시각화하여 보여주었다.

그는 비언어적 소통을 가능하게 하는 새로운 디지털 환경을 주목하면서, 사람들이 쉽게 배우고 조작할 수 있는 멀티미디어적 시스템을 디자인하였다.

골란 레빈(Golan Levin)은 1972년 미국에서 태어났다. 1994년 매사추세츠 공과대학(MIT)에서 자기설계전공(self-designed) 학사 학위를 받았다. MIT 졸업 후 2004년 카네기 멜론 대학에 가기 전까지 뉴욕 시의 여러 학교에서 컴퓨터 디자인을 가르쳤다. 현재 레빈은 카네기 멜론 대학에서 'Electronic Time Based Art'의 조교이다. 또 'STUDIO for Creative Inquiry'의 디렉터이다. 그는 컴퓨터와 각종 시청각 기기를 이용해 표현의 한계를 확장시키고 있는 예술가이자 공학자이며, 인지과학을 기계공학에 접목시켜 예술로 승화시킨 선두 주자이다. 그의 최근 프로젝트 '주둥이'는 피츠버그 미술관에 전시되어 있다. 예술가이자 공학자인 골란 레빈은 로봇, 새로운 소프트웨어, 인지연구 등 현대적 방식을 통해 놀라움과 즐거움을 가져다주는 예술 작품을 창조하고 있다.

인터랙티브 작품 다섯 개의 모음인 "Audiovisual Environment Suite"는 방문자들이 그래픽과 소리의 요소들을 가지고 실험할 수 있도록 제작되었다. 형태와 구조는 아마도 창조되며 역동적으로 살아 움직인다. 여기서 구조들의 배열은 톤의 진행과 소리의 구성을 결정한다. 이 중 오디오비주얼 퍼포먼스인 〈Scribble(2000)〉과 관중들의 모바일 폰을 이용한 콘서트 〈Dialtones: A Telesymphony (2001)〉, 그리고 확장현실감(augmented reality)을 이용한 최근의 〈Re: mark and the Hidden Worlds of Noise and Voice(2002)〉에 이르기까지, 추상적 애니메이션과 합성사운드의 동시적 결합이라는 주제를 매번 새롭게 써 내리고 있다.

(2) 공학과 예술

2001년 오스트리아 린츠의 아르스 일렉트로니카 페스티벌에서 초연된 '다이얼톤'은, 이름 그대로 전화 벨소리로 만든 심포니이다. 극장이나 공연장에서 진동으로 바꾸거나 끄기를 요구하는 휴대전화의 벨 소리를 음악의 재료로 사용한 역발상에 기반한 작품이다. 200명의 참가자들이 입구의 웹 키오스크에 자신의 전화번호를 등록하고 지정 좌석에 앉게 되면, 그들의 전화기에서 특정한 휴대전화 벨소리가 나게 된다. 골란 레빈과 그의 동료들은, 오케스트라의 지휘자처럼, 참가자들의 벨소리를 이용해서 작곡을 하고 연주를 한다. 골란 레빈은 "우리의 글로벌 커뮤니케이션 네트워크가 공동체적인 유기물이라면, '다이얼톤'의 목적은 이 기념비적이고 여러 휴대전화가 지저귀는 소리를 듣고 이해하는 방법을 잊을 수 없도록 변형하는 것이다. 커다란 스피커들 사이에 모든 참가자들을 앉히는 것으로 '다이얼톤'은 본능적으로 지각할 수 있는 영적인 공기를 만들어낸다."고 말했다.

동영상 보기(1)

공학과 예술을 가로막는 벽은 무엇인가? 그의 생각을 들어보자.

Caption 1

Q. 다음 물음에 적절히 답하시오.

1. 〈생각〉 공학과 예술은 어떤 경계가 있다고 생각하는가? 이 두 가지 영역을 접목시킬 수 있다고 생각하는가?
2. 예술가로서의 골란 레빈은 어떤 분야에 관심을 가지고 예술 작품을 만드는가?
3. 자신이 만든 부정적인 모습을 볼 수 있도록 한 그의 전시 작품은 무엇인가?

(3) Remark

그는 자신을 예술가이자 공학자라고 한다. 하지만 자신처럼 두 분야를 넘나드는 사람들이 점차 많아지고 있지만 자신은 여전히 묘한 거리감이 느껴진다고 한다. 그 이유는 사람들이 자신을 이해하지 못하는 부분이 있어서라고 한다. 물론 사람은 다 똑같진 않다. 그렇다면 왜 그가 묘한 거리감이라고 하면서까지 예술과 공학의 결합을 하고 있을까? 그가 하고 있는 예술과 공학의 결합이 우리에게 주는 영향 중에 어떤 것들이 있을까? 궁금증을 만들어 내는 그의 발언들을 왜 그러는지 함께 찾아보도록 하자.

동영상 보기(2)

그는 사람들이 보다 풍부한 상호교류의 경험을 하도록 하는 게 목적이었다고 한다. 어떻게 하면 마우스에서 손을 떼고 온몸을 이용하여 심미적 경험을 찾을 수 있을까 고민을 하였고 그래서 그는 소프트웨어를 만들었다고 하였다. 그가 만든 소프트웨어의 내용을 함께 알아보자.

Caption 2

Q. 다음 물음에 적절히 답하시오.

1. 〈생각〉 의미 없는 목소리를 글로 쓸 수 있으며 그 자체가 예술적 가치를 지닌다고 생각하는가?
2. 골란 레빈이 두 번째로 소개한 그의 전시 작품인 'Remark'는 어떤 연구와 관련이 있는가?
3. 'Remark'는 무엇을 무엇으로 시각화해 주는 작품인가?
4. 이 'Remark'가 지니는 모순은 무엇인가?

(4) 코

그는 사람의 심리와 의도는 눈에서 온다고 하였다. 그래서 '눈'에 관련된 프로젝트를 하였고 이번에는 '코'라는 프로젝트를 하여서 보여주고 있다. '코'라는 프로젝트에서 그가 의도하는 것은 무엇일까? 예술가이자 공학자인 그가 사람의 심리를 예술과 공학에 접목시켜서 나타내려는 것은 무엇일까? 그는 아주 흥미로운 생각을 가지고 있으며 왜 이런 프로젝트를 만들고 사람들에 보여주는지 함께 들어보도록 하자.

동영상 보기(3)

그가 만들어낸 프로젝트 '코' 앞에서의 사람들의 행동과 그 모습을 촬영한 것을 볼 수 있다. 과연 사람들은 '코' 앞에서 어떤 행동들을 할까? 함께 지켜보자.

Caption 3

Q. 다음 물음에 적절히 답하시오.

1. 〈생각〉 소리를 내는 신체기관을 제외하고, 우리의 신체기관 중에서 가장 많으면서도 미세한 감정을 전달하고 있는 곳은 어디일까?
2. '코' 라는 작품은 무슨 신체기관과 무슨 공학 분야가 결합된 작품인가?
3. '코' 라는 작품은 어떤 사람을 보게 되는가?
4. '코' 라는 작품은 어떤 의도로 만들어졌는가?

11.3 변화를 만드는 우리, 그리고 부족

Prologue

- 변화와 혁신을 만들어내는 것은 바로 우리들 자신이라는 점을 세스 고딘을 통해 다시 한 번 상기한다.
- 우리는 자신이 리더가 되어 큰 변화를 일으킬 수 있으며, '부족'이라는 개념을 통해 변화를 하나의 움직임으로 발전시킬 수 있다는 현대적 흐름을 살펴본다.

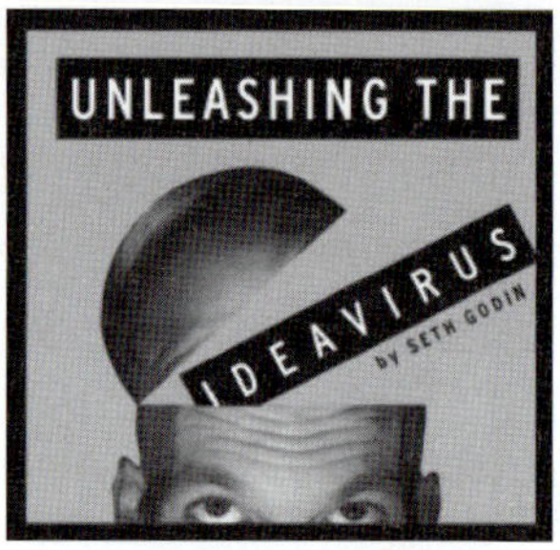

(1) 성장 과정

변화와 혁신을 만들어 내는 것은 바로 우리 자신이고, 우리는 끊임없는 발전 속에서 살고 있다.

세스 고딘(Seth Godin)은 1960년 7월 미국에서 출생하여 터프츠 대학과 스탠퍼드 경영 대학원을 졸업한 수재이다. 1995년 샌프란시스코의 실리콘 벨리에서 온라인 마케팅 회사 '요요 다인'을 설립하여 경영 수업을 쌓았으며, 1998년 스탠퍼드 대학에서 개발한 세계적으로 유명한 검색 엔진 야후 마케팅 부사장에 취임하였다. 〈패스트 컴퍼니〉의 편집장을 하며, 1999년에 《퍼미션 마케팅》, 2003년에는 《보랏빛 소가 온다》, 2010년에는 《린치핀》 2011년에는 《생존을 이야기하다》, 2012년에는 《이카루스 이야기》를 출간하여 대중적 인기를 받고 있다.

지난 2005년 세계적인 컴퓨터 회사 IBM은 그동안 회사를 이끌어온 PC 사업을 접고 인터넷 인프라와 반도체 칩 설계 등을 주요 사업으로 하는 IT(정보기술) 서비스 위주로 회사 체질을 완전히 바꿨다. 같은 기간, 유리와 식기를 생산하던 코닝(Corning)은 전통적인 제조 방식을 버리고 광섬유와 세라믹, LCD 기판 유리를 만드는 하이테크 챔피언으로 전환했다.

두 기업의 변화는 엄청난 고통과 아픔 속에서 이뤄졌다. 이들 기업은 시장에 새로운 경쟁자가 들어왔을 때 모두 재앙에 부딪히게 됐고 그들 스스로 변화할 수밖에 없었다.

'세스고딘 생존을 이야기하다'의 저자 세스고딘은 기업이 살아남으려면 '생존하는 것'만으로는 부족하다고 지적한다. 그는 변화가 숙명적인 오늘날의 시장 환경에서 기업이 살아남으려면 진화해야 한다고 말한다.

요즘 기업환경은 진화해야만 생존이 가능한 자연과 같다. 세스고딘에 따르면 다양한 생명체가 존재하는 생태계에서 진화를 통해 생명체들이 살아남듯이 기업도 새로운 경쟁자와 지속적으로 싸워야 한다. 그는 지금과 같이 변화가 일상적이고 변덕스러운 시대에 살아남기 위해서 기업은 규모를 줄이고 리스크를 감수하도록 변화해야 한다고 강조한다.

(2) 대중의 몰락

세스 고딘은 그의 책 《이상한 놈들이 온다》에서 사람을 4가지 분류로 구분해 놓고 있다.

대중 - 순응과 생존을 추구하는 대다수

정상 - 중간에 위치, 도덕적 문화적 기준

별종 - 정상이 아닌 이상한 사람

부자 - 단순한 구매뿐만 아니라 어떻게 살아갈지에 대한 선택을 할 수 있는 사람

그리고 점점 별종이 늘어나고 있다고 말한다. 사람들은 이제 '대중'이란, 단지 평범한 사람이란 사실을 깨닫기 시작했고, 개인이 가진 힘을 사용하기 시작했다. 세상에 하나밖에 없는 자신만을 위한 물건을 원하고, 그다지 쓸모없더라도 자신의 마음을 기쁘게 하는 물건을 구매한다. 그는 이런 사람들을 '별종'이라 부르며 이 사람들, 즉 스스로 선택해서 대중에 순응하기를 거부한 사람들인 이 별종들이 새로운 트렌드가 될 것이라고 예언한다.

동영상 보기(1)

시장은 이제 더 이상 마케터의 맹목성에 장단을 맞출 수 없다. 사람들이 소통을 선택하면 그들이 권력을 얻게 된다. 그들의 선택은 그들의 몫이지, 마케터의 몫이 아니기 때문이다. 내가 당신한테서 물건을 구입하기를 바란다면, 당신은 먼저 나의 튀는 개성을 인정하고 존중해 주어야 한다.

Caption 1

Q. 다음 물음에 적절히 답하시오.

1. 〈생각〉 자신이 사회를, 세상을 바꿀 수 있다고 생각하는가?
2. 세스 고딘은 우리가 무엇을 하며 산다고 말했는가?
3. 유대 전통 결혼식에서 깨진 전구가 의미하는 것은 무엇인가?
4. 세스 고딘은 변화를 만들어 내는 아이디어의 발전을 어떻게 설명했는가?
5. '매스 마케팅'이 더 이상 통하지 않게 된 지금 세스 고딘은 어떤 아이디어를 제기했는가?

(3) 새로운 부족사회

세스 고딘은 인터넷이 매스 마케팅을 종식시키고 먼 옛날의 사회 단위인 부족을 되살렸다고 주장한다. 현대의 부족은 서로 공유하는 아이디어와 가치를 기반으로 구성되며 평범한 사람들에게 리더가 되어 큰 변화를 일으킬 수 있는 영향력을 부여한다. 그는 사람들에게 각각 자신만의 부족을 이끌어 나갈 것을 촉구하고 있다. 그러나 모두가 다 참여할 필요는 없으며 진정으로 믿는 사람들만 필요하다고 한다.

부족이 만들어지는 단계

1. tell a story → 2. connect a tribe → 3. lead a movement → 4. make change

[그림 10.2] 부족이 만들어지는 단계

동영상 보기(2)

"모두가 우리 생각에 동의할 필요는 없다. 관심 있는 천 명이 있다면 그들이 다음 단계로 이어갈 것이다. 대중을 위한 것이 아니라 진정으로 믿는 사람들만 필요하다." 무브먼트는 모두를 위한 게 아니다. 대중을 위한 게 아니다. 중요한 것은 진정으로 믿는 사람들을 찾아내는 것이다.

Caption 2

Q. 다음 물음에 적절히 답하시오.

1. 부족은 어떤 역할을 하는가?
2. 그런 역할을 할 수 있는 원인은 무엇인가?
3. 부족들의 무브먼트는 누구를 위한 것인가?

(4) 도전의 길

대부분의 무브먼트나 리더십은 단절된 그룹들을 찾아내는 것이다. 단 이들이 무언가를 간절히 바라고 있는 것들을 찾아내는 것이다. 사람들을 억지로 설득해서 없는 걸 원하도록 만드는 것이 아니다. 예를 들면, 우고 차베스가 베네수엘라의 불만스런 하층민과 중산층을 만든 것은 아니다. 그는 단지 리드했을 뿐이다. 데릭 시버스는 시디베이비(CD Baby)를 만들었다. 그는 독립음악을 하는 사람들이 직접 판매에 나서지 않고도 자신들의 음악을 팔 수 있게 연결시켰다. 그는 단지 하고 싶은 일을 할 수 있는 장소를 만들어주고 이미 생각이 있던 사람들을 서로 연결시켜 준 것이다. 이 사람들은 모두 이단아들로, 그들은 '이렇게는 안 돼.', '난 그렇게 못하겠어. 내가 나서서 의사를 밝히고 진보시키겠어.' 현상을 보고 '난 이게 싫어.'라고 말하는 사람들이다. 세부적인 규칙을 보고 그걸 일일이 따르지 않고 또 마치 목장의 양떼처럼 반쯤 잠들어 있는 사람이 돼서 규칙을 따르고 머리를 숙이고 적응하려고 애쓰는 대신 '난 아니야.'라고 말하는 사람들이다.

동영상 보기(3)

누군가 일어나서 이렇게 말하죠. "이건 중요한 일이야. 우린 힘을 모아야 돼." 라고요. 물론 모두 그러지는 않습니다. 하지만 모두가 필요한 것도 아닙니다. 소수의 사람들만 있으면 되죠. 적은 사람이라도 규칙을 들여다보고 말이 안 된다는 걸 깨닫고 서로 간절히 소통하고 싶어한다는 것을 깨달으면 됩니다.

Caption 3

Q. 다음 물음에 적절히 답하시오.

1. 한 사람의 이야기가 어떤 과정을 통해 무브먼트를 이끌어내는가?
2. 세스 고딘은 우리에게 무슨 질문을 던졌는가?
3. 탐스 슈즈나 당뇨 퇴치 단체는 결국 누가 이끄는 것인가?
4. 리더들의 공통점은 무엇인가?
5. 〈생각〉 우리 생활 속에서 변화를 만들어 자신이 리더가 될 수 있는 일을 찾아보자.

○ 늘 손에 책을 놓지 않는 이유

학문과 교양을 갖추지 못한 리더는 사람들의 지지를 얻지 못한다. '지도자라면 당연히 학문과 교양을 갖추어야 한다'는 인식은 동서고금을 통해서 변하지 않는 진리이다.

만년의 모택동의 서재에 고전이 산더미처럼 쌓여 있었다는 이야기, 주은래(周恩來)가 논어를 애독했다는 것도 널리 알려진 사실이다. 중국 지도자들 역시 학문과 교양을 갖추지 못한 지도자는 사람들의 지지를 얻지 못한다는 사실을 잘 알고 있었던 것이다.

우리는 흔히, '요즘 정치하는 사람들은 너무나도 공부를 하지 않는다'는 말을 듣게 되는데, 사실이 그렇다면 그 나라의 장래를 생각할 때 여간 걱정스러운 일이 아닐 수 없다. 국내에서 일어나는 일 외에 국외 다른 나라의 외교관이나 정치인들이 접촉할 때, 학문과 교양을 갖추지 못하면 결코 존경받을 수 없을 뿐만 아니라 국가적으로도 수치가 될 것이다.

정치뿐만 아니라 비즈니스 세계에서도 학문과 교양은 매우 중요한 요소가 된다. 한 기업을 대표하는 사람이라면, 최소한 국내뿐만 아니라 국외에서도 인정받는 인물이어야 할 것이다. 그러기 위해서는 학문을 넓히고 교양을 갖추기 위해 늘 손에서 책을 놓지 않고, 부단히 노력해야 한다. 그래야 글로벌 비즈니스를 대성하지 않을까?

– 보리야 히로시, 《성공으로 가는 리더십》, 새벽이슬, 2009

11.4 용어해설과 연습문제

용어해설

:: **투팍 샤커(Tupac Amaru Shakur)** : '90년대 흑인 대중문화'를 대표하는 아티스트 투팍 샤커는 1971년 뉴욕 시에서 태어났다. 메릴랜드 주의 볼티모어에서 고등학교를 졸업한 그는 캘리포니아 주 오클랜드 근교의 마틴 시(Martin City)로 이주한 후 그룹 디지털 언더그라운드(Digital Underground)의 멤버로 대중음악계에 첫 발을 디뎠다. 그룹 멤버로 그래미상 후보에도 오른 바 있는 그는 1991년 첫 솔로 앨범인 '2Pacalypse now'를 내놓았다. 이 앨범은 R&B 앨범 차트 13위까지 진출하며 랩 싱글 차트 3위를 기록한 'Brenda's got a baby', 'Trapped' 등의 히트곡들을 낳았다. 하지만 그의 과격한 노래 가사는 곧 보수 정치인들의 공격 대상으로 떠올랐고, 당시 부통령이던 댄 퀘일(Dan Quale)은 공개적으로 이 앨범을 전통적 가치 기준을 무너뜨리는 사악한 음반으로 규정했다. 그럼에도 불구하고 첫 앨범의 성공으로 그는 순탄한 성공 가도를 걷기 시작했다. 1993년 앨범 'Strictly 4 my n.i.g.g.a.z.'는 'I get around'(팝 11위, 랩 5위, R&B 7위)와 'Keep ya head up'(팝 12위, 랩 2위, R&B 7위) 등의 히트곡들을 낳았다. 투팍이 숨을 거둘 당시 그의 인기는 하늘 높은 줄 모르는 듯 상승 중이었다. 랩 역사상 첫 더블 앨범으로 빌보드 팝 앨범 차트 1위를 기록한 'All eyez on me'는 약 3백만 장 정도의 판매를 기록했고, 수록 싱글인 'California love', 'How do you want it'은 최정상의 히트를 기록하고 있었다. 뿐만 아니라 그가 출연한 3편의 영화는 개봉을 기다리고 있는 중이었다.

:: **시디베이비** : 작가로부터 음악 cd를 직접 살 수 있는 인터넷 쇼핑몰

:: **탐즈 슈즈(Tom's shoes)** : 블레이크 마이코스키라는 미국 청년이 2006년 여름에 아르헨티나를 여행하던 중 많은 아이들이 맨발로 불편하게 다니는 모습을 보고 이들에게 도움을 줄 방법을 구상하다가 신발을 판매하기로 결정하였다. 신발 한 켤레가 팔릴 때마다 또 한 켤레를 맨발의 어린이에게 기부하는 새로운 나눔의 마케팅 방식을 사용하여 세계적인 관심과 지지 속에 글로벌 브랜드로 성장하였다.

:: **미국 패스트 컴퍼니(Fast company)** : 패스트 컴퍼니는 테크놀러지, 비즈니스, 디자인에 관한 기사들을 중심으로 1년에 10회를 발간하는 비즈니스 잡지이다.

:: **모션 캡처** : 모션 캡쳐란 몸에 센서를 부착시켜 인체의 움직임을 디지털 형태로 기록하는

작업을 말한다. 영화 '배트맨'에서 검은 망토를 휘날리며 빌딩에서 하강하는 장면이 등장하는데 이는 스턴트맨의 안전을 위해 모션 캡쳐를 한 것이며, 망토 없이 뛰어내리는 장면을 모션 캡쳐를 통해 데이터화시킨 다음 CG로 처리한 것이다.

:: **시각효과상** : 시각효과상은 미국 아카데미 시상식에서 시상하는 부문 중 하나이다. 2012년 아카데미 시상식에서는 마틴 스콜세지 감독의 영화 '휴고(HUGO)'가 수상하였다.

:: **홀로그램** : 홀로그램은 홀로그래피 기술로 촬영된 것을 가리킨다. 홀로그래피는 빛의 간섭성을 이용하여 입체 정보를 기록하고, 재생, 창출하는 것이다.

:: **매스 마케팅** : 매스 마케팅은 시장 일부의 차이를 무시하고 모든 시장에 하나의 전략을 내세우는 기업의 시장 커버리지 전략이다. 전통적으로 매스 마케팅은 라디오, 텔레비전, 신문 등 광범위한 매체를 통해 소비자를 끌어들이는 전략을 취해 왔다.

:: **퍼미션 마케팅** : 매스 마케팅과는 달리 광범위한 홍보를 하는 것이 아니라 소비자들 본인이 원하는 자료, 정보만 제공하는 마케팅 전략이다. 퍼미션(Permission)의 뜻에서 알 수 있듯이 소비자가 허가한 정보만 제공한다.

:: **보랏빛 소가 온다** : '세스 고딘'이 지은 책으로 '보랏빛 소'로 상징되는 '리마커블'이라는 새로운 마케팅 개념을 통해, 날로 경쟁이 치열해지는 상품 및 서비스 시장에서 최종 승리자가 되는 방법을 제시한다. 2003년 아마존 독자가 뽑은 베스트 100 안에 들었다.

:: **린치핀** : '세스 고딘'이 지은 책으로 '린치핀(LINCHPIN)'이란 대체불가, 모방불가, 측정불가의 재능을 뜻한다. 책에서는 현대 사회의 노예가 된 직장인을 위한 통쾌한 선언문을 읊어준다. 타고난 천재성과 창조성, 그리고 예술성을 말살한 채 언제나 교체가 가능한 평범한 톱니바퀴에 안주하도록 세뇌시킨 현대사회의 공장 시스템에 맞서도록 인도하고 있다. 나아가 조직에 없어서는 안 되는 핵심 존재가 되는 비결을 공개한다.

:: **무브먼트** : 동세(動勢), 조형예술 작품에 옮겨진 대상의 움직임을 말한다.

연습문제

01. 에드 울브릭이 영화 '벤자민 버튼의 시간은 거꾸로 간다'에서 관심을 가졌다가 포기한 기술은 무엇인가?

① MOTION CAPTURE ② VFX
③ 3D ACTION ④ CG FX

02. 다음 중 DDMG(digital domain media group)과 밀접한 관계가 있는 사람은?

① 빌게이츠 ② 에드 울브릭
③ 스티브 잡스 ④ 에드워드 코번

03. 2012년 4월에 열린 '코첼라 음악 페스티벌'에서 DDMG의 그래픽 기술로 되살려낸 음악가는 누구인가?

① 존 덴버 ② 자니 기타
③ 투팍 샤커 ④ 엘비스 프레슬리

04. 다음 중 골란 레빈의 작품이 아닌 것은?

① Dialtones ② Double Taker
③ Opto Isolator ④ Spla

05. REMARK는 어떤 것을 이용한 예술인가? 다음 중 한 개를 골라라.

① 그림자 ② 빛
③ 홀로그램 ④ 무지개

06. 다음 중 세스 고딘이 새롭게 조명한 개념은?

① 친족 ② 부족
③ 민족 ④ 국가

07. 다음은 세스 고딘의 책 《이상한 놈들이 온다》에 나오는 개념들이다. 잘못 연결된 것은?

① 대중 - 순응과 생존을 추구하는 대다수
② 정상 - 중간에 위치, 도덕적 문화적 기준
③ 별종 - 정상이나 기존 사회에 적응하지 못하는 사람
④ 부자 - 어떻게 살아갈지에 대한 선택을 할 수 있는 사람

08. 세스 고딘은 유대 전통 결혼식에서 '깨진 전구'가 의미하는 것을 무엇이라고 하는가?

① 파괴 ② 결별
③ 혁신 ④ 변화

09. 세스 고딘은 "모두가 우리 생각에 (　　)할 필요는 없다. 관심 있는 천 명이 있다면 그들이 다음 단계로 이어갈 것이다."고 말하였다. (　　)에 들어갈 말은?

① 동의 ② 찬성
③ 지지 ④ 인정

10. 다음 저서 중 세스 고딘의 저서가 아닌 것은?

① 퍼미션 마케팅 ② 검은 백조가 온다
③ 이상한 놈들이 온다 ④ 보랏빛 소가 온다

연습문제 – 단답형

01. 2012년 4월에 열린 '코첼라 음악 페스티벌'에서 DDMG의 그래픽 기술을 활용한 음악가는 누구인가?

02. 영화 '벤자민 버튼의 시간은 거꾸로 간다'에서 브래드 피트의 얼굴 연기를 어떤 작업을 통해 영화로 만들었는가?

03. 세스 고딘은 그의 책 '이상한 놈들이 온다'에서 사람은 4가지 분류로 구분해 놓았는데, "단순한 구매뿐만 아니라 어떻게 살아갈지에 대한 선택을 할 수 있는 사람"을 무엇이라고 명명하였는가?

04. 세스 고딘은 유대 전통 결혼식에서 깨진 전구가 의미하는 것은 무엇이라고 하였는가?

05. 골란 레빈의 'Remark'가 지니는 모순은 무엇인가?

06. DDMG(Digital Domain Media Group)과 밀접한 관계가 있는 사람은 누구인가?

07. 린츠의 아르스 일렉트로니카 페스티벌에서 초연된 '이것'은 전화 벨소리로 만든 심포니이다. '이것'의 명칭은 무엇인가?

08. 'Technology stew'란 무엇을 의미하는가?

09. 골란 레빈은 공학과 예술을 가로막는 벽을 무엇이라고 했는가?

10. 세스 고딘은 그의 책 <<이상한 놈들이 온다>>에서 "순응과 생존을 추구하는 대다수"를 무엇이라고 분류하였는가?

✦ 본문출처(사이트)

네이버 사전, 백과사전
위키 백과사전
EBS 직업의 세계
KBS 글로벌 성공시대
TED
http://cafe.naver.com/sungshin2012/12
http://cafe.naver.com/gwangjubook/275
http://blog.naver.com/puhe19?Redirect=Log&logNo=20098345596
http://cafe.naver.com/wbtdaegucenter/10
http://blog.naver.com/ffwasr?Redirect=Log&logNo=120095051254
http://tedxseoul.com/boards/odp_list/225
http://www.flong.com/projects/

PART

XII 정치사회 분야의 글로벌리더 (I)

글로벌 기업 경영의 5가지 기본 과제

PART

XII 정치사회 분야의 글로벌리더(Ⅰ)

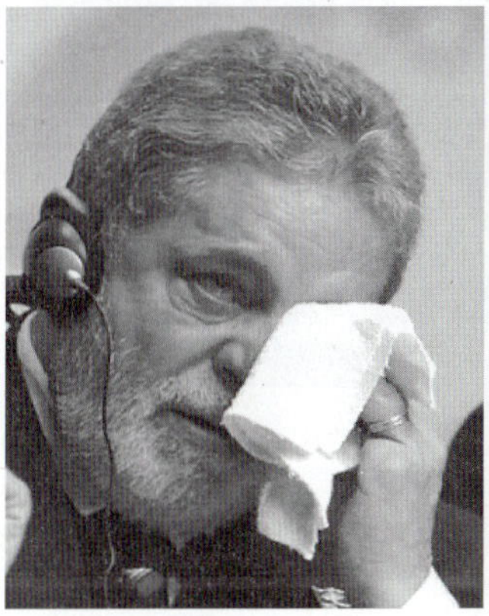

리더십(leadership)이란 '공동목표를 달성하기 위하여 개인이 조직 구성원들에게 영향을 미치는 과정'을 의미한다. 이때 영향력을 바르게 행사하기 위해서는 먼저 자신에 대한 신뢰성과 특별한 노력이 선행되어야 한다. 신뢰성(trustworthiness)이란 '신뢰할 만한 가치가 있는 성품과 역량'을 의미하며, 어느 분야에서든 진정한 성공을 이루기 위해서는 맡겨진 일을 수행할 수 있는 역량과 인간의 됨됨이로서의 성품이 갖추어져야 한다. 사람들은 자신의 성품과 역량을 어떻게 이해하고 있을까?

이번 시간에는 정치적 리더십을 가진 사람들의 성공 이야기를 보면서 어떠한 성품과 역량이 그들을 글로벌 리더로 우뚝 서게 만들었는지에 대해 알아보자. 또한 자신의 역량 개발을 위하여 무엇이 필요한지도 생각해보자.

12.1 가난한 자와 함께 울었던 눈물의 대통령

Prologue

- 빈곤의 나락에 빠져 있던 브라질을 경제 대국으로 회복한 룰라 대통령의 통치 철학에 대해서 알아본다.
- 룰라가 대통령이 되기 전의 브라질 상황과 대통령이 된 후의 주요 정책에 대해서 알아보고, 브라질의 경제회복의 요인이 무엇인가에 대해서 알아본다.
- 대통령의 기본 자질과 덕목으로 어떤 것이 있으며, 한 나라의 지도자가 그 나라를 부흥시키는 데 어떤 역할을 할 수 있는지에 대해서 알아본다.

(1) 성장 과정

룰라 다 실바는 1945년 브라질 북동부 페르남부쿠 주의 빈농 가정에서 태어나 불우한 어린 시절을 보냈다. 1952년 가족과 함께 상파울루 주 산토스로 이주한 뒤 거리에서 땅콩과 오렌지 등을 팔아 가족의 생계를 도우면서 초등학교에 다녔으며, 1956년 상파울루 시 빈민가로 이사한 뒤에도 가난 때문에 구두닦이, 세탁소 점원, 전화 교환원 등 수많은 일을 했다. 급기야 열여덟에 새끼손가락 하나가 잘려 나갔다.

1960년 정부에서 운영하는 국가산업기술연수원 선반공 자격증 과정에 등록해 3년간 교육을 받은 뒤 금속공장에서 일을 하게 되었고, 1980년 금속노조 위원장으로 선출되면서 주목받기 시작했다. 브라질 역사상 최대 규모의 파업을 성공적으로 이끌면서 단숨에 국민영웅으로 떠올랐다. 이후 현재의 집권 노동자당(PT) 창당을 주도, 노동자당 후보로 대선에 출마했으나 세 차례 낙선의 고배를 마셨다. 그러나 전국 최다득표로 연방하원의원에 당선되는 등 정치적 기반을 다지며 2002년 10월 대선에서 승리했다. 중도좌파 성향으로 집권 후 국가부도 위기로 치닫던 경제를 회생시키면서 브라질을 견고한 성장의 길로 이끌었다.

기아 퇴치 프로그램인 포미 제로(Fome Zero)와 저소득층 생계비 지원 프로그램인 볼사 파밀리아(Bolsa Familia) 등 분배정책에서도 상당한 성과를 거뒀다. 룰라 대통령은 8년의 임기를 마치고 2010년 12월 31일 퇴임했으며, 임기 마지막 날까지 지지율 87%를 기록했다.

(2) 강한 카리스마를 가진 이 시대의 진정한 리더

브라질 빈민 2000만 명 이상을 중산층으로 도약시켰으며 8년 만에 브라질 국가 부채를 모두 청산하였다. 또한 재임 기간 동안 브라질이 세계 8위의 경제대국으로 성장하였다. 뿐만 아니라 2016년 브라질 리우데자네이루 올림픽 게임 유치, 2014년 브라질 월드컵 유치 등 엄청난 업적을 이루었다. 이 엄청난 일들을 이루어낼 수 있었던 것은 '볼사 파밀리아'가 있었기에 가능했다.

이 정책은 룰라가 대통령으로 취임했던 2003년부터 시작되었는데, 정부에서 빈민에게 그들의 소득 1/2 정도의 보조금을 무상으로 내주는 것이었다. 이 복지의 혜택을 받은 브라질 빈민은 브라질 전체 인구수의 1/4가량이었고 그중 2000만 명 정도가 현재 중산층으로 도약하였다. 보조금 금액이 매우 크다는 점에서 이 정책은 국가 경제에 치명적인 위험을 주지 않을까라는 우려도 있었지만 오히려 보조금으로 생활이 안정된 빈민들의 소비는 늘어갔고 그들이 훗날 중산층이 되면서 브라질 경제는 매우 탄탄해졌다.

하지만 이 제도의 재미있는 점은 보조금에만 있는 것이 아니었다. 보조금을 받으려면 조건이 하나 있는데 바로 자녀를 학교에 반드시 보내고 예방접종을 시켜야 한다는 것이었다. 학교 결석률이 15% 이상이면 보조금 지급은 보류가 되었다. 자녀들이 교육을 받음으로써 아동 노동자의 수는 반감되고 고등 교육자 수가 증가하면서 국가 경쟁력도 높아졌다. 뿐만 아니라 질병과 기아로 죽는 아동의 수도 급격하게 줄었다.

룰라가 그 어떤 대통령보다 매력적인 것은 지난 8년간의 성과들이 모두 브라질 국민들이 있었기에 가능했다고 눈물을 흘리며 퇴임했다는 것이다. 그는 늘 브라질 서민들의 눈높이에 맞춰 정책을 실시했고, 정 안 되면 노동현장까지 가서 그들이 처한 상황을 공감하며 그것을 개선하기 위해 최선을 다하였다. 모두가 그의 재임을 원했지만 그는 '물러갈 때 물러가야 한다'며 최고의 자리에서 브라질의 평범한 할아버지로 내려갔다.

동영상 보기(1)

당시 브라질의 거의 모든 가정이 그렇듯이 룰라의 가족은 매우 가난했고, 가족의 벌이로는 옷과 소금을 겨우 살 정도였다. 그의 가족은 돈을 벌기 위해 산업 핵심 지역에 정착했고 공장노동자와 가정부로 일하였다. 이 당시 브라질의 경제는 농업 중심 국가에서 근대 자본주의로 이동하면서 경제적 민족주의가 도입되던 시기였다. 당시 바르가스 정부는 군부의 압력을 받았고, 1964년에는 미국 정부의 은밀한 지원을 받은 군부가 쿠데타를 일으켰다. 3일간 진행된 이 쿠데타는 거의 피를 흘리지 않은 무혈 쿠데타였으며, 쿠테타에 성공한 군부가 20여 년간 브라질을 지배하였다. 이런 사회 속에서 10대였던 룰라는 구두닦이, 나사 생산공, 선반공 등으로 일을 했다.

Caption 1

Q. 다음 물음에 적절히 답하시오.

1. ‘브라질’이란 나라를 생각하면 무엇이 연상되는가?
2. 가난했던 룰라가 가족 생계를 위해서 14세에 선택한 직업은 무엇이었는가?
3. 초등학교도 졸업하지 못한 룰라가 대통령에 도전한 나이는 몇 살인가?

(3) 가난한 사람들을 위해 펼친 정책

좌파 진영이었던 룰라가 당선되자 일각에서는 룰라가 경제를 망칠 것이라고 장담하기도 했다. 하지만 룰라는 건전한 통화, 고금리, 무역흑자, 그리고 공공부채 부담의 점진적인 경감 등 보다 보수적인 입장을 약속했고 보수 쪽 인사를 러닝메이트로 받아들임으로서 좌우의 화합을 유도했다. 룰라의 대선 공약의 핵심은 기아 제로 프로젝트였다. 이 프로그램은 최저소득 보장과 최저임금 인상과 연계되었으며, 브라질의 고질적인 부의 불평등 문제를 상쇄하기 위해 고안된 반 빈곤정책의 일부였다.

초기에 기아 제로의 기본 개념은 가난한 가정에 250헤알까지의 쿠폰을 제공하면 이 가정이 지정된 가게에 가서 그것을 음식으로 바꾸도록 하는 것이었다. 하지만 이 시스템은 제대로 실행되지 않았고, 이 정책은 2004년 극빈가정에 소득을 보전해주는 전략인 ‘볼사 파밀리아’ 제도로 교체되었다. 이 제도의 혜택을 받은 가구 수가 빠르게 증가해 극빈생활을 하던 브라질 사람들이 극심한 가난에서 탈출할 수 있었다.

동영상 보기(2)

포퓰리즘의 극치라고 비난하며 기아 제로(Fome Zero), 볼사 파밀리아(Bolsa Famila) 정책이 인플레이션을 야기하여 브라질 경제를 몰락시킬 것이라고 했지만, 이 정책들은 이러한 반대여론에도 불구하고 점진적이고 지속적으로 최저임금을 회복시켜 최저임금 근로자 2,400여만 명의 실질임금이 53.67% 상승하였고 세계의 금융 위기 속에서도 국제 경기 활성화에 기여하여 경제 위기를 쉽게 넘길 수 있었다.

Caption 2

Q. 다음 물음에 적절히 답하시오.

1. 버락 오바마 미국 대통령이 말하기를 "세상에서 가장 인기가 많은 대통령이고 자신의 우상"이라고 존경심을 표현한 룰라가 브라질 대통령이 된 해는?
2. 초등학교 졸업증도 받지 못한 룰라가 태어나서 처음 받아본 증서는?
3. 브라질 주민 25%가 경험한 생활보조금을 받기 위한 '엄격한 전제 조건'은 무엇인가?
4. 대통령이 된 룰라가 제일 처음 해결해야 했던 과제는 무엇인가?
5. 가난한 사람들을 위한 정책을 펼치겠다고 선언한 룰라에게 "(룰라로 인해) 브라질은 (   )와 같이 국가 부도사태를 맞이할 것이다."라고 조지 소로스가 조롱하였다. 괄호 안에 들어갈 남미의 국가 이름은 무엇인가?

(4) 소통과 통합

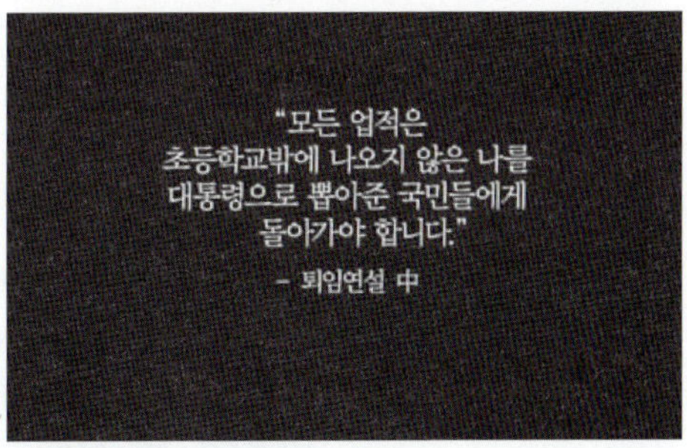

그가 대통령에서 퇴임 시에 87%의 지지도를 기록하며 전 세계 많은 사람들과 지도자들의 벤치마킹 대상이 된 이유는 부자와 빈자를 하나로 만들었던 바로 허리를 튼튼하게 만들어 위, 아래를 연결했기 때문일 것이다. 그것은 바로 국민과의 소통, 통합이다. 아래는 룰라가 재임기간 보여준 정치철학 두 가지를 고스란히 나타내준 말이다.

"저는 정치 지도자와 다른 사람들로부터 우선 경제가 성장한 다음 분배해야 한다는 것을 들어왔습니다. 1950년에서 1980년까지 브라질은 세계에서 가장 많이 성장한 국가였습니다. 우리는 30년간 매년 7% 이상 성장을 해왔으며, 어떤 해에는 10% 또는 14% 성장을 이루기도 했습니다. 하지만 이러한 성장가도가 멈춘 다음 우리가 확인한 것은 국민의 대다수가 가난해졌고, 소수만이 더욱 부유해졌다는 것입니다. 하지만 여전히 논쟁은 지속되고 있고 우선 성장을 한 후에 분배가 있어야 한다고 합니다. 그렇지만 제가 당선된 다음에는 이러한 논리를 약간 바꾸기로 하였습니다. 우리는 국가가 보유한 부를 가난한 사람들에게 나눠주었습니다. 이렇게 함으로써 8년간의 임기 끝에 증명한 것은 분배를 위해서는 성장을 기다릴 필요가 없다는 것이었습니다. 분배를 개시하여야 경제가 성장합니다. 경제 위기 속에서 가장 가난한 국민이 꾸준히 소비하였고, 브라질 경제를 활성화시켰습니다."

동영상 보기(3)

룰라는 과거 정부의 신자유주의 정책 대신 경제적으로 소득의 재분배와 지속 가능한 성장에 집중하였다. 그가 재임한 기간에는 평균 GDP가 그전 20년 동안의 두 배를 넘어섰고 인플레이션은 항상 목표치에 머무르며 물가를 안정시켰다. 그러한 결과는 브라질 지리통계원의 60년 역사상 가장 높은 소득분배를 나타냈는데, 그 예로써 룰라 임기 8년간 총 2,000만여 명이 가난에서 벗어났다.

Caption 3

Q. 다음 물음에 적절히 답하시오.

1. 나라 안팎의 비난에도 불구하고 룰라 대통령이 실시한 생활보조금의 혜택을 받은 브라질 국민은 전체 인구의 얼마 정도였나?
2. 브라질의 '생계보조금 지원 정책'의 결과는 중산층 증가로 인한 빈부격차 축소, 소비 증진, 기업 활성화 등을 촉진하였는데, 이 사회정책의 이름은 무엇인가?
3. "왜 부자들을 돕는 것은 '투자'라고 하고 가난한 이들을 돕는 것은 (　　)이라고 말하는가?"라는 룰라의 말 중에서 괄호 안에 들어갈 말은?
4. 룰라 임기 8년 동안 브라질은 국가 부채를 모두 해결하고 세계 몇 위의 경제대국으로 발돋움하였는가?

12.2 도전과 노력으로 아프리카에 평화를 심다

Prologue

- UN이 아프리카에 관리자로 보낸 최초의 동양인이자 한국인 최초 UN 사무총장 특별대표인 최영진의 활약상에 대해 알아본다.
- UN이 개입하여 내전을 종식시킨 최초의 사례로 꼽히는 코트디부아르의 상황과 이 상황을 이겨낸 최영진 대표의 원칙과 그에 입각한 전략에 대해 알아본다.

- 의대생에서 외교관으로, 다시 글로벌 리더로 도약한 최영진 대표의 삶 속에서 발견할 수 있는 도전 의식과 리더십에 대해서 알아본다.

(1) 성장 과정

그가 처음부터 외교관을 꿈꾼 것은 아니었다. 혼자 산으로 들로 다니는 것을 좋아했지만 공부에는 관심이 없었다. 고3 시절, 자신이 무엇을 좋아하는지도 몰랐다. 부모님의 바람대로 의대에 입학했다. 그러나 그는 의과대학에 입학하고 나서 자신의 인생을 고민하기 시작했다. 우리나라 밖의 세계가 궁금했다. 그가 관심을 가진 것은 역사, 철학, 그리고 영웅전기였다. 세계의 역사와 흐름에 매혹됐고, 의과대학 본과까지 가서 자신이 좋아하는 것을 찾은 그는 새로운 도전 앞에 물러서지 않았다. 안정적인 직업인 의사가 되기를 포기하고 정치외교학과로 학사편입을 하였다. 목표를 높이 세우고 자신을 채찍질했다. 8개월 만에 외무고시에 합격하고 파리1대학에서 국제관계정치학으로 석·박사학위를 받았다. 호기심과 모험심에 이끌려 현장에서 다양한 문화와 부딪치며 직접 배우는 것을 선택한 것이다.

도전을 두려워하지 않고 '국제 외교관'으로 세계를 누비던 그에게 새로운 기회가 주어졌다. 전임자들이 실패하고 떠난 코트디부아르 분쟁 현장이 바로 그것이다. 그는 반기문 UN 사무총장의 추천으로 코티디부아르 주재 UN 사무총장 특별대표로 임명됐다. 주변에서 국제사회의 경험이 없는 한국인이라고 우려했고, 한편 어려운 임무가 될 것이라 경고했다. 하지만 호기심이 많았던 그는 다시 한 번 새로운 도전을 받아들였다. 실패하지 않겠다는 새로운 목표를 세웠다.

그는 위기의 순간마다 신념과 원칙을 가지고 명확한 판단을 내렸다. 그에게 실패해도 되는 임무는 없었다. 12,000명의 UN 평화유지군을 진두지휘하며 내전을 종식시키고 국제사회에 UN의 진가를 알렸다. 아프리카에서 완벽하게 임무를 수행한 최초의 한국인 특별대표라는 타이틀은 국제사회에 한국인의 가능성을 새롭게 보여줬다.

(2) 아프리카 분쟁의 해결사

아프리카 서부에 세계의 이목이 집중됐다. 중동과 아프리카에서 민주화 운동이 거세게 일고 있는 가운데, 코트디부아르에서 10년 만에 대통령 선거가 치러지기 때문이다. 코트디부아르는 1960년 독립 이래로 경제가 괜찮은 편이었다. 사헬(사하라 이남 건조지대)에 위치한 말리나 부르키나파소와 달리 농업 조건이 좋아 언제나 이주민들이 몰려들었다. 1,800만 인구 중 600만 명이 외지에서 온 사람들이다.

그런데 80년대부터 세계 농산물 가격이 폭락하기 시작했다. 코트디부아르는 식민 시대부터 이어져 온 플랜테이션 농업에 의존하다보니 곡물가 하락의 영향을 심하게 받았다. 경제가 좋을 때는 이주민들을 데려다 농사일을 시켰는데 카카오, 커피 값이 떨어지니 그들을 몰아내야 하는 상황이 된 것이다.

오래도록 뿌리내리고 살아온 이주자들, 그리고 경제위기로 가장 큰 타격을 입은 북부인들이 정부에 반발하기 시작했다. 장기집권을 했던 초대 대통령이 죽은 뒤 정치불안이 가시화됐다. 올해 아프리카 18개 국가에서 대통령 선거가 있어, 그 시작인 코트디부아르 대통령 선거는 중요한 의미가 있다. 하지만 선거 결과에 승복하지 않은 대통령과 당선자, 양측의 지지자 사이에서 유혈사태가 벌어졌다. 이 혼란을 종식시킨 사람은 UN 평화군을 진두·지휘한 한국인 최영진이다.

동영상 보기(1)

코트디브와르 내전이 사실상 종결되면서 아프리카의 민주주의를 위한 유엔의 노력은 더욱 주목을 받고 있다. 그 중심에 있는 사람이 최영진 특별대표이다. 그의 활약상을 지켜보자.

Caption 1

Q. 다음 물음에 적절히 답하시오.

1. 코트디부와르에 파견된 동양인 최초의 UN 특별대표 최영진 씨의 임무는 무엇이었는가?
2. 3500명의 사망자와 30만 명의 난민이 발생하게 된 코트디부와르 내전의 발생 원인은 무엇인가?
3. 코트디부와르 내전을 종식시키기까지 얼마의 시간이 소요되었는가?
4. 호기심과 도전, 그리고 원칙을 지키며 최영진 대표가 진두 지휘했던 군의 이름은 무엇인가?

(3) 현장에서 배우다

코트디브와르의 현 대통령 로랑 그바그보가 선거 결과에 불복해 무력으로 정권 연장을 꾀하면서 내전이 발발했고, 최영진 특별대표는 국제사회와 함께 내전을 이끄는 그바그보 세력을 압박하여 민주주의를 지키기 위해 노력했다. 그는 민간인을 포함한 수천 명이 사망하는 상황에서 코트디브와르 평화유지군을 진두지휘하며 대선 결과에 따른 민주적 정권 이양의 임무를 훌륭히 완수하였다.

동영상 보기(2)

그는 "이날 그대로 두었다가는 그야말로 참혹한 민간인 살상이 이루어질 것으로 예상했다. 내가 죽더라도 가야겠다고 생각했다."고 말했다.

Caption 2

Q. 다음 물음에 적절히 답하시오.

1. 최영진 대표가 직접 현장을 방문하면서 솔선수범한 이유는 무엇인가?
2. 최영진 대표는 원래 대학시절에는 어떤 학문을 전공하였는가?
3. 최영진의 성공노트 중 "능력을 키우려면 (　　)을 즐겨라."에서 빈 칸에 들어갈 말은?
4. 코트디부와르 대통령 취임식에는 반기문 UN 사무총장이 참석하기도 하였는데 이 나라의 대통령 선거의 성공적 마무리가 아프리카 전체 대륙에 중요했던 이유는?

(4) 끊임없는 도전

코트디부아르 내전을 종식시키고 정치 안정과 재건 사업에 몰두하고 있는 최영진 UN 특별대표. 도전이 없는 곳, 편안한 곳은 견딜 수 없다고 말하는 그는 위기의 순간마다 신념과 원칙을 가지고 명확한 판단을 내렸다. 그에게 실패해도 되는 임무는 없었다. 12,000명의 UN 평화유지군을 진두지휘하며 내전을 종식시키고 국제사회에 UN의 진가를 알렸다. 아프리카에서 완벽하게 임무를 수행한 최초의 한국인 특별대표라는 타이틀은 국제사회에 한국인의 가능성을 새롭게 보여줬다.

동영상 보기(3)

코트디부아르 내전을 종식시키고 정치 안정과 재건 사업에 몰두하고 있는 최영진 UN 특별대표는 도전이 없는 곳, 편안한 곳은 견딜 수 없다고 말하며 또 다시 새로운 도전을 꿈꾼다.

Caption 3

Q. 다음 물음에 적절히 답하시오.

1. 최영진의 성공노트 중 "(　　)이 최선의 전략이다."라는 말 중 빈칸에 들어갈 말은?
2. 내전이 종식된 후 코트디부와르의 평화와 발전을 위해서 최영진 대표가 그 나라 국민들을 위해 한 일은 무엇인가?
3. 최영진의 성공노트 중 "호기심이 (　　)을 이겨야 성공한다."라는 말 중 빈칸에 들어갈 말은?
4. 최영진 대표가 외교관, 특히 글로벌 리더가 되기 위해 한국인이 갖추어야 할 필수적 자질과 실력으로 제안하고 있는 것은 무엇인가?

12.3 미국 어바인 시장

Prologue

- 미국 최초의 한인 1세 직선시장 강석희 어바인 시장, 미국의 한 도시를 넘어 다문화 사회의 아이콘으로 우뚝 선 강석희 시장의 성공 배경에는 어떠한 요소들이 있었는지에 대해서 알아본다.
- 무일푼 세일즈맨이 낯선 이국땅에서 자랑스런 이민자로 거듭나고 영향력 있는 정치인으로 성장한 강석희 시장의 행동 철학과 왜 그가 인기 있는 정치인이 되었는가에 대해서 알아본다.

(1) 성장 과정

강석희는 한국계 미국인 1세로 현 캘리포니아 어바인 시장이다. 그는 고려대학교 농업경제학과를 졸업하고, 1977년 미국으로 건너가 전자제품 판매 체인인 서킷 시티에서 일하였으며, 2004년 어바인 시의원 선거에 나서 처음 당선됐고 2006년 재선에 성공했다. 그는 1992년 LA 폭동을 계기로 정계 입문에 관심을 가졌다. 한인들의 업소가 불타 없어지는 데도 미국 사회의 그 누구도 관심을 갖지 않는 현실을 보며 큰 충격을 받았다. 결국 그는 자신이 한인들의 권리를 위해서 나서야겠다고 결심하고 정계 입문을 결심하였다. 즉, 강석희 전 시장은 1992년 LA 폭동으로 한인 사회의 열악한 정치 현실에 눈뜨게 된다. 그 후 한미장학재단 회장, 한미 연합회 오렌지 카운티 이사장을 역임하며 정치의 길에 나서기 시작한다. 어바인 시의원을 2번 역임한 그는 최초, 최고라는 수식어가 뒤따라 왔다.

(2) 미국인의 마음을 빼앗은 리더

이민 초기 평범한 세일즈맨이었던 강석희, 젊은 시절 아메리칸 드림을 꿈꾸며 건너온 미국 생활은 시작부터 난관의 연속이었다. 학연, 지연, 혈연 그 어느 것 하나 기댈 것 없었던 낯선 땅에서 그저 평범한 세일즈맨이었던 강석희 씨는 부족하나마 한인 사회에 힘이 되고자 정치

에 발을 내디뎠다. 그러나 그는 한인이 많이 사는 LA 대신 어바인을 택했다. 어바인은 백인 주류의 도시에다 보수적인 공화당 색깔이 강한 곳이었기 때문에 그의 선택은 의외였다. 그만의 특별한 선거운동은 '발로 뛰는 것'으로 1만 가구를 일일이 돌며 시민들 속으로 찾아갔다. 한인 사회에서 그에게 붙여준 별명이 '발바리'인 만큼 발바리 캠페인을 통해 한인 사회에 알려지기 시작했다.

2008년 시장에 출마한 그는 14년 경력의 경쟁후보를 이겼다. 이는 아무도 예상하지 못했던 결과이다. 그는 64.1% 역대 최다 득표율로 재선에 성공하였고 끊임없는 노력으로 사람들과 믿음을 쌓아가고 있다. 그는 여전히 발바리라는 별명을 들으며 어바인 곳곳을 누비고 있다.

동영상 보기(1)

미국 정부가 발표한 시(市)에 대한 만족도에서 90퍼센트가 넘을 정도로 시민의 전폭적인 지지를 받고 있는 강석희 시장. 그는 이제 센트럴 파크보다 큰 미국 최대 크기의 공원 프로젝트인 그레이트 파크를 진행하고, '시장과의 만남'이라는 프로그램을 통해 언제나 시민들 곁에 있는 시장으로 자리 잡았다. 그는 권위적인 정치가이기보다 시민의 든든한 버팀목이 되기를 바란다.

Caption 1

Q. 다음 물음에 적절히 답하시오.

1. 강석희 시장이 2010년 뉴욕 카네기 재단이 선정한 '자랑스런 이민자' 상을 받게 된 계기는 무엇이었는가?
2. 강석희 시장의 활동을 통해 볼 때, 이민자가 미국 주류 사회의 리더가 되기 위해서 필요한 자질은 무엇이라고 생각하는가?
3. 강석희 시장의 서재에 보관되어 있는 미국 독립선언서와 꽹과리가 각각 강 시장에게 의미하는 것은 무엇인가?

(3) 정직과 성실

대학 졸업 후 미국으로 이민 온 강석희는 평범한 세일즈맨이었다. 그랬던 그가 정치를 시작한 곳은 백인 주류 사회의 보수적인 어바인이다. 강석희는 이곳에서 이민 1세대로서 소수 이민자를 대표하며 시장에 당선되었고, 재선에 성공하였다. 어바인 시민들의 전폭적인 지원

아래 4년이나 시장직을 수행하게 된 데에는 전자제품 세일즈맨 시절 몸소 익힌 진심어린 마음과 신용이 있었기 때문이다.

동영상 보기(2)

그는 이렇게 말한다. “나는 살아오면서 정직과 성실이 다른 어떤 가치보다 더 앞선다는 사실을 의심해 본 적이 없습니다. 정직과 성실은 굳이 드러내려 하지 않아도 사람들이 먼저 알아보기 때문이지요.”

Caption 2

Q. 다음 물음에 적절히 답하시오.

1. 강석희 시장의 인생관을 볼 때, 남을 감동시킬 수 있는 최고의 자질은 무엇인가?
2. 결혼과 동시에 미국으로 이민한 강석희가 맨 처음 시작한 직업은 무엇이었나?
3. 27세에 전자제품 매장인 ‘서킷 시티’의 최연소 매니저가 된 강석희가 정치에 입문하게 된 계기가 된 사건은 무엇인가?

(4) 평범함을 뛰어넘는 열쇠

2010년 뉴욕 카네기 재단이 선정한 올해의 자랑스러운 이민자. 오렌지카운티의 유력 일간지에서 뽑은 영향력 있는 25인 중의 한 명으로 무일푼 세일즈맨으로 시작해 어바인 시의 미래를 구상하게 된 강석희 시장. 현실에 안주하지 않는 그는 이제 내년에 있을 미국 연방 하원의원 선거를 준비하고 있다. 다문화 시대의 아이콘으로 미국에 새 바람을 일으키고 있는 그의 도전에 마침표는 없다.

인생에서 제일 중요한 덕목으로 ‘신의’를 꼽는 강 전시장. 30년 넘게 한 교회를 꾸준히 출석하며 하나님을 섬기고 있는 신앙생활의 모습을 통해 그의 강직한 성품을 엿볼 수 있다. 어린 시절부터 아버지의 영향력을 많이 받으며 자란 강 전 시장, 한 우물만 판 아버지의 신용 교육은 강 전 시장의 삶의 철학이고 지표가 됐다.

강 시장은 "초등학교밖에 나오지 못한 아버지는 남들과의 신용을 철저히 지키는 것만이 성공하는 길이라고 귀에 못이 박이도록 말씀하셨다."며 "계획과 실천, 그리고 사람에 대한 정성이 나를 미국에서 가장 아름답고 유명한 곳의 시장으로 만들어줬다."고 말했다.

"최고의 어바인 시장으로 남는 것이 꿈"이라는 강 시장은 "비록 나는 미국시민이지만 영원히 한국인으로 살아가고 있다."며 "한국이 경제적, 정치적으로 더욱 발전해 전 세계 동포들의 권익도 신장되기를 기대한다."고 말했다.

동영상 보기(3)

미국에서 가장 살기 좋은 도시, 가장 안전한 도시로 손꼽히는 어바인 시는 예로부터 백인 주류의 보수적인 사회로 꼽힌다. 4년 전, 강석희는 이곳에서 시민들의 투표로 당당히 시장에 당선되었다. 지난해 64.1%의 유래 없이 높은 지지율로 재선에 성공한 그는 어바인 시의 대표를 넘어 미국 다문화 사회의 아이콘으로 자리 잡고 있다.

Caption 3

Q. 다음 물음에 적절히 답하시오.

1. 강석희가 최초로 정치를 시작한 '보수 성향'의 미국 도시는 어디인가?
2. 인지도 최하위인 강석희가 시의원이 되기 위해 시도한 행보를 '발바리 캠페인'이라 불렀는데 이는 무슨 뜻인가?
3. 강석희의 성공노트 중 "평범함을 뛰어넘는 첫 번째 열쇠는 (　　　)이다."에서 빈칸에 들어갈 말은?
4. 강석희가 미국에서 시장 연임에 성공했을 때, 당시 득표율은 그 시의 시장 선거 역사상 최고 기록인 64.1%였다. 강석희가 사람의 마음을 사로잡은 자질은 무엇인가?

12.4 용어해설과 연습문제

용어해설

:: **어바인(Irvine)** : 미국 캘리포니아 주 오렌지카운티에 있는 도시이며, 북서쪽으로 683km 거리에 주도인 새크라멘토(Sacramento)가, 북서쪽으로 14km 떨어진 곳에 카운티의 행정 중심지인 산타아나(Santa Ana)가 있다. 캘리포니아 남부 태평양 연안에 위치한 도시이다. 1960년대 민간 개발업체인 어바인컴퍼니(Irvine Company)를 중심으로 건축가·지방자치단체·교육기관 등이 함께 참여하여 계획도시를 건설하였다. 현재 금융·문화·첨단산업·휴양·주거 등이 복합된 대표적인 계획도시로, 미국 내에서도 최상위의 소득수준, 낮은 범죄율, 높은 교육수준, 다양한 문화시설, 그린벨트 등을 갖춘 살기 좋은 도시 중 하나로 손꼽힌다. 도시 동쪽의 첨단 산업단지인 어바인 스펙트럼에는 브로드컴(Broadcom), 블리자드 엔터테인먼트(Blizzard Entertainment), 엘러간(Allergan Inc.), 이머신즈(eMachines), 게이트웨이(Gateway, Inc.), 파커 하니핀(Parker Hannifin) 등의 기업 본사가 입주해 있다. 캘리포니아 대학교 어바인 캠퍼스(UCI), 서던캘리포니아대학 오렌지타운티센터(USC), 어바인밸리 대학 등을 비롯한 교육기관이 있으며, 문화시설로 버라이 존 와이어리스 앰피시어터(Verizon Wireless Amphitheatre) 뮤직센터와 오렌지 카운티 그레이트 공원(Orange County Great Park)이 유명하다. 다양한 인종과 문화가 복합된 국제적인 도시로, 매년 어바인 글로벌 빌리지 축제(The Irvine Global Village Festival)가 개최된다.

:: **볼사 파밀리아(Bolsa Familia)** : 최저 생계비를 무상으로 지원해 주는 브라질 빈곤 퇴치 복지 프로그램. 최저 생계비를 빈곤층에게 지원해 줌으로써 소비를 진작시켜 경제의 선순환 구조를 만들어 내는 정책이다.

:: **GDP(Gross Domestic Product)** : 국내총생산. 외국인이든 자국 사람이든 국적을 불문하고 국경 내에서 이루어진 생산 활동을 모두 포함하는 개념이다. 즉, 국내총생산(GDP)은 한 나라의 영역 내에서 가계, 기업, 정부 등 모든 경제 주체가 일정 기간 동안 생산활동에 참여하여 창출한 부가가치 또는 최종 생산물을 시장가격으로 평가한 합계로서 여기에는 국내에 거주하는 비거주자(외국인)에게 지불되는 소득과 국내 거주자가 외국에 용역을 제공함으로써 수취한 소득이 포함된다. 국내총생산(GDP)은 현재 경제성장률 등 생산의 중심지표로 사용되고 있다.

:: 코트디부아르 : 정식명칭은 코트디부아르공화국(République of Côte d'Ivoire)이며, 영어권에서는 아이보리코스트(Ivory Coast)라고 부른다. '상아해안(Ivory Coast)'이라는 뜻으로, 15세기 후반부터 이곳 해안에서 상아를 산출한 데서 유래한다. 북쪽으로 부르키나파소 · 말리, 동쪽으로 가나, 서쪽으로 기니 · 라이베리아와 국경을 접하고, 남쪽으로는 기니 만(灣)에 면한다. 2002년 9월 정부군과 반군의 내전 이후 평화과정 이행과 관련하여 프랑스군 약 4000명, UN 평화유지군 약 7400명이 주둔하고 있다. 행정구역은 19개 주(region)로 되어 있다.

:: 포미 제로(Fome Zero) : 포미 제로는 2003년 브라질 대통령 '룰라 다 실바'에 의해 도입된 정부 프로그램으로 목적은 브라질의 기아와 극심한 빈곤을 근절하는 데 있다.

:: 러닝메이트 : 러닝메이트는 두 관직을 동시에 뽑는 선거제도에서 아래 관직의 선거에 출마한 입후보자를 일컫는 용어이다. 흔히 미국의 정 · 부통령 선거에서 부통령 입후보자를 가리키는 말로 쓰인다.

:: 카네기 재단 : 미국의 철강왕 카네기가 사회적 · 문화적 · 인도적 견지에서 교육 · 학술연구 등의 진흥을 위해 창립한 재단이다. 1902년 2천5백만 달러를 기부하여 공공도서관 건립을 지원하는 워싱턴 카네기협회를 설립했고 그밖에도 카네기 회관, 카네기 공과대학, 카네기교육진흥재단, 카네기멜론 대학교 등을 설립하였다.

:: 포퓰리즘 : 정책의 현실성이나 가치판단, 옳고 그름 등 본래의 목적을 외면하고 일반 대중의 인기에만 영합하여 목적을 달성하려는 정치행태를 말한다.

:: 서킷시티 : 전자제품 및 컴퓨터 관련 제품을 종합적으로 판매하는 미국의 대형 유통업체이다.

연습문제

01. 다음 중 브라질의 '기아퇴치' 프로그램은?

① 포미제로(Fome Zero) ② 볼사 파밀리아(Bolsa Familia)
③ 스타바 제로(stava Zero) ④ 볼사 셀룰라(Bolsa Cellula)

02. 다음 중 룰라 대통령 재임 시의 업적이 아닌 것은?

① 국가부채 청산 ② 성장 지속 정책 유지
③ 분배 지속 정책 유지 ④ 세계 8위 경제대국

03. 가난한 사람들을 위한 정책을 펼친 룰라를 조롱하기 위해서 "브라질은 아르헨티나와 같이 국가 부도사태를 맞이할 것이다."라고 말한 사람은?

① 버락 오바마 ② 우고 차베스
③ 조지 소로스 ④ 워렌 버핏

04. '코트디부아르'는 지리적으로 어디에 위치하고 있나?

① 라틴아메리카 동부 ② 라틴아메리카 서부
③ 아프리카 동부 ④ 아프리카 서부

05. 다음 중 '코트디부아르'의 내전 원인은 무엇인가?

① 대통령 선거에 승복하지 않은 사람들의 이기심
② 서구 열강들의 자원침탈에 대한 반대 운동
③ 이슬람교와 기독교 사이의 종교 분쟁
④ 코트디부아르에 대한 UN의 지나친 내정간섭

06. 다음은 최영진 대표가 자신의 인생 진로를 심각하게 고민하면서 관심을 가진 것들이다. 관계가 가장 먼 것은?

① 역사 ② 의학
③ 철학 ④ 영웅전기

07. 최영진 대표는 위기의 순간마다 항상 '명확한 판단'을 내렸다. 그가 내리는 판단의 근거는?

① 인화, 성실　　② 정직, 신념
③ 신념, 원칙　　④ 원칙, 성실

08. 미국 최초의 한인 1세 시장이 된 강석희 씨가 정치에 관심을 갖게 된 계기는 무엇인가?

① 파파존스 피자 사건　　② 아칸소의 리틀록(Little Rock)
③ 바비 킴 사건　　④ LA 폭동 사건

09. 강석희 시장은 말한다. "나는 살아오면서 (　)과 (　)이 다른 어떤 가치보다 더 앞선다는 사실을 의심해 본 적이 없습니다." (　) 안에 들어갈 말은 무엇인가?

① 정직, 성실　　② 정직, 원칙
③ 원칙, 성실　　④ 신념, 원칙

10. 브라질 대통령 '룰라 다 실바'의 대통령 출마 당시의 학력은?

① 초등학교 졸업　　② 초등학교 중퇴
③ 중학교 졸업　　④ 중학교 중퇴

11. 룰라 대통령의 대선 공약의 핵심은?

① 기아 제로 프로젝트　　② 건전한 통화정책
③ 공공부채 부담 해소 정책　　④ 최저임금 인상 정책

12. 브라질의 "생계 보조금 지원 정책"의 결과에 해당되지 않는 것은?

① 빈부 격차 축소　　② 소비증진
③ 기업활성화　　④ 불건전한 통화

연습문제 – 단답형

01. 강석희 시장의 인생관을 통해 볼 때, 남을 감동시킬 수 있는 최고의 자질은 무엇이었나?

02. 최영진의 성공노트 중 "능력을 키우려면 (　　　　)을 즐겨라."에서 빈칸에 들어갈 말은 무엇인가?

03. 최영진의 성공노트 중 "(　　　　)이 최선의 전력이다."라는 말에서 빈칸에 들어갈 말은 무엇인가?

04. 브라질의 룰라 다 실바 대통령이 추진한 기아 퇴치 프로그램의 명칭은 무엇인가?

05. 수단의 어려움을 알리기 위해 여러 활동을 한 임마누엘 잘이 조국에 교육시설을 짓기 위하여 저녁만 먹으며 아침, 점심 먹을 돈을 모으는 캠페인을 했다. 이 캠페인의 이름은 무엇인가?

06. 강석희의 성공노트 중 "평범함을 뛰어넘는 첫 번째 열쇠는 (　　　　)이다."에서 빈칸에 들어갈 말은 무엇인가?

07. (　　　　)은 무일푼 세일즈맨으로 시작해 어바인시의 시장이 되었다. 또한 2010년 뉴욕 카네기 재단이 선정한 올해의 자랑스러운 이민자로 선정 되었다. (　　) 안에 들어갈 인물은 누구인가?

08. 가난한 사람들을 위한 정책을 펼치겠다고 선언한 룰라에게 "(룰라로 인해) 브라질은 (　　　　)와 같이 국가부도 사태를 맞이할 것이다"라고 조지 소로스가 조롱하였다. 괄호 안에 들어갈 국가 이름은 무엇인가?

09. 2011년 뉴욕 카네기 재단이 선정한 '자랑스런 이민자' 상을 받은 강석희 시장의 서재에는 두 가지 중요한 물건이 보관되어 있는데, 그 중의 하나인 (　　　　)는 미국의 민주주의를 이해할 수 있는 좋은 정치적 학습 도구이며, 또 다른 하나인 (　　　　)는 한국의 얼을 잊지 않게 하는 것을 상징하는 것이다. 괄호 안에 들어갈 것을 순서대로 쓰시오.

10. 2003년 브라질의 대통령으로 취임한 '룰라 다실바'의 핵심 대선 공약이었던 (　　) 프로젝트는 최저소득 보장과 최저임금 인상과 연계되었으며, 브라질의 고질적인 부의 불평등 문제를 상쇄하기 위해 고안된 반 빈곤 정책의 일부였다.
위의 (　　) 안에 들어갈 말은 무엇인가?

11. 룰라 대통령의 기아퇴치 프로그램인 (　　　　)와 저소득층 생계비 지원 프로그램인 (　　　　) 등의 분배 정책으로 상당한 성과를 거두었다. 괄호안에 들어갈 내용을 순서대로 쓰시오.

12. 코트디부와르에 파견된 UN 특별대표 최영진 대사의 임무는 무엇이었는가?

13. 강석희 시장의 활동을 통해 볼 때, 이민자가 미국 주류사회의 리더가 되기 위해서 필요한 자질은 무엇인가?

14. 강석희 시장이 최초로 정치를 시작한 '보수 성향'의 미국 도시는 어디인가?

✦ 본문출처(사이트)

네이버 사전, 백과사전
EBS 직업의 세계
KBS 글로벌 성공시대
TED
http://blog.daum.net/chlclaud/12390976
http://cafe.naver.com/analysisman/804
http://100.naver.com/100.nhn?docid=1018112
http://blog.naver.com/nopress?Redirect=Log&logNo=30091515385

PART

XIII 정치사회 분야의 글로벌리더 (II)

전략적 사회공헌 등 기업과 사회의 상생

○ 기업과 사회의 상생 방안

기업은 전략적 사회공헌(Strategic Philanthropy) 활동을 통해서 진정한 시민 기업으로 자리매김하고 기업의 경쟁우위를 창출할 수 있다.

맥도날드는 사회적 책임을 늘 실천하고 있고, 앞으로도 비즈니스를 수행하는 방식으로 계속 해나갈 것이다. 그것은 맥도날드에게 수반되는 의무라고 '짐 캔탈 푸로토' 맥도날드 CEO는 시사하였다.

오린스미스 스타벅스 CEO는 노동착취나 미성년자 노동 등 비윤리적 행위로 생산된 커피 제품을 거부하고, 세계 공정무역 인증기구(World Fair Trade Organization)의 인증을 받는 원두의 공급 비중을 확대하는 '착한 커피' 운동을 확대하였다.

출처: 삼성경제연구소, 〈CEO Information〉, 제650호, 2008.4

PART

XIII

정치사회 분야의 글로벌리더(Ⅱ)

정치는 국민을 위한 신념과 철학, 그리고 비전이 있어야 한다. 그 만큼 정치는 변수가 많기 때문에 이를 리딩하는데는 많은 지혜와 철학을 갖추어야 한다. 이번 차시에는 한국인으로서 해외에 진출한 후 눈앞에 당면한 어려움을 딛고 성공한 사람들의 성공 이야기를 보면서 어떠한 성품과 역량이 그들을 글로벌 리더로 우뚝 서게 만들었는지에 대해 알아보고, 그들과 같은 글로벌 리더가 되려면 현재 자신의 역량 개발을 위하여 무엇이 필요한지를 생각해 본다.

13.1 10% 가능성을 100% 성공으로 바꾼 회장님

Prologue

- 실크로드의 서쪽 관문 아제르바이잔에서 실패를 딛고 성공 신화를 일군 최웅섭 포유 종합무역상사 회장의 성공 이야기를 통해 성공의 비결을 알아본다.
- 최웅섭 회장이 아제르바이잔에서 역점을 두고 있는 사업의 내용과 그 사업을 성공적으로 수행하게 된 계기가 무엇이었는지에 대해 알아본다.
- 무수한 실패를 딛고 성공을 하게 된 최웅섭 회장의 이야기를 통해 해외에서 글로벌 리더로서 성공하기 위해 갖추어야 할 역량에는 무엇이 있는지 알아본다.

(1) 성장 과정

종합무역회사 '포유'를 경영하는 그는 운동장과 체육관 등의 전광판, 야외광고판, 한국 IT장비를 수입해 판매하며, 전자교환기인 NGN 시스템을 아제르바이잔 정부에 납품하고 있다. 전주에서 태어나 성남에서 성장한 그는 중국과 필리핀을 거쳐 2000년 아제르바이잔에 이주했다.

(2) '불의 나라' 아제르바이잔

세계 3대 유전지대 중 하나로 꼽히는 카스피 해의 떠오르는 에너지 강국 아제르바이잔. 한국 기업이 유독 자리 잡기 어려워 '한국 기업의 무덤'이라 불리는 아제르바이잔에서 한국 기업 중 최대의 매출을 올리며, 한국과 아제르바이잔의 가교 역할을 해내고 있는 기업인 최웅섭 회장이 있다. 그는 43세란 결코 젊지 않은 나이에 낯선 땅, 아제

르바이잔에 무작정 뛰어들었다. 컴퓨터 다섯 대로 시작한 컴퓨터 학원이 성업을 이루자 그 돈을 밑천으로 소규모 무역업을 시작했다. 그 무렵 손을 댄 사업품목 중에는 이쑤시개, 돌침대, 발모제 등 재미있는 종류가 많다. 그렇게 초기 몇 년간 시도했던 150여 개의 사업 대부분은 실패로 끝이 났지만 군 하사관 출신의 최웅섭은 결코 포기하지 않고 새로운 도전을 계속했다. 그리하여 12년이 지난 지금 한국 기업 최대의 매출을 올리는 성공한 사업가가 되었다.

동영상 보기(1)

"90%의 실패가 오늘의 나를 만들었다. 온 몸으로 부딪쳐라!"

Caption 1

Q. 다음 물음에 적절히 답하시오.

1. 아제르바이잔을 '불의 나라'라고 부르는 이유는 무엇인가?
2. 경제성장률 14%를 지속하고 있는 아제르바이잔의 수도 이름은 무엇인가?
3. 아제르바이잔 정부가 각종 스포츠 시설 건설에 역점을 두고 있는 가장 큰 이유는 무엇인가?
4. 최웅섭 회장이 쟁쟁한 경쟁 상대를 물리치고 아제르바이잔 스포츠 시설을 수주하게 된 가장 큰 이유는 무엇인가?

(3) 언어를 구사하고 현지인이 되다

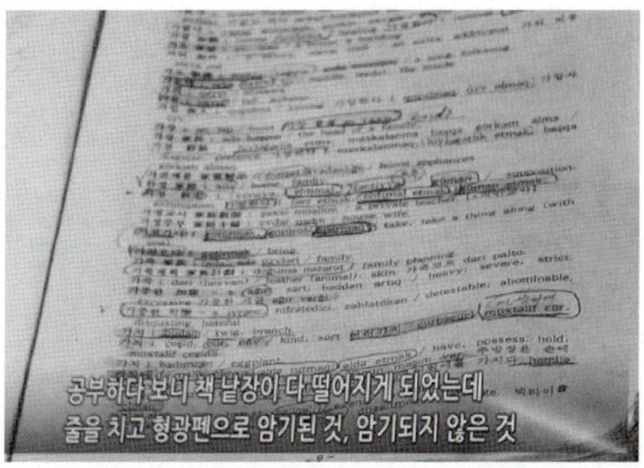

한국인 최웅섭이 아제르바이잔의 대형 프로젝트를 연이어 맡을 수 있었던 것은 아제르바이잔 정부의 신뢰를 얻었기 때문이다. 그는 한번 일을 맡으면 신속, 정확하게 끝을 내는 사람이다. 공기가 짧아도 10%의 가능성을 100%의 현실로 바꾸는 힘을 지닌 사람, 그가 바로 최웅섭 회장이다. 지난 2006년 세계 최대 규모의 회전 전광판 완공을 시작으로 아제르바이잔에서 열리는 유로비전 송 콘테스트 프로젝트를 진행 중이며, 국제수영장 건설 등 무려 3억 달러의 매출액을 기록하고 있다.

동영상 보기(2)

"당장 한 발짝도 앞으로 나가려 하지 않고 편안함과 안락함을 추구하기 때문에 사람들이 도전을 못하는 거다. 난 내가 하다하다 안 되면 돌아갔고, 또 이왕 나에게 주어진 일이라면 최선을 다하였다."

Caption 2

Q. 다음 물음에 적절히 답하시오.

1. 최웅섭 회장이 아제르바이잔 정부 인사들을 만나기 위해서 제일 처음 접촉한 사람은 누구(어떤 부류의 사람)였나?
2. 최웅섭 회장이 아제르바이잔 정부 인사들을 만나면서 치중한 전략은 무엇이며 아제르바이잔 관료들을 움직인 큰 동력은 무엇이라고 생각하나?
3. 아제르바이잔에 투자하는 굴지의 한국 대기업이 1년에 8,000만 달러 정도 매출을 올릴 때, 최웅섭 회장이 올린 매출은 얼마이며, 2011년 예상 매출액은 얼마인가?
4. 43살의 늦은 나이에 아제르바이잔에 온 최웅섭이 처음 시작한 일은 무엇인가?

(4) 문화를 이해하다

아제르바이잔 최대 규모의 축구장 공사를 진두지휘하고 있는 최웅섭. 현지 근로자와도 공사현장을 찾는 정부 관계자와도 그는 현지어로 대화를 나눈다. 그는 43살 늦은 나이에 아제르바이잔 어를 공부했다. 사전이 다 닳도록 언어공부에 매달렸던 최회장. 능숙한 현지어 구사 덕분에 이 나라의 이슬람 문화도 잘 알게 되었는데 그가 현지어를 익힌 것은 사람들의 마음을 열고 비즈니스를 펼치는 데 필수적인 요건이 현지화라고 생각했기 때문이다. 언어를 통해 그들을 이해하고 현지인들과 더 가까워짐으로써 그의 사업은 서서히 빛을 발할 수 있었다.

동영상 보기(3)

그는 자신의 사업을 위해 1년간 수위에게 접근해서 결국 중간 관리자를 소개받았다. 또한 자기 자신과의 약속을 지키며 모든 일에 최선을 다했다. 그의 열정적인 삶을 알아보자.

Caption 3

Q. 다음 물음에 적절히 답하시오.

1. 최웅섭이 아제르바이잔 문화를 이해하기 위해서 가장 심혈을 기울여 노력했던 것은 무엇인가?
2. 아제르바이잔 문화를 이해하는 것을 넘어 봉사와 구호에도 앞장선 최웅섭 회장이 아제르바이잔과 아르메니아 사이의 전쟁으로 인해 발생한 난민들을 위해 한 일은 무엇인가?
3. 최웅섭이 아제르바이잔에서 성공할 수 있었던 것은 그 나라 정부의 신뢰를 받았기 때문이다. 우리 외교관은 그의 성공 이유를 "행동하는 (　　)"이라고 평가하였는데 빈칸에 들어갈 말은 무엇인가?

○ 치킨 런의 리더십

'치킨 런'은 제2차 세계대전 때 실제로 있었던 연합군 포로들이 탈주한 사건을 패러디한 작품이다. 트위티 여사의 닭농장에서 달걀을 못낳은 암탉들이 저녁식사에 올라가는 것을 보다 못해 탈주하려고 하지만 트위티 여사 남편과 두 마리 개의 감시로 실패한다. 그런데 트위티 여사는 돈을 좀 더 벌기 위해서 닭들을 몽땅 치킨 파이를 만들어 팔기 위해 기계를 주문한다. 사고뭉치 닭들이 이 사실을 알게 되고 기계를 일시적으로 고장낸 후, 닭들에게 우리가 살아야 할 방법을 역설하면서 작전계획을 세우고 수탉 록키가 탈출할 비행기를 만들어 탈출한다는 재미있는 영화이다. 우리는 여기서 리더가 무엇인가 하는 것과, 리더가 집단을 설득하고 이끌어 나가는 카리스마와 지혜 등을 엿볼 수 있다.

13.2 인내심과 강인함으로 최고의 자리에 서다

Prologue

- 동양인 최초로 아프리카 가봉의 대통령 경호실장이 된 박상철의 도전과 성공에 대해서 알아본다.
- 대통령 경호실장의 지위에 오르기까지 그가 이룩한 인내심의 결실과 강인한 정신력이 어떻게 작용하였는지에 대해 알아본다.
- 태권도 사범에서 경호원으로, 다시 한 나라의 경호실장의 지위로 도약한 박상철의 삶 속에서 발견할 수 있는 도전 의식과 리더십에 대해서 알아본다.

(1) 성장 과정

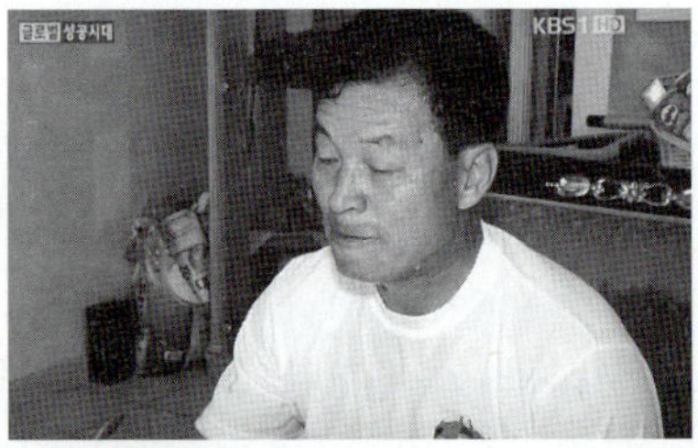

3남 3녀 가운데 차남으로 경기도 강화에서 태어나 경기도 의정부에서 성장한 박상철 씨는 초등학교 시절 축구선수가 되고 싶었지만 운동화를 살 돈이 없을 정도로 가정 형편이 어려워 꿈을 접어야 했다. 15살 때 어머니가 밀가루 포대를 꿰메어 직접 지어주신 도복을 입고 태권도에 입문한 그는 절도 있는 동작과 발차기에 매료돼 21세 때인 1972년부터는 아예 미군 부대의 태권도 사범으로 나섰다. 태권도 가르치는 일이 적성에 맞았던 박씨는 1984년 해외개발공사가 가봉에 파견할 경호원을 모집한다는 공고를 보고 선뜻 지원했다.

(2) 가봉의 경호실장

아프리카대륙 중서부 가봉공화국의 알리 봉고 대통령은 지난 2009년 10월 아버지인 고(故) 오마르 봉고의 뒤를 이어 대통령에 취임한 직후 파격적인 인사 조치를 취했다. 자신의 오랜 '보디가드'인 박상철(61) 씨를 외국인임에도 경호실장으로 임명한 것이다. 한국인 8명, 모로코인 14명을 포함해 200여명의 경호실 요원들이 박실장의 지휘를 받는다. 지난해 1월에는 박상철 씨에게 수석 의전관 자리를 겸직케 함으로써 그 위상을 한층 높였다.

박상철 경호 실장은 정말 충직하고 강인한 모습을 보여줬고, 충직한 사람의 인격적인 열매가 어떠한지를 여실히 잘 보여주었다. 한 나라의 대통령을 위해서 목숨까지도 바칠 각오가 되어 있다는 그의 말 한마디가 자신의 일을 얼마나 사랑하고, 자랑스럽게 여기는지를 느낄 수 있게 해 준다. 그의 열정적이고 강인한 자세가 가봉 땅에 30만 명의 태권도 인구를 일으켰고, 한국형 경호 시스템의 정착을 가져오는데 매우 큰 역할을 했다. 그의 강인하고, 충직한 인격을 매우 본받을 만하다.

박상철 씨의 대통령 경호실 근무 경력은 올해로 28년째로, 그간 5차례나 국가훈장을 받았다. 연이어 2대째 대통령을 배출한 봉고 가문이 박씨에게 보내는 신뢰가 그만큼 절대적이라는 이야기이다. 가봉 국민들도 태권도 8단인 그를 '그랜드 박' 또는 '미스터 박'이라 부르며 존경과 애정을 표시한다.

동영상 보기(1)

"직원들한테 항상 그림자가 되라고 그래요. 그림자가 되려면 어떻게 해야 되겠습니까? 뒤에서 내 몸을 바쳐 경호를 해야 된다는 것, 경호에서 제일 중요한 것은 '그림자다'라고 강조해요"

Caption 1

Q. 다음 물음에 적절히 답하시오.

1. 아프리카 가봉이라는 나라는 어느 나라의 식민지였다가 1960년에 독립하였는가?
2. 대통령 경호를 위해서 그림자가 되기 위해서는 어떻게 해야 하는가?
3. 박상철이 총 책임자인 가봉 대통령 경호실 경호요원은 모두 몇 명인가?

(3) 열정 하나로 가봉행을 택하다

그가 경호원의 길로 들어선 것은 1982년 8월 전두환 전 대통령의 가봉 방문 때 벌어진 유명한 해프닝에서 비롯됐다. 공항 영접행사 도중 군악대가 애국가가 아닌 북한국가를 연주하면서 전 전 대통령이 노발대발하고 장세동 당시 안기부장이 물리력을 써 가며 연주를 멈추게 하는 등 혼란 와중에 한국 경호원들이 침착하게 대처하는 모습을 고(故) 봉고 대통령이 눈여겨봤던 것이다. 어쨌든 경위를 파악한 결과, 당시 가봉 주재 북한대사관의 방해공작이 있었던 것으로 밝혀졌다. 당시 가봉 대통령은 한국 대통령에게 공식 사과하는 것으로 사태를 무

마한 뒤, 한국 정부에 경호원 파견을 요청했다. 한국 정부는 가봉 정부와 협의한 후에 한국의 요원을 경호실로 파견하기로 했고 그때 건너간 단 한 명의 경호원이 박상철 씨였다.

대통령 경호실에 처음 배치됐을 당시에는 80여 명의 경호원 가운데 절반이 프랑스인이었다. 이들은 키가 167cm에 불과한 그를 깔보기 일쑤였지만 금세 상황이 역전됐다. 박상철 씨는 성실히 훈련에 참여하고 공용어인 불어 공부에 매진하는 한편 가봉 경호원들에게 태권도를 가르쳤다. 결국 경호실의 무술은 그의 노력을 인정받아 태권도로 바뀌었다. 실력을 인정받은 그는 얼마 지나지 않아 선친 밑에서 외무장관, 국방장관 등을 역임한 현 대통령의 경호를 맡아 그림자처럼 보좌했다.

동영상 보기(2)

그는 "당시 경호원 모집 공고가 났을 때 가봉이 어떤 나라인지 전혀 몰랐고 외국에 나가본 경험도 없었다."며 "하지만 경제적인 이유도 있었고, 태권도에 대한 자부심이 컸기에 아내와 두 아들을 남겨두고 홀로 비행기에 몸을 실었다."고 회상했다. 그러나 막상 현지에 도착하고 나니 마음이 달라졌다. 친절하고 순수한 가봉 사람들의 인상이 그의 마음을 흔든 것이다.

Caption 2

Q. 다음 물음에 적절히 답하시오.

1. 박상철 경호실장이 가봉에 오기 전에 한국에서의 직업은 무엇이었나?
2. 박상철이 가봉에 경호업무를 위해 파견될 당시 그의 나이는 몇 살이었나?
3. 가봉에 온 박상철이 경호 업무를 담당하게 되면서 당시 가봉 대통령의 명으로 프랑스에 파견되어 누구를 경호하도록 임무를 부여받았나?

(4) 단순한 경호를 넘어 민간 외교관이 되다

170cm가 안 된 작은 키에 다부진 몸매, 공인 8단의 태권도 유단자. 그러나 가봉 대통령궁의 경호원들은 현지 가봉인들과 프랑스인 등 체격이 건장한 사람들로 박상철은 눈에 띄기조차 어려운 존재였다. 그러나 그는 자신에게 쏟아지는 불편한 시선을 뒤로 한 채 묵묵히 자신의 일을 성실하게 수행하였다. 아침 훈련은 30여 년간 계속 되어온 원칙 중 하나이다. 그리고

공인으로서 받게 되는 수많은 청탁과 금전 유혹에도 그는 눈 하나 돌리지 않았다. 무엇보다 일을 위해 자신의 목숨까지 버릴 수 있다는 사명감은 지금의 그가 있게 한 밑바탕이다. 자신이 세운 원칙을 지키고자 하는 의지, 경호 업무에 대한 사명감으로 그는 가봉 최초 외국인 경호 실장에 발탁되었다.

그는 경호의 뿌리인 태권도를 가봉 국민들에게 알리고 있다. 늘어난 인기 덕에 태권도를 배우고 싶어하는 사람은 많지만 열악한 환경 탓에 이마저 쉽지 않다. 그래서 그는 자비를 털어 도복을 구입하고 매주 무료 강습을 진행한다. 한국 정부의 지원 없이 30년 가까이 해오고 있다. 가봉 국민은 그가 전파하는 태권도를 통해 한국과 가까워짐을 느낀다. 자신의 성공만이 아닌 한국과 가봉을 잇는 다리 역할까지 하는 그는 이 모든 것이 그저 신나기만 하다고 말할 뿐이다.

동영상 보기(3)

말단 경호원에서 외국인 최초 경호실장이 된 지금, 박상철 경호실장은 한국의 선진 경호 시스템을 가봉에 정착시켰다. 우수한 한국 경호원을 불러들이고 직접 훈련 과정을 테스트하는 등 가봉의 경호 시스템에 새로운 변화의 바람을 일으키고 있다.

Caption 3

Q. 다음 물음에 적절히 답하시오.

1. 박상철은 가봉 대통령 경호실 경호용 무술을 태권도로 바꾸었는데, 발을 주로(70% 이상) 사용하는 태권도와는 달리 손을 주로 사용하는 기존의 무술은 무엇이었나?
2. 박상철이 태권도를 통해 강조하는 것은 인내심과 강인함 외에 또 무엇이 있는가?
3. 단순 경호 업무뿐만 아니라 한국과 가봉을 잇는 가교 역할을 하고 있는 박실장이 자비를 3천만 원씩 들여서 구입한 태권도 용품을 누구에게 기증하였나?

13.3 유럽을 매혹시킨 절대음감의 소유자

Prologue

- 동양인 최초로 프랑스 재즈 차트 4주 연속 1위, 독일 '에코재즈 어워드' 최우수 여자가수상, 프랑스 정부 문화예술훈장 수훈 등 재즈가수로서 명성을 날린 나윤선의 성공 이야기에 대해 알아본다.
- 27살 늦은 나이에 프랑스 유학을 시작하고, 동양인의 음색으로는 넘기 어렵다는 편견을 극복하고 단점을 장점으로 승화시켜 재즈 음악 최고의 자리에 올라선 나윤선의 성공 비결이 무엇인지 알아본다.
- 성공을 하기 위해서는 특별한 지름길은 없고 오직 노력만이 그 길을 보장한다는 나윤선의 믿음과 철학을 통하여 새로운 세계에 도전하는 글로벌 리더의 품격에 대해서 알아본다.

(1) 성장 과정

나윤선은 음대 교수였던 아버지와 국내 뮤지컬 1세대인 성악가 어머니 사이에서 1969년 태어났다. 음악가인 부모님 덕분에 어린 시절부터 음악을 가까이 했지만 큰 관심은 없었다. 착실하게 대학을 졸업해 든든한 회사에 취직하는 게 전부인 줄만 알았다. 하지만 그녀는 합창단 단장이었던 아버지와 뮤지컬 무대에서 혼신을 다하는 어머니 사이에서 '듣는 훈련'을 자연스럽게 체득하였다. 의식적이든 무의식적이든 부모님에게서 음악의 토대를 착실하게 물려받고 있었던 것이다. 그녀는 남보다 늦은 스물여섯 살에 재즈를 처음 접했다. 그것도 뮤지컬을 통해 우연히 만난 장르였다. 건국대 불문과를 졸업하고 기업 홍보실에서 일하다 카피 쓰는 일에 자신이 없어 회사를 그만둔 그녀가 친구의 권유로 뮤지컬 '지하철 1호선' 오디션을 봤는데 덜컥 붙어버렸다. 처음엔 뭐가 뭔지도 모르고 무대에 올랐지만 시간이 지나면서 음악 공부를 제대로 하고 싶었다. 그래서 그녀는 파리로 훌쩍 떠났다.

(2) 재즈와의 만남

그녀는 학창시절에는 반에서 "누구 노래할래?" 하면 항상 지목을 받고 노래를 하는 아이였다. 노래를 부르면서 그녀의 성격은 많이 적극적인 편이 됐지만 그래도 늘 자신이 없고 떨리고 어떤 일에 쉽게 절망하기도 했다. 유명한 뮤지션 공연을 본 날은 정말 죽고 싶다는 생각이 들고, 음악을 그만두어야겠다고 생각한 적도 많았다. 남 앞에 나서는 것을 싫어해 27살이 되어서야 음악의 길을 찾았다.

그녀에게 음악은 운명이다. 부모에게서 물려받은 음악적 재능과 끼가 재즈를 만나면서 활짝 피었다. 그녀는 1995년, 27살에 이번에는 누구에게도 떠밀리지 않고 음악을 찾아 스스로 프랑스 재즈 학교에 입학했다. 그녀가 공부하면서 할 수 있는 음악이 재즈였고, 샹송에 대한 관심을 채울 수 있는 곳이 프랑스였다. 동시에 학교 네 곳을 다니며 공부에 빠졌다. 이와 같이 음악에 대한 열정을 가지고 있었기에 보베 국립음악원까지 졸업하였고, 1999년 생모르 재즈 콩쿠르와 2005년 앙티브주앙레팽 국제 재즈 페스티벌에서 대상을 받으며 사람들의 주목을 받았다. 2007년에는 최정상 재즈 뮤지션들만 서는 미국 뉴욕 재즈 앳 링컨 센터에서 한국인 최초로 공연을 했고 프랑스 예술문화훈장인 슈발리에장을 받았다. 2008년 앨범 '브아야주(Voyage)'와 올해 나온 '세임 걸'은 프랑스 재즈 매거진인〈재즈맨〉으로부터 'CHOC(최고의 앨범)'로 연속 선정됐다.

동영상 보기(1)

"너무너무 못해서 이곳저곳 찾아다니면서 무작정 배웠어요." 스탠다드 재즈를 배우기 시작했는데 목소리가 고민이었다. "죽었다 깨도 흑인들의 스윙감이 안 생길 것 같았어요. 그런데 선생님이 저처럼 가녀린 목소리로 노래하는 유럽 쪽 재즈 보컬을 들려주셨어요." 마침내 그녀는 자기 음색에 맞는 옷을 찾았다. 프랑스에서 정식 가수로 나섰지만 사람들 앞에 서기 싫어하는 성격은 여전했다. 그러나 재즈가 그 문제를 해결해줬다. 재즈는 '만남'이었고, 만남이 답을 준 것이었다.

Caption 1

Q. 다음 물음에 적절히 답하시오.

1. 음악 평론가들의 평가를 통해 볼 때, 나윤선이 재즈 가수 정상의 자리에 오르도록 만든 여러 요인 중에서 여러 사람들에게서 칭송받는 가장 중요한 재능은 무엇인가?
2. 전 세계를 두루 다니며 재즈 음악 공연을 하는 나윤선은 1년에 몇 회 정도 공연을 하는가?
3. 나윤선은 독일의 재즈 시상식에서 '최우수 여성가수상'을 받았는데, '독일의 그래미상'이라고 불리는 재즈계의 상 이름은 무엇인가?

(3) 재즈의 바다로 뛰어들다

유럽에서 권위 있는 재즈잡지 〈재즈맨〉으로부터 '별점 다섯 개도 부족하다'는 극찬을 받은 그녀는 프랑스에서 가장 권위 있는 '아카데미 오브 재즈'에서 재즈 보컬 부문 최우수 아티스트로 뽑혔다. 이어 독일의 그래미 어워드라 불리는 '에코재즈 어워드'에서 최우수 여성가수상을 수상했다.

"재즈 공부도 친구 말 듣고 시작했죠. 파리 시내 북쪽에 있는 재즈학교 CIM에서 공부했는데 하나도 모르겠더라고요. 그때까지는 재즈를 들어본 적도 없는 '맹탕'이었어요. 즉흥이라는 개념도 생소하고 뮤지션 이름도 모르고…. 동양인은 한 사람도 없었어요. 재즈는 아프리카와 미국, 유럽인들이 만든 거잖아요. 그런데 동양인이 재즈를 한다니까 얼마나 한심했겠어요. 프랑스가 자존심이 센 나라이기 때문에 그 서클에 들어가려고 노력도 많이 했죠. 그 속에서 살아남을 수 있었던 건 제가 한국인의 정체성을 지켰기 때문입니다. 이름도 바꾸지 않았고 외국 가수 흉내도 내지 않았죠."

재즈 보컬리스트 나윤선은 적어도 유럽에서만큼은 한류의 '원조'다. 유럽 사람들이 유튜브를 통해 한국의 대중가요를 접하고 K팝 팬이 된 것은 불과 수년 전. 그러나 그는 17년 전 프랑스로 건너가 재즈를 배웠고 유럽에서 데뷔해 지금은 당대 최고의 재즈 가수 반열에 올랐다. 아무도 가지 않은 길을 직접 부딪혀 개척한 유럽 한류의 파이어니어다.

동영상 보기(2)

"내가 최고여야 한다고 생각을 했어요. 나 나윤선 때문이 아니라 나는 한국 사람이기 때문에…" 동양인으로서 넘지 못하는 벽, 스스로의 한계에 대해 잘 알고 있다는 그가 유럽의 무대를 사로잡은 비결은 무엇일까? 그가 말하는 성공 이야기와 주변 사람들이 말하는 그를 만나본다.

Caption 2

Q. 다음 물음에 적절히 답하시오.

1. 1989년 대학교 2학년생이었던 나윤선이 처음으로 무대에 서게 된 계기가 있었는데, 프랑스 대사관이 주최한 대회에서 프랑스 샹송 가수 니콜 리외의 샹송 '내게 일어날 멋진 일들을 알고 있어요'를 불러 1위 수상을 한 대회 이름은 무엇이었나?
2. 대학 졸업 후 평범한 직장 생활을 하던 나윤선이 적성에 맞지 않는 직장을 그만두고 우연한 기회에 뮤지컬에 입문을 하게 되었는데, 처음으로 데뷔한 록뮤지컬의 이름은 무엇인가?
3. 나윤선이 27살이 넘어서야 자신의 적성을 찾아서 재즈 음악을 배우기 위해 유학시절을 보낸 곳은 어디인가?

(4) 끝없는 음악과의 여행

그녀는 시간이 지날수록 소리를 찾아가는 여행이 더욱 깊고 넓어진다고 했다. 영원히 계속해야 하는 것이지만 나이가 들수록 좋아지는 숙제 같은 것일까? "음악이라는 것은 시간이 많이 걸리죠. 대가들은 꼭 그렇게 이야기합니다. 저도 처음에는 몰랐어요. 제가 졸업한 CIM에서 학생들을 가르칠 기회가 있었는데 '평생 걸릴지 모른다'고 말해줬지요. 존경받는 분들은 한 길을 오래 걸어온 사람이고, 갈 길은 늘 먼 법이죠." 그녀의 '아리랑 이론'도 그렇다. "아리랑 노래만 하면 항상 눈물이 나요. 어떻게 그런 가사를 쓸 수 있었을까 하고요. 그 노래를 부르면 외국 사람들도 똑같이 느낀다고 해요. 그분들이 듣고 울어요. 폴란드에서 공연하는데 러시아 여자가 고향 생각이 나 듣는 내내 울었다면서 자기 나라에도 아리랑이 있다는 거예요. 그런 류의 멜로디가 어느 나라에나 조금씩 있다는 걸 알았죠. 음악의 힘이라는 게 참 위대하구나. 아리랑에도 다양한 박자가 있는데 3박자가 주를 이루지요. 강원도는 5박자에 가깝지만…. 전 세계에 공통적으로 3박자가 있습니다. 깊이 들어가면 동유럽 민속음악은 11박자까지 있고요. 정말 좋은 음악은 늙지 않는 거라고 생각해요. 비틀즈가 그렇고 민속음악이 그렇고…."

그녀는 음악을 여행에 자주 비유했다. "노래할 때 시작이랑 끝은 정해놓지만 중간은 어떻게 될지 저도 몰라요. 즉흥 연주는 나와 상대방의 상태, 공연장의 에너지가 영향을 주고받는

행위죠. 늘 오늘은 어떻게 될지 모르는 여행과 같죠. 여행은 또 만남이죠. 그리스에 가면 비행기에서 내려 현지인부터 만나고, 거기서부터 그리스 노래를 듣고, 말을 듣고, 공연장에서 새롭게 사람들을 만나고, 이런 것들이 다 여행이지요."

나윤선은 도전하는 삶을 남에게도 권하고 싶다고 했다. 파이어니어들은 시간이 걸릴지라도 반드시 성공하고 그들이 세상을 바꾼다는 게 나윤선의 지론이다. "저도 힘들 때 음악을 포기했다면 지금 같은 날은 오지 않았겠지요. 지금도 세계 곳곳에 눈에 보이지 않는 한국인 파이어니어들이 있습니다. 도전은 가능한 일입니다. 그들을 응원합니다."

동영상 보기(3)

그녀는 재즈를 톨레랑스(관용)로 설명한다. "재즈하면서 가장 달라진 게 남을 받아들이는 것이었어요. 하고 싶어도 못하는 게 있고, 용납해서는 안 된다고 생각한 것들도 많았는데 이젠 달라요. 나이가 들어서 그런지 모르겠지만 관용, 톨레랑스라는 게 있잖아요. 그 누구와도 할 수 있기 때문에 좋은 것, 스승과 제자가 함께 무대에 설 수 있고, 어느 나라 청중과도 곧바로 음악의 뜨거움에 빠져들 수 있는 것, 그게 재즈인 것 같아요."

Caption 3

Q. 다음 물음에 적절히 답하시오.

1. 흑인들의 애환을 담은 재즈는 동양인으로서는 극복하기 어려운 음역이었지만 나윤선이 이를 극복하고 자신의 독특한 음역을 개척하였는데, 이는 끊임없는 노력의 결과였다. "(　　　)은 없다, 노력하라."는 것이 나윤선의 신념이었다. 빈칸에 들어갈 말은?
2. 유럽 어디를 가나 재즈 팬들을 몰고 다니는 나윤선이 자신의 팬들을 위해 사인을 해줄 때 어느 나라 언어로 사인을 하는가?
3. 나윤선이 공연을 할 때 반드시 부르게 되는 한국 곡은 무엇인가?

13.4 용어해설과 연습문제

용어해설

:: **가봉(The Gabonese Republic)** : 정식 명칭은 가봉공화국(The Gabonese Republic)이다. 대서양에 면한 적도 직하의 국가로 해안선은 885km이다. 면적은 26만7667km^2, 인구 148만 5832명(2008년 현재)이며, 수도는 리브르빌(Libreville)이다. 적도선상에 위치하여 기후는 고온다습한 열대성 기후로, 건기(1~2월, 7월~9월)와 우기(1~5월)의 구별이 명확하다. 인종은 팡족(Fang)이 최대 부족이고, 그 밖에 에치라족(Echira) · 아두마족(Adouma) · 오칸드족(Okande) 등 40여 종족으로 구성되어 있다. 프랑스도 이 나라를 중시하여 2, 3만의 프랑스인이 살고 있다. 언어는 공용어인 프랑스어와 토착어가 사용되며, 종교는 가톨릭교 40%, 개신교 10%이며, 이슬람교와 토착신앙도 믿는다. 인구의 80%가 농업에 종사하고 있으나, 농업소득은 국민총생산의 4%에 불과하다. 나라 경제의 주종을 이루는 석유 수출은 국민총생산의 40~50%로서 수출액의 70~80%를 차지한다. 또한 아프리카에서 콩고민주공화국 다음 가는 풍부한 임업자원 보유국이며, 망간 · 철광석 및 우라늄 등의 광물자원도 풍부하다. 아프리카에서 국민소득이 가장 높은 나라 중의 하나로 국민복지제도가 잘 갖추어져 있다. 2007년 현재 국민총생산량은 113억 1000만 달러이며, 1인당 소득은 7887달러이다. 가봉 지역은 10세기경 북으로부터 수단계, 남으로부터 반스계의 흑인이 이주해 왔으며, 유럽인이 건너오기 시작한 15세기에는 일종의 연방국가인 로앙고 왕국이 수립되었다. 팡족(Fang)은 17~18세기 카메룬으로부터 가봉 북부에 정착한 후 제1종족이 되었다. 19세기 이래 프랑스의 식민통치하에 있었는데, 1885년 프랑스령 콩고에 편입되었고, 1910년 별개의 식민지로 분리되었다가 1960년 8월 17일 독립을 이룩했다.

:: **아제르바이잔(Azerbaijan)** : 정식 명칭은 아제르바이잔공화국(Republic of Azerbaijan)이다. 북쪽으로 러시아 연방의 다게스탄 자치공화국, 서북쪽으로 조지아(그루지야), 서쪽

으로 아르메니아, 남쪽으로 이란과 국경을 접하고, 동쪽으로는 카스피해(海)에 면한다. 1988년부터 아르메니아인(人)이 많이 거주하는 나고르노-카라바흐(Nagorno-Karabakh) 지역을 둘러싼 아르메니아와의 분쟁으로 영토의 20%가 아르메니아에 넘어 갔다. 행정 구역은 59개주(rayon), 11개의 시, 1개 자치공화국으로 되어 있다.

:: **재즈(Jazz) :** 미국 흑인의 민속음악과 백인의 유럽음악의 결합으로 미국에서 생겨난 음악 장르이다. 재즈의 리듬 · 프레이징 · 사운드 · 블루스 하모니는 아프리카 음악의 감각과 미국 흑인 특유의 음악 감각에서 나오고, 사용되는 악기 · 멜로디 · 하모니는 유럽의 전통적인 수법을 따르고 있다. 재즈의 특색으로는 오프 비트의 리듬에서 나온 스윙감(感), 임프로비제이션(즉흥연주)에 나타난 창조성과 활력, 연주자의 개성을 많이 살린 사운드와 프레이징의 3가지를 들 수 있으며 이것들이 유럽 음악, 클래식 음악과 근본적으로 다른 점이라고 할 수 있다. 재즈의 어원은 야비하고 외설스러운 뜻을 지닌 영국의 고어(古語) 재즈(jazz)에서 비롯된 것이라는 설, 19세기부터 미국 남부의 흑인들이 사용한 성행위(性行爲) 등의 성적(性的) 의미와 열광이라든가 빠른 템포나 리듬을 뜻하는 속어 재즈에서 비롯된 것이라는 설, 드럼 연주자 찰스의 이름이 Charles → chas → Jass → Jazz로 전환된 것이라는 설 등이 있다. 또 재즈피아노 주자이며 작곡가인 제리 롤 모튼은 1902년 자기의 피아노 연주 스타일을 재즈라 하고 재즈의 창시자로 자칭하기도 하였으나 모두 확실한 근거는 없다. 그러나 1917년에 녹음된 사상 최초의 재즈 레코드 레이블에는 "…Jass Band" 라고 인쇄되어 있으며 당시는 jazz가 아니라 jass 또는 jaz, jas 등이었다고 한다. 이와 같은 특색을 지닌 흑인음악을 재즈라고 부르게 된 것은 1910년대에 들어서부터이며 그 이전에는 일반적으로 래그타임음악 또는 래그라고 불렀다. 재즈는 여러 가지 차별이나 기성 개념에 반항하면서 퍼레이드의 행진음악에서 댄스음악 그리고 감상을 위한 음악으로 발전하여 지금은 미국뿐만 아니라 전 세계적인 음악으로 발전하였다.

연습문제

01. 다음 중 최웅섭 회장과 가장 관계가 깊은 나라는?

① 미국 ② 중국
③ 필리핀 ④ 아제르바이잔

02. 최웅섭 회장이 사업을 위해서 아제르바이잔에 들어갔을 당시의 나이는 몇 살인가?

① 35세 ② 43세
③ 52세 ④ 58세

03. 최웅섭 회장은 다음과 같이 말하였다. "90%의 (　　　)가(이) 오늘의 나를 만들었다. 온 몸으로 부딪쳐라." (　　) 안에 들어갈 말은 무엇인가?

① 노력 ② 좌절
③ 실패 ④ 도전

04. 다음 중 박상철 씨와 가장 관계가 깊은 운동은?

① 거합도 ② 합기도
③ 가라데 ④ 태권도

05. 다음 중 박상철 씨가 30년 가까이 계속 지속한 원칙은 무엇인가?

① 아침운동 ② 점심운동
③ 저녁운동 ④ 경호훈련

06. 아프리카에 위치한 나라 '가봉'은 1960년대에 독립했다. 어느 나라로부터 독립했는가?

① 영국 ② 프랑스
③ 포르투갈 ④ 스페인

07. 재즈 가수 나윤선이 처음 출연한 뮤지컬 제목은 어떤 것인가?

① 맨 오브 라만차 ② 그 여자 사람 잡네
③ 지하철 1호선 ④ 블랙 메리 포핀스

08. 다음 중 나윤선의 앨범이 아닌 것은?

① Same Girl ② My Favorite Things
③ Voyage ④ Alone

09. 재즈 가수 나윤선은 재즈를 무엇이라고 표현하는가?

① 톨레랑스(tolerance, 관용) ② 비르투오조(virtuoso, 기교)
③ 신포니아(sinfornia, 합주) ④ 페러프레이즈(paraphrase, 장식)

10. 나윤선이 공연할 때 꼭 부르는 한국 곡은 무엇인가?

① 애국가 ② 아리랑
③ 고향의 봄 ④ 선구자

연습문제 – 단답형

01. 2차 세계대전 때 실제로 있었던 연합군 포로들이 탈주한 사건을 패러디한 작품은 무엇인가?

02. ( )은 '한국 기억의 무덤'이라 불리는 아제르바이잔에서 한국 기업 중 최대 매출을 올리며, 한국과 아제르바이잔의 가교 역할을 해내고 있는 기업인이다. 그는 언어를 통해 현지인들을 이해하고 가까워짐으로써 그의 사업에 빛을 발하게 했다. 위의 ( ) 안에 들어갈 인물은 누구인가?

03. 흑인들의 애환을 담은 재즈는 동양인으로서는 극복하기 어려운 음역이지만 나윤선이 이를 극복하고 자신의 독특한 음역을 개척하였는데, 이는 끊임없는 노력의 결과였다. "( )"은 없다, 노력하라."는 것이 나윤선의 신념이었다. 빈 칸에 들어갈 말은?

04. 최웅섭이 아제르바이잔에서 성공할 수 있었던 것은 그 나라 정부의 신뢰를 받았기 때문이다. 우리 외교관은 그의 성공 이유를 "행동하는 ( )"이라고 평가하였는데 빈칸에 들어갈 말은 무엇인가?

05. 아제르 바이잔을 '불의 나라'라고 부르는 이유는 무엇인가?

06. 박상철은 어느 나라 대통령의 경호실장이었는가?

07. 나윤선은 프랑스에서 가장 권위 있는 재즈 보컬 부문 최우수 아티스트로 뽑혔었다. 이때 받은 상은 무엇인가?

08. 나윤선이 유럽에 소개한 우리나라 민요의 이름은 무엇인가?

09. 최웅섭이 아제르바이잔 문화를 이해하기 위해서 가장 심혈을 기울여 노력했던 것은 무엇인가?

10. 박상철 경호실장이 가봉에 오기 전에 한국에서의 직업은 무엇이었나?

11. 나윤선은 재즈를 톨레랑스로 설명한다. 여기서 톨레랑스가 뜻하는 바는?

✦ 본문출처(사이트)

네이버 사전, 백과사전
EBS 직업의 세계
KBS 글로벌 성공시대
TED
http://blog.naver.com/saluvia1004?Redirect=Log&logNo=153973078
http://www.yonhapnews.co.kr/special/2012/01/19/1431000000AKR20120119191500371.HTML
http://article.joinsmsn.com/news/article/article.asp?Total_ID=4521550
http://jbcxfile.tistory.com/archive/20091218
http://www.younsunnah.com/
http://blog.daum.net/pile55/8887197
http://www.hankyung.com/news/app/newsview.php?aid=2010121044181

PART

XIV 정치사회 분야의 글로벌리더 (Ⅲ)

미래의 세계화적 리더십

참여적/민주적/
인간/관계
중심의
리더십
세계시장 변화와
기회창출에 대한
통찰력이 있는
리더십
다른 문화
수용의
도전적/탐험적
리더십
균형감각과 인성의
성숙함/도덕성을
기초로 한 비전을
갖고 있는
리더십
불확실성에
대한
대처 능력을
갖고 있는
리더십
수평적 산업/
시장 구조를
행할 수 있는
리더십

PART XIV

정치사회 분야의 글로벌리더(Ⅲ)

이번 차시에는 정치사회 분야의 글로벌 리더들은 자신의 신념과 철학을 구현하기 위해서 정직, 신뢰 그리고 봉사 등의 역할을 수행하고들 있다. 정치사회 분야에서 글로벌 리더로 활동하고 있는 사람들의 철학과 가치관에 대한 이야기를 들어 보면서, 우리가 당면하고 있는 지구상의 여러 문제에 대한 해결 방안에 대해서 공유해 보고, 그들과 같은 글로벌 리더가 되려면 자신의 역량 개발을 위하여 무엇이 필요한지를 생각해 본다.

14.1 지구의 기후변화에 주목하라

Prologue

- 미국 클린턴 대통령 시절에 부통령을 지냈고, 민주당 대통령 후보였으며, 2007년에 노벨 평화상을 수상한 앨 고어의 지구에 대한 사랑 이야기를 통해 우리가 살고 있는 지구상에서 공유해야 할 기후 변화에 대한 문제점을 알아본다.
- 앨 고어가 주장한 것처럼, 지구에 위기상황을 몰고 올 수 있는 기후 변화에 대한 관점을 이해하고, 석유나 석탄과 같은 기후 파괴 연료를 대체할 수 있는 청정에너지에 대한 관심을 새롭게 할 수 있도록 한다.

(1) 성장 과정

앨 고어(Al Gore)는 미국의 정치가이다. 1948년 워싱턴에서 출생했다. 테네시 주 출신으로 7선의 하원의원과 3선의 상원의원을 역임했던 앨버트 고어(Albert Gore)와 최초의 밴더빌트 법학대학 출신 여성 법률가 폴린 고어 사이에서 태어났다. 워싱턴에서는 특권층 자제만이 입학하는 영국 국교회 계통의 세인트 앨번 학교에 다녔으며, 1965년 하버드 대학에 입학하여 우등으로 졸업하였다. 베트남전쟁 당시 전쟁에 대한 반대 입장에도 불구하고 징집에 응하여 월남에 파병되었으며, 종군기자(1969~1972년)로 활약했다. 제대 후 〈내슈빌 테네시안〉지 기자로 일하면서 벤더빌트 로스쿨을 졸업해 변호사 자격을 땄다.

그는 1976년 연방하원의원에 도전, 94%의 압도적 지지로 당선되면서 정계에 입문했다. 그 후 4선을 거쳐 84년 상원으로 정치무대를 옮겼다. 1988년 민주당 대선후보 지명전에서 경쟁 후보인 듀카키스(M. Dukakis)에게 패배했으나 90년 상원의원에 재선됐으며, 2년 뒤인 1992년 빌 클린턴의 러닝메이트로 출마, 부통령에 당선됐다. 1992년 클린턴이 대통령에 당선됨으로써 고어도 부통령이 되었고, 1996년 클린턴의 재선으로 부통령으로서 2기의 임기를 함께 하였다. 2000년 미국 대통령 선거전에 민주당 대통령 후보로 출마하여 공화당의 조지 부시에게 패배하였다. 당시 대선에서 고어는 총 투표수에서는 부시보다 54만3895표를 더 얻었으나 선거인단 투표에서 지는 바람에 패배했다.

당시 고어는 선거인단의 향배를 좌우하는 플로리다 주의 수작업 재검표를 놓고 부시 후보와 미 대선 사상 초유의 법정 공방을 한 달간 벌였으나 연방대법원은 결국 부시 후보의 손을 들어줬다. 대선 패배 후 한동안 칩거하다 로스앤젤레스 캘리포니아 대(UCLA) 객원교수로 활동을 재개하고 2001년 가을 정계 복귀 선언을 하기도 했으나, 2002년 12월 공식 기자회견을 하고 2004년 차기 대통령 선거에 재출마하지 않겠다고 발표했다.

고어는 인터넷 탄생 초기부터 그 중요성을 역설했고, 환경보호와 무기 확산 방지를 주장해 '전문 기술 관료'로 주목받아 왔다. 정치인으로서는 많은 조언을 경청하고 자료를 철저히 검토한 뒤 결정을 내리며 일단 결정한 사항은 끝까지 밀어붙이는 추진력도 겸비하고 있다. 고어는 도덕성이 높다는 평을 듣는 반면 원칙에 너무 철저하고 작은 숫자나 통계에 집착함으로써 돌발 사태에 신속히 대처하지 못한다는 지적도 받는다. 그는 부통령으로 재직하는 동안 환경문제 해결에 많은 노력을 기울였으며, 1992년에는 《균형 잡힌 지구: 지구적인 환경의 개선》이라는 책을 출판하였다.

(2) 위기의 지구

지구 온난화 때문에 일어나는 가장 두드러진 현상은 전 세계의 산악 빙하들이 녹아내리는 것이다. 킬리만자로의 눈은 거의 다 녹아버려 이제 헤밍웨이의 소설 제목으로만 기억될 것으로 보이며, 미국의 국립빙하공원, 알래스카의 컬럼비아 빙하, 남아메리카 안데스 산맥, 아르헨티나 파타고니아 웁살라 빙하, 스위스 치에르바 빙하, 이탈리아 아다멜로 빙하, 티베트 고원의 히말라야 산맥 빙하 등 세계 각지의 빙하들 역시 녹아내리고 있다. 그중 특히 남극이나 북극, 그린란드 빙하의 붕괴는 인류의 생존과 직결된다. 남극이나 북극의 빙하가 녹으면 바로 전 세계 해수면이 상승하기 때문이다.

태평양 저지대 섬들에 사는 사람들은 벌써 하나, 둘 고향을 떠나고 있으며, 지금 추세대로라면 베이징, 상하이, 콜카타, 뉴욕 등 세계 대도시의 40%가 물에 잠기고, 네덜란드, 방글라

데시 같은 나라는 지도에서 완전히 사라진다. 북극에서는 지난 10년간 해빙의 양이 3% 줄어들어 얼음끼리의 간격이 훨씬 멀어졌다. 얼음에서 해안까지의 거리가 50킬로미터가 넘는 경우도 있다. 그렇다 보니 먹이사슬 꼭대기에 있는 북극곰이 먹이를 찾지 못해서 굶어 죽거나, 머물 수 있는 해빙을 찾아 헤엄쳐 다니다 지쳐서 바다에 빠져 죽는다. 이것은 생태계가 지구 온난화 때문에 겪고 있는 고난의 한 장면에 지나지 않는다.

동영상 보기(1)

"온난화로 인해 북극에 만년설이 지난 25년 동안 40% 줄었습니다. 빙하가 줄면서 빙하 안에 묻힌 방대한 양의 고체탄소가 미생물과 반응해서 메탄가스를 만들고 있습니다. 뿐만 아니라 두 번째로 많은 남극과 세 번째로 많은 히말라야 산맥 꼭대기의 만년설도 녹고 있습니다. 지구 인구의 40%가 만년설에 의지해서 식수를 얻고 있는데 최근에 많이 녹아서 식수를 많이 얻을 수 있지만 향후 물 부족이 심해질 것입니다. 뿐만 아니라 물 부족으로 건조해지면 화재가 늘어날 뿐만 아니라 재해도 점점 많이 늘어날 것입니다."

Caption 1

Q. 다음 물음에 적절히 답하시오.

1. 앨 고어의 설명에 의하면, 지구의 만년설은 몇 퍼센트가 감소하였는가?
2. 5년 이상 된 얼음으로 구성된 만년설은 지구의 심장과도 같다고 주장하는데, 지난 25년 동안 만년설을 급격하게 감소하게 만든 주된 원인은 무엇인가?
3. 고산지대의 만년설이 유실되어 녹아서 강을 통해 바다로 흘러 들어감으로써 인간에게 직접적으로 미치는 영향은 무엇인가?

(3) '삼림감소'와 '화석연료'

지구 표면을 100으로 본다면 바다가 약 70%이고 땅이 30% 정도이다. 육지보다 바다가 훨씬 넓은 것을 알 수 있다. 그런데 육지의 약 10% 정도가 빙하로 덮여 있다. 그러므로 만약 지구가 따뜻해지면 빙하가 녹게 되고, 녹은 빙하의 물은 바다로 들어가 해수면을 높아지게 한다. 해수면이 높아지면 그만큼 바다도 더 넓고 더 깊어진다. 과학자들에 의하면 만약 빙하의 높이가 1m 낮아진다면 해수면은 3cm 정도의 높이로 상승한다고 한다. 최근 수년간 지구의 빙하는 1m 이상 낮아진 것으로 알려지고 있다. 동시에 빙하가 녹는 속도도 점점 빨라지고 있다.

빙하를 녹이는 주범은 이산화탄소이다. 지구가 따뜻해지는 원인을 여러 가지로 생각하고 있지만, 가장 큰 요인은 산업의 발달로 화석연료를 많이 사용하기 때문이라고 할 수 있다. 화석연료를 사용할 때 나오는 이산화탄소가 지구를 감싸면서 지구 온도를 점점 높이고 있는 것이다. 이것을 온실효과라고 한다. 예를 들어, 온실은 유리로 되어 있어 태양빛이 잘 들어온다. 들어온 태양빛은 온실 안을 덥게 하는데, 온실 안의 물체가 내뿜는 열은 유리에 막혀 밖으로 나가지 못하므로 온실 안이 점점 따뜻해지는 효과를 가져온다.

지구를 거대한 온실이라고 생각해보자. 평소에 지구는 태양으로부터 에너지를 흡수하여 사용한 다음, 남는 에너지는 지구 밖으로 내보내 온도의 평형을 유지한다. 태양에서 오는 에너지는 우리가 보는 빛이므로 대기를 잘 통과하여 지구의 여러 물체에 흡수되어 따뜻하게 된다. 따뜻해진 지구는 적외선이라는 빛을 방출한다. 이 적외선 에너지는 대부분 지구 밖으로 빠져나가지만 일부는 대기 중에 있는 이산화탄소에 의해 빠져나가지 못하고 남아 있게 된다. 그래서 지구 밖으로 나가지 못한 적외선 에너지가 지구의 온도를 높아지게 한다. 문제는 화석연료의 과다 사용으로 인해 이산화탄소의 층이 점점 두꺼워지고 넓어지는 것이다. 즉, 지구라는 온실의 유리벽이 점점 두꺼워지고 있는 것이다.

동영상 보기(2)

"지구 온난화의 원인 중 20%는 산림파괴와 화석연료의 사용입니다. 화석연료 중에는 석유보다 석탄이 더 심합니다. 미국은 중국 다음으로 이산화탄소를 많이 배출하는 나라입니다. 그런데 최근 청정 석탄이라는 이름으로 사람들의 인식을 바꾸려고 하고 있습니다. 하지만 석탄은 석탄일 뿐입니다."

Caption 2

Q. 다음 물음에 적절히 답하시오.

1. 지구 온난화를 일으키는 가장 주된 원인을 두 가지로 설명하고 있는데, 그중 하나는 벌목으로 인한 삼림감소이다. 또 다른 주요 원인은 무엇인가?
2. 지구 온난화를 야기하는 중에 가장 심각한 문제를 일으키고 있는 화석연료는 무엇인가?
3. 이산화탄소를 가장 많이 발생시키고 있는 두 나라는 어느 나라인가?
4. 석유회사와 석탄회사 등은 광고 등을 통해 석탄의 무해성을 주장하는 등 화석연료 문제가 정치적 쟁점이 되고 있는다. 그 회사들이 사용하는 '청정 석탄(Clean Coal)'이란 용어가 의미하는 것은 무엇인가?

(4) 기후변화 방지를 위한 제안

앨 고어는 말한다.

"이산화탄소는 문자 그대로 우리의 운명이 내뿜는 호흡입니다. 지금 우리는 그 절차를 기계화했습니다. 패턴을 바꾸는 것은 과거에 우리가 했던 것을 넘어서는 범위와 규모와 변화 속도입니다. 제가 여러분이 하는 것에 대해 낙관적으로 생각하시라는 말씀으로 시작한 것도 바로 그런 이유에서입니다. 적극적인 시민이 되려면, 요구받는 것이 많습니다. 전구도 바꾸어야 하지만, 법도 바꾸어야 합니다. 전 지구적인 협정도 바꾸어야 합니다. 우리는 목소리를 높여야 합니다. 우리는 이 민주주의를 해결해야 합니다. 우리는 우리의 민주주의에 시나리오가 있습니다. 우리는 그것을 바꾸어야 합니다. 인터넷을 사용하십시오. 인터넷으로 가십시오. 사람들과 연결하십시오. 대단히 적극적인 시민이 되십시오. 모라토리엄을 가집시다. 우리는 이산화탄소를 잡아서 저장할 수 없는 새 화력발전소를 지어서는 안 됩니다. 이 말은 우리가 재생 가능한 자원을 신속하게 구축해야 한다는 뜻입니다. 지금 아무도 그 규모에 대해서 얘기하지 않고 있습니다. 그러나 저는 지금부터 11월이 되기 전에 가능하다고 믿습니다. 이 기후 보호를 위한 동맹에서는 전국적인 캠페인을 출범시키려고 합니다. 풀뿌리 동원, 텔레비전 광고, 인터넷 광고, 라디오, 신문, 그리고 걸스카우트에서부터 사냥꾼과 어부들에 이르기까지 모든 사람들과 제휴할 것입니다."

그가 이런 노력을 통해서 세계적으로 인정을 받고 노벨평화상을 수상했다는 것에는 더 이상

의 반론의 여지가 없다.

그는 환경운동가로서의 본분을 다 했으며, 그의 작은 주장으로 인해서 환경운동으로까지 번지는 환경캠페인으로까지 가게 되었으니 그의 영향력을 통한 결과가 어떠했는지는 세간의 평가를 통해 알 수 있을 것이다.

동영상 보기(3)

"모든 인간 문명의 미래가 나에게 달려 있다면, 나는 무엇을 할 것인가? 나는 어떤 사람일 것인가? 그것은 우리 모두에게 달려 있습니다. 다시 한 번 말씀드리지만, 그것은 전구를 바꾸는 것만이 아닙니다. 여기에 있는 우리의 대부분은 미국인입니다. 우리에게는 민주주의가 있습니다. 우리는 상황을 바꿀 수 있습니다. 우리는 적극적으로 변화해야 합니다. 정말로 필요한 것은 보다 높은 수준의 자각입니다. 자각을 끌어내기는 쉽지 않지만, 이루어 낼 것입니다. 알고 계시는 분들도 있겠지만, 옛날 아프리카 속담에 "빨리 가려면 혼자 가라. 멀리 가려면 함께 가라"라는 말이 있습니다. 우리는 멀리, 빨리 가야 합니다. 그래서 의식이 바뀌어야 합니다. 약속이 바뀌어야 합니다. 긴박함이 있어야 합니다. 우리가 이 도전에 책임을 맡는다는 특권에 새롭게 감사해야 합니다."

Caption 3

Q. 다음 물음에 적절히 답하시오.

1. 기후보호연맹을 비롯한 환경보호론자들이 미국이 직면하고 있는 경제 위기/안보 위기/기후 위기를 동시에 극복하기 위해서 제안하고 있는 것은 무엇인가?
2. 지구 온난화를 야기하는 화석연료의 사용을 줄이고 새로운 에너지를 사용하는 것이 현대적 개념의 '청정 석탄'이라고 주장하는데, 화석연료를 대체할 수 있는 대체 에너지로는 무엇이 있나?

14.2 여성이여! 세상의 절반을 차지하라

Prologue

- 세상의 절반을 차지하고 있는 여성들! 그러나 그것은 숫자일 뿐, 실제 사회적 지위와 지도자적 지위에서는 한없이 소외되어 있는 집단이 여성들이다.
- 전 세계 여성들의 차별적 현실을 통렬히 비판하는 페이스북 최고운영책임자인 셰릴 샌드버그, 그의 열변을 통해서 여성들의 지위 향상을 위한 진단과 처방을 알아본다.

(1) 성장 과정

1969년 워싱턴 DC에서 태어난 독일계 유대인 셰릴 샌드버그는 미국 최고의 명문대학교인 하버드 대 경제학과와 경영대학원(MBA)을 졸업했다. 졸업 후 세계은행에서 경제학자로, 맥킨지에서는 컨설턴트로 활동했다. 1996년 대학시절 은사이던 래리 서머스 전 재무장관 비서실장으로 일했다. 그 뒤 실리콘밸리로 건너가 2001년부터 2008년까지 구글의 경영진으로 일했다.

셰릴 샌드버그(Sheryl Sandberg)는 2008년 구글을 그만두고 페이스북의 최고운영책임자(COO, Chief Operating Officer)가 되었다. 그녀는 페이스북의 영업, 마케팅, 비즈니스 개발, 인적 자원, 공공 정책 및 커뮤니케이션을 관리한다. 이런 일들은 엄청난 일이지만 구글에서 성공적인 온라인 영업과 운영 프로그램을 관리했다.

포브스가 선정한 '세계에서 가장 영향력 있는 여성 100명'에 3년째 이름을 올리고 있다. 블룸버그 비즈니스위크는 "미래의 여성 대통령 후보로 거론되는 인물"이라고 평가하기도 했다. 샌드버그는 지난해 미 경제 격주간지 포천이 선정한 '2012년 최고 연봉 여성' 가운데 3096만 달러(약 350억원)의 연봉을 받아 3위를 기록했다.

(2) 여성들의 낮은 고위층 진출 비율

최근 현저하게 나타나는 사회적 현상 가운데 하나는 여성의 고학력화와 함께 사회진출이 급격하게 증가하고 있다는 것이다. 여성의 사회진출 증가와 이를 통한 역할 및 지위의 향상은 일시적인 현상이라기보다는 시민의식의 성장과 함께 과학기술의 발전을 통한 경제발전이 초래한 결과로 볼 수 있으며, 향후 우리 사회에 많은 영향을 미칠 수 있는 패러다임의 변화로 이해할 필요가 있다. 그러나 가만히 그 속을 들여다보면, 이렇게 여성들의 사회활동 증가에도 불구하고 아직도 많은 여성에 대한 차별대우와 활동의 장애요인이 산재해 있음을 알 수 있다. 최근 한 조사 결과에 따르면 2009년 〈포춘(Fortune)〉지 선정 100대 기업 가운데 이사회 멤버에 여성이 단 1명도 포함되어 있지 않은 기업은 미국의 경우 10% 수준이었다. 유럽의 경우 68%, 아시아의 경우 82%로 여성에 대한 차별이 더 높은 것으로 나타났다. 또한 매니저급 이상의 경우 미국은 38% 정도가 여성인 것에 비해, 한국이나 일본의 경우 10% 미만에 그치고 있었다.

특히 산업현장에서 여성이 겪는 불평등은 보다 선명하게 나타난다. 노동시장에서의 남녀차별, 열악한 근무조건, 조직에서 여성인력에 대한 구조적 차별 등이 여전히 실재한다. 남성중심의 기업문화와 네트워크, 정부와 기업 차원의 복리후생제도 미비 등의 문제와 함께 여성자체의 소극적 대응이 그 주요 원인으로 꼽히고 있다. 이 결과 기업 내에서 여성이 관리직으로 승진을 하거나 핵심 직무를 담당할 수 있는 기회는 아직도 매우 부족하다. '유리천장(Glass Ceiling)'과 '유리벽(Glass Wall)'이 아직도 여성인력의 효과적인 활용을 저해하고 있는 것이다. 기업이 여성인력을 효율적으로 활용하여 경쟁력을 확보해 가기 위해서는 무엇보다 이러한 유리천장과 유리벽을 철폐하는 것이 급선무일 것이다. 유리천장과 유리벽을 극복하기 위해서는 제도적 차원에서 고용평등정책을 적극적으로 도입하는 한편, 여성 스스로도 자신감을 가지고 리더로서의 자질과 전문성을 확보해 나가야 할 것이다.

동영상 보기(1)

"여성들이 사회에서 직업과 국가를 막론하고 고위층으로 진출하지 못하고 있습니다. 190개의 나라 원수 중 고작 9명만이 여성입니다. 전 세계의 국회의원들 중 여성이 차지하는 비율은 13퍼센트입니다. 법인단체에서 최고경영자 혹은 이사회에서 요직을 차지하는 여성비율은 15~16퍼센트입니다. 심지어 일반적으로 우리가 여성 주도의 현장이라 생각하는 곳에서조차 여성은 겨우 20퍼센트만이 고위층을 차지하고 있습니다. 현재의 이런 상황을 어떻게 고쳐야 할까요. 그에 대한 대답으로 현재 일자리에 있는 여성들을 지키는 것에 대해서 말하고 싶습니다."

Caption 1

Q. 다음 물음에 적절히 답하시오.

1. 인구 비례로 볼 때 세상의 절반은 여성인데, 190여 개의 나라 중에서 여성이 국가 원수인 나라 수는 대략 몇 개인가?
2. 여성은 흔히 '가정이냐 직장이냐' 중 하나만을 선택해야 하는 괴로운 처지에 놓여 있다고 하는데, 미국의 경우 직장 내 기혼 남성들 중 3분의 2가 자녀가 있는 반면에 기혼 여성이 자녀를 둔 경우는 어느 정도 비율인가?

(3) 남성과 여성의 생각의 차이

최근 학계 연구에서 제시된 한 도발적인 가설은 여성이 남성에 비해 경쟁심이 적기 때문에 일을 그만두거나 고위직 승진을 위해 경쟁하지 않으려 한다고 주장이다. 실험실에서 수행된 연구에서는 해당 업무를 위한 기술을 남성만큼 갖추고 있다는 사실을 보인 여성조차 경쟁에 진입할 가능성이 남성보다 38% 적은 것으로 나타났다. 최근에 시행된 또 하나의 연구는 개인 대신 무작위로 배정된 팀별로 경쟁할 경우 경쟁에 있어 남녀 차이가 최대 1/3이 줄어든다는 결론을 내놓았다.

여성이 혼자보다 팀 단위로 활동을 더 잘하는 진화론적 이유가 있을지도 모른다. 인간을 포함한 대부분의 종에서 수컷은 번식 가능성을 극대화하기 위해 암컷을 두고 경쟁을 벌이는 반면, 양육을 맡은 암컷은 가족 및 공동체 구성원과의 협력을 필요로 한다. 이러한 이유로 여성이 팀 환경에서 더 좋은 성과를 거두는 것이다. 또 한 가지 주지해야 할 점은 앞에서 언급한 연구들이 여성의 경쟁심이 낮게 사회화가 이루어졌을 수도 있는 가부장적 사회의 맥락에서 시행되었다는 사실이다. 선천적인 요소와 후천적인 요소가 결합되어 나타나고 있는 것이다.

경제학자 우리 니지와 케네스 레오나드, 존 리스트는 가부장적인 탄자니아의 마사이족과 모계사회인 인도 메갈라야 주의 카시족의 경쟁과 성별 차이를 조사했다. 그 결과 마사이족에서는 위에서 언급한 바와 같이 남성이 여성보다 경쟁심이 강하다는 결과가 나왔으나, 카시족에서는 정반대의 결과가 나왔다. 여성이 남성보다 경쟁을 선택하는 비율도 높을 뿐만 아니라 경쟁 환경에서 여성이 더 적극적으로 경쟁에 임한 것이다. 연구진은 이번 연구 결과로 여성이 언제나 남성보다 경쟁심이 적다는 것은 사실이 아님이 드러났다고 말했다. 남성과 여성의 경쟁심의 차이는 선천적인 요소만이 영향을 주는 것이 아니라 후천적인 요소도 영향을 주는 것이다.

동영상 보기(2)

"여성분들의 사회적 지위 향상을 위해서 도움이 될 수 있는 세 가지 조언을 하겠습니다. '첫째 책상에 앉아라, 둘째 여러분의 동료를 진정한 동료로 만들라, 셋째 그만둬야 하기 전엔 그만두지 말라.'입니다. 여성들은 제도적으로 능력에 비해서 과소평가되고 있습니다. 여성들은 직장에서 협상의 태도를 취하지 않습니다. 갓 대학을 졸업한 남녀 사회 초년생들을 상대로 한 2년간의 연구 결과를 살펴보니 남성의 경우 57%가 첫 연봉에 대해 협상을 했습니다. 반면 여성의 경우는 겨우 7%만이 연봉 협상을 했습니다. 남성의 경우 자신의 업무성과를 자신의 공으로 돌리지만, 여성의 경우 외부적 요인으로 돌립니다. 이 차이가 남성과 여성의 승진 기회의 차이로 이어집니다."

Caption 2

Q. 다음 물음에 적절히 답하시오.

1. 셰릴 샌드버그가 여성의 사회적 지위 향상을 위해서 세 가지를 조언하고 있는데, 그 중 하나는 '진정한 동료를 만들라'이고, 또 다른 하나는 '그만둬야 하기 전엔 그만두지 말라'인데, 나머지 하나는 무엇인가?
2. 여성은 제도적으로 자신의 능력에 비해 과소평가되고 있기도 하지만 여성 자신의 소극적 태도도 문제가 될 수 있다고 한다. 셰릴 샌드버그가 예시한 미국의 한 연구에 의하면 남성 취업자 중 50% 이상이 첫 연봉에 대해서 협상을 시도했다. 그러나 여성의 경우는 대략 (   )퍼센트 정도만 협상을 시도했다. 괄호에 들어갈 말은?

(4) 남녀 불평등

한국이 파키스탄, 인도, 캄보디아와 함께 아시아에서 가장 심각한 남녀불평등 나라 중의 하나로 꼽혔다. 뉴욕에 있는 비영리재단인 '아시아 소사이어티'는 건강, 교육, 경제활동, 정치리더십 등의 분야에서 아시아 여성의 지위 실태를 조사해 발표했다. 이 조사에 따르면 한국

은 인재개발 수준이 가장 높은데도 불구하고 여성 개발은 초라한 수준이라고 지적했다. 이 보고서는 아시아가 다른 지역보다 남녀 간의 임금 격차가 큰데다가, 여성 지도자가 극히 적어 연간 890억 달러의 생산성 손실을 보고 있다고 지적했다. 한국은 이 중에서도 여성의 임금이 남성 평균 임금의 51%에 불과해 아시아 국가 중에서도 가장 불평등이 심각한 수준으로 알려졌다. 일본도 여성 임금 평균이 남성의 60%에 불과해 그다지 높지 않은 수준으로 나타났다.

기업 임원 중에서 여성이 차지하는 비율은 일본 0.9%, 한국 1.9%, 중국 8.5%로 세계 전체 평균인 21%에 비해 한참 못 미쳤다. 정치인의 경우에는 아시아 여성 지도자들이 다수 있지만 이 역시도 아버지, 남편, 아들 등의 뒤를 잇는 전통 때문인 것으로 분석됐다. 이 보고서는 아시아에서의 남녀 불평등은 오랜 역사를 지니고 있다면서, 성 감별 후 낙태, 여아 살해 등이 그동안 있어왔다고 언급했다. 보고서에 따르면 아시아에서는 남아 선호로 인해 여자 아이들은 남자 아이들에 비해 의료, 영양, 교육 등을 제대로 받지 못했다.

애스트리드 투미네즈 리콴유 공공정책학교의 교수는 "여성의 지위가 나라 및 분야별로 매우 다르다."면서도 "전반적으로 남녀 불평등 추세가 이어질 경우 아시아는 많은 부분에서 성과를 잃어버릴 수 있다."고 강조했다. 또 아시아에 만연한 남녀 불평등을 개선하기 위해서는 여성 지도자 양성, 육아 휴가 확대, 어린이 및 노인 부양 지원, 남녀가 평등한 은퇴 프로그램 등이 필요하며, 무엇보다 남녀의 가치를 동일하게 평가하게 하는 교육이 필요하다고 전했다.

(5) 여성들이여, 야망을 가지면 사랑받지 못할 것이란 두려움을 떨쳐라

그녀는 훌륭한 연사로도 유명하다. 테드와 대학 졸업식 축사에서 보여주는 당찬 언변은 많은 사람들에게 감동을 주고 있지요. 그녀가 페이스북 일화 중에서 '우리가 어떤 태도로 회사를 바라봐야하느냐'를 깨우쳐주는 일화가 있다. 이베이(eBay) 마케팅에서 일하던 로리 콜러가 전화를 해서 이런 얘기를 하더라는 겁니다.

"페이스북에서 같이 일하고 싶어서 전화를 드렸어요. 제가 잘하는 모든 것과 제가 하고 싶어하는 모든 것을 말씀드리려 했는데요. 생각해보니 그건 다들 하는 거잖아요? 그래서 대신 이런 게 궁금해요. 지금 당신한테 가장 큰 문제는 어떤 거에요? 내가 어떻게 해결할 수 있을까요?"

셰릴은 입이 쩍 벌어졌다고 한다. 회사 생활을 하면서 수천 명의 직원을 채용해봤지만, 그런 식으로 말한 사람은 처음이라는 것이다. 그래서 당장 채용했다고 한다.

그녀는 이러한 알차고 현실적인 조언들을 많이 한다. 테드에서는 "왜 여성리더가 적은가?"라는 주제로 강연을 했는데, 이 강연은 지금까지 많은 여성들의 심금을 울리고 있다. 자신의 여성성을 과장하거나 왜곡하지도 않고, 여성들이 가져야할 조금 더 진취적인 자세나, 사회 위치의 재인식 등을 강조하고 있다.

동영상 보기(3)

"두 번째 조언은 여러분의 동료를 진정한 동료로 만들라입니다. 남편, 아내가 정규직이고 아이가 있는 가정의 경우 아내가 남편보다 두 배의 양에 달하는 집안일을 하고, 세 배의 양에 달하는 아이 돌보기를 합니다. 그 원인은 복잡합니다. 사회적으로 제가 진단하는 바는 남자 아이들에게도 똑같이 성공에 대한 압박을 지워야 한다는 것입니다. 세 번째 조언은 그만둬야 하기 전에는 그만두지 말아라입니다. 여성들의 직장에 오래 머무르려는 행동이 아이러니하게도 결국 그녀들을 직장을 그만두게 만듭니다. 여성들은 아이를 갖는 것을 생각하기 시작하면 직장생활과 아이 갖는 것을 어떻게 맞춰야 할지 고민합니다. 그때부터 여성들은 더 이상 승진에 목 매이지도 않고, 새로운 프로젝트 또한 맡지 않습니다. 떠나기 전엔 떠나지 마세요. 아이를 돌보아야 하게 될 때까지 그만두지 마세요."

Caption 3

Q. 다음 물음에 적절히 답하시오.

1. 가정에서 남편과 아내의 가사 노동 분담률 및 육아 시간 분담률은 심각한 불균형을 이루고 있는데, 특히 맞벌이 부부의 경우, 셰릴 샌드버그는 아내의 가사노동 분담률이 남편의 몇 배라고 언급하였는가?
2. 연구에 따르면, 수입이 비등하고 가사 노동을 평등하게 분담하는 가정일수록 이혼율은 어떤 추세를 보이는가?
3. "떠나기 전까지는 떠나지 마세요."라고 강조하는 셰릴 샌드버그의 주장을 통해 볼 때, 여성들이 정당한 사회적 지위를 얻기 위해서 어떠한 자세를 갖출 것을 강조하는가?

14.3 민중의 힘을 강조한 보수주의자

Prologue

- 현대사회는 정부의 힘을 줄이고 기술을 활용한 진정한 민중 권력의 시대를 열어야 한다는 영국 수상 데이비드 캐머런의 정치철학에 대한 내용을 들어 본다.
- 행동경제학을 이용한 새로운 아이디어를 활용하고, 이러한 경향이 결국 현명한 정책으로 연계될 수 있다는 철학을 가진 캐머런 수상의 논리에 대해 들어 보고, 세상을 움직이는 글로벌 리더의 역량과 품격이 무엇이어야 하는지에 대해 알아본다.

(1) 성장 과정

데이비드 캐머런(David Cameron)은 2010년부터 영국의 제56대 총리를 맡고 있다. 현재 영국 총리와 보수당 당수를 맡고 있고, 위트니 선거구의 하원의원이다. 짧은 정치 경력에도 불구하고 2010년 영국 총선거에서 보수당을 승리로 이끌면서, 43세의 젊은 나이에 총리직에 올랐다.

데이비드 캐머런은 옥스퍼드 대학교에서 PPE(Philosophy, Politic and Economics)를 공부하면서, 최우수학위를 취득하였다. 2001년 옥스퍼드셔 주 선거구의 의원으로 당선되었고, 의회에 들어간 후 2년 만에 야당 간부로 승진하였다. 캐머런은 젊은 유권자들의 흥미를 끌 젊고 혁신적인 후보로 비친 후 보수당 지도자로 당선되었다.

그의 초기 가도력은 지난 10년간 처음으로 여론 조사에 있어 보수당을 토니 블레어의 노동당보다 앞지르게 했다. 비록 고든 브라운이 노동자 당수이자 총리로서 블레어 자리를 물려받은 후 한동안 뒤처졌을지라도, 캐머런의 지도력 하에 보수당은 노동당을 앞서고 있다.

(2) 보수주의

보수주의는 관습적인 어떤 것, 즉 '전통'을 굳게 지키고 그 기반으로 변화에 점진적으로 적응하는 정치이념이다. 가치로서의 보수는 현상유지를 하거나 점진적인 변화를 꾀하거나 하는 등 다양한 의미를 지니고 있다. 보수주의는 보수적 가치를 추구하는 수많은 방법 중의 하나일 뿐이다. 그래서 여타 다른 보수적 가치를 추구하는 방식들, 과거로의 회귀를 추구하는 반동주의와 현상을 유지하려는 수구파와는 구별이 필요하다. 보수주의의 의미는 지역과 문화에 따라 다르다.

보수주의가 하나의 사상으로서 등장한 것은 프랑스 혁명이 일어난 1789년 전후이다. 종교개혁기의 영국 성공회 소속 신학자인 리처드 후커의 글에서 태동을 볼 수 있는데, 보수주의가 본격적으로 등장하기 시작한 것은 에드먼드 버크의 논설문인《프랑스혁명 및 이에 관한 런던 시민단체의 움직임에 대한 고찰(Reflections on the Revolution in France and on the Proceedings in Certain Societies in London Relative to It)》이 출간된 이후라고 할 수 있다.

동영상 보기(1)

"누군가는 이렇게 말합니다 '정치란, 추잡한 사람들을 위한 속물 산업이다'라고 말입니다. 심지어 최근에는 과학자들이 실험에 사용하는 생쥐를 정치인들로 교체하는 것을 심각하게 고민했다고 합니다. 여기저기 널린 게 정치인들이고 그들에게 무슨 일이 일어나든지 아무도 상관하지 않으니까요. 국가예산이 바닥났습니다. 공공부채는 32조 가량 되고 계속 늘어나고 있습니다. 어떻게 하면 예산을 더 쓰지 않고도 살림살이를 더 나아지게 할 수 있을까요.

첫째 국민들에게 더 많은 권한을 주고 그들의 삶을 조절할 수 있게 한다면 더 강하고 더 멋진 사회를 만들 수 있다고 믿는 것입니다. 만약 우리가 이러한 철학을 가지고 이 시대의 엄청나게 풍부한 정보를 접목한다면 정치, 정부, 공공서비스를 크게 개선할 수 있습니다.

둘째 인간의 본성에 대한 믿음을 갖는 것입니다. 정치인들은 그들이 원하는 방향으로 사람들을 대하기보다 오직 사람들을 있는 그대로 대할 때만 성공할 수 있습니다.

앞서 말한 두 가지 방법을 접목한다면 우리는 진정 더 행복하고 더 강건한 사회를 엄청난 예산을 소비할 필요 없이 만들 수 있습니다."

Caption 1

Q. 다음 물음에 적절히 답하시오.

1. 영국 수상 데이비드 케머런은 부패한 정치가들, 너무 많은 정치인들, 그로 인해 민중들의 관심 밖의 대상이 되어버린 정치가들을 어떤 동물에 비유하고 있나?
2. 케머런 수상은 늘어나는 예산 적자에 대한 고민이나 공공서비스 등에 대한 문제 해결을 위해서는 언제나 '국민 중심'이라는 올바른 정치철학과 무엇이 결합해야 한다고 하는가?
3. '인간 본성에 대한 믿음'이 중요하다고 주장하고 있는 캐머런 수상은 이 '인간 본성에 대한 믿음'이 무엇과 결합함으로써 행복하고 강건한 사회를 만들 수 있다고 역설하고 있는가?

(3) 민중을 위한 권력

국제앰네스티의 전임 사무총장으로, 2009년 말에 한국을 방문했던 아이린 칸 여사는 "21세기는 민중권력(People Power)의 시대가 될 것이다."라고 말했다. 그녀의 말을 들어보자. "우리는 다시 모여서 경제성장이 아니라 정의와 평등에 대해서 문제제기를 해야 해요. 차별문제를 인권으로 풀어야 하고, 이 문제는 실제로 인권의 문제입니다. 모두들 사법문제라고 얘기하는데 인권의 문제죠. 바로, 윤리의 문제니까요. 아주 처절하게 비인간적인 환경 속에서 빈곤의 악순환을 겪으며 살아가는 사람들이 많습니다. 이들은 인권문제에 있는 것이며 이들을 위한 답도 인권에서 찾아야 해요. 인권이 사회에 끼어들어 세상을 바꿔야 합니다. 우리는 빈곤에 맞서 싸워서 인민의 권리를 존중하고 지켜야 합니다. 우리는 빈곤이 왜 생기는지 알 권리가 있어요. 정부에게 책임을 물어야 할 권리가 있어요. 물리적 폭력으로부터 해방되어야 하고, 빈곤과 여성 성폭력 같은 인권 피해자들이 결국 해결과정에 참여해야 하고, 그들에게 발언권을 주어 의사결정할 수 있도록 해야 해요."

데이비드 캐머런도 다음 세대의 정부라는 강의를 통해 우리가 올바른 정치철학, 올바른 정치적 사고를 정보혁명과 결합한다면, 정치와 정부, 공공서비스를 크게 개선시킬 수 있다고 했다. 그는 국민들에게 더 많은 권한을 주고 그들의 삶을 조절할 수 있도록 하는 'POWER TO PEOPLE'과 인간의 본성에 대한 믿음인 'UNDERSTAND OF PEOPLE' 두 가

지의 언급을 통해 더 행복하고 더 강건한 사회를 만들 수 있다고 했다. 그리고 지금 이 시기가 이런 주장을 하는 데 가장 적당한 시기라고 언급하였다.

민중집권시대, 즉 관료주의 이후 시대에는 과거에는 할 수 없거나 엄청난 대가의 돈을 지불해야 얻을 수 있는 정보를 무료로 보내거나 받을 수 있는 시대이다. 실제로 정보와 인터넷 혁명이 다양한 방식으로 우리 사회에 파고들고 있다. 또한 이러한 혁명이 진정한 민중권력을 이룰 수 있는 시대로 평가되고 있다. 그렇다면 이러한 정보의 혁명이 정치, 정부, 공공서비스에 어떤 의미로 다가오는 것일까?

동영상 보기(2)

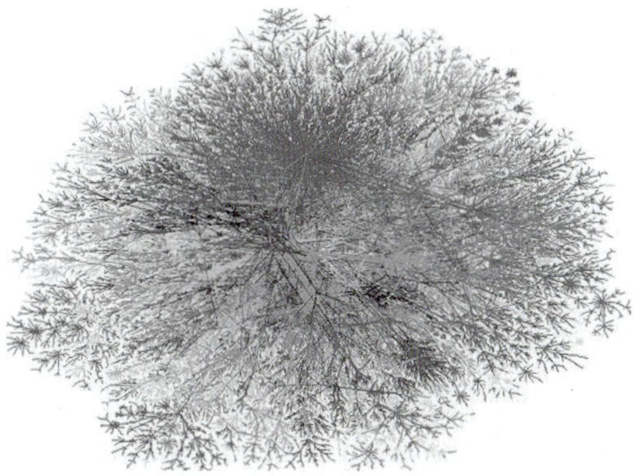

"100년 전에는 이 10개의 단어를 전송하는 데 50달러가 들었습니다.(ONE HUNDRED YEARS AGO SENDING THESE TEN WORDS COST $50) 하지만 지금은 다른 모든 곳과 50달러와는 비교할 수 없을 만큼 적은 비용으로 연결될 수 있습니다. 정보와 인터넷 혁명이 정말 다양한 방식으로 우리 사회에 실제로 파고들어 있습니다. 투명성, 선택성, 책임성이 민중집권을 이룹니다. 옛날에는 오직 정부만이 정보를 가지고 있었습니다. 하지만 지금 이 하나의 웹사이트를 통해 미국의 한 주에서 예산의 한 푼 한 푼이 정부에 의해 어떻게 쓰이는지 검색되고, 분석되고, 검증될 수 있습니다. 여러분은 모두 온라인 쇼핑을 하고, 온라인에서 비교하고, 모든 것을 온라인에서 해결합니다. 그러나 교육, 보건, 치안과 같은 공공서비스에는 거의 영향을 미치지 못했습니다. 변화를 이끌어내야 합니다. 검색 가능한 보건 사이트를 제공함으로써, 여러분이 어떤 수술이 적절하게 이루어지는지 알 수 있습니다. 보건국 내에 잠겨 있던 정보들을 이제 우리 모두가 볼 수 있게 됩니다. 어떤 범죄가 어디에서 벌어지는지에 대한 정보를 경찰만이 가지는 것 대신에 시민으로서 우리는 어떤 범죄가 어디에서, 언제, 그리고 누구에 의해서 벌어지고 있는지 알 수 있습니다."

Caption 2

Q. 다음 물음에 적절히 답하시오.

1. 관료주의 이후의 시대, 즉 진정한 민중권력이 지배하고 있는 현대사회에서 정보 혁명은 엄청난 사회변화를 이루는데, 그 정보 혁명이 여전히 제 역할을 못해내고 있는 영역은 어디인가?
2. 진정한 민중권력의 지배를 위해 큰 변화를 일으킬 수 있는 방법으로 제안된 3가지는 투명성, 민중의 선택, (　　)이다. 괄호 안에 알맞은 말은 무엇인가?

(4) 행동경제학

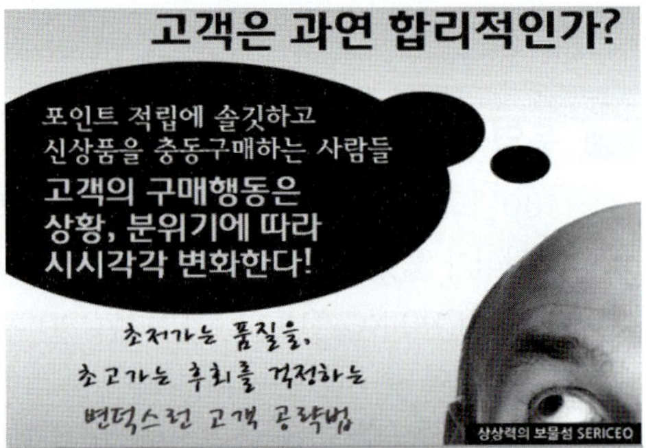

행동경제학은 인간의 행동의 실제, 원인, 경제 사회에 미치는 영향, 사람들의 행동을 조절하기 위한 정책에 관해 체계적으로 규명하는 것을 목표로 한 경제학이며, 인간의 합리성, 자제심, 이기심을 부정하지만, 인간이 완전히 비합리적, 비자제적, 비이기적이라는 것을 의미하지는 않는다. 완전히 합리적이고 자제적이며 이기적이라는 점을 부정할 뿐이다. 행동경제학에서 말하는 '비합리성'은 터무니없거나 정형화되지 않은 행동 경향이 아니라 합리성의 기준에서 벗어난다는 의미로 사용된다. 비합리적이기는 하나 일정한 경향을 띠고 따라서 예측 가능한 행동을 연구한다.

행동경제학은 실증, 이론, 정책이라는 주류 경제학이 대상으로 삼는 모든 영역에 새로운 초점을 맞춘다. 인간을 연구 대상으로 하는 인지심리학, 사회심리학, 진화심리학, 사회학, 윤리학, 철학, 인류학, 진화생물학, 행동생태학은 물론 생리학이나 뇌신경과학에 이르는 광범위한 학문에서 영향과 시사점을 주고받는 전문가 협업학문이다. 행동경제학은 30년 정도 된 새로운 학문이지만, 제2단계를 맞고 있다. 일반적으로 확립된 패러다임에 반하는 이상 현상에 착안해 경제적 인간과 인간의 다른 점을 체계적으로 수집하는 단계가 제1단계였다면, 제2단계는 행동의 체계화, 이론화를 도모하여 경제에 미치는 영향을 분석하고 정책 입안을 제안하는 단계이다.

동영상 보기(3)

"우리는 사람들이 에너지를 절약하기를 바랍니다. 정부는 지난 몇 년간 캠페인을 펼쳤습니다. 하지만 저는 그런 방법이 별로 오래 가지 못했다고 봅니다. 전기요금을 줄이는 가장 좋은 방법은 전기를 얼마나 쓰는지 보여주는 것입니다. 이러한 종류의 행동경제학은 사람들의 행동을 변화시킬 수 있습니다.

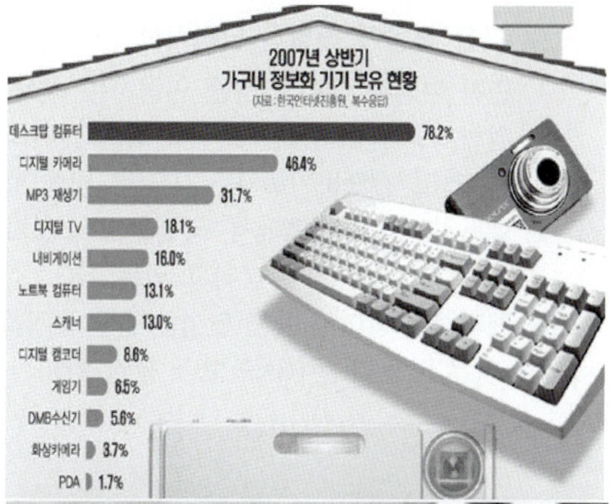

다른 사례는 재활용입니다. 미국에서 증명된 것처럼 사람들에게 재활용하도록 돈을 준다면, 비난하기보다는 독려를 한다면, 사람들의 행동을 변화시킬 수 있습니다.

제가 좋아하는 존 F. 케네디의 연설 하나를 소개하겠습니다. '국가가 여러분께 무엇을 해줄 수 있는지 묻지 말고, 여러분이 국가를 위해 무엇을 할 수 있는지를 물어보십시오.' 그가 이 연설을 했을 때 시민들은 더 강건한 사회를 만들기 위해 무엇을 할 수 있었을까요. 모국을 위해 싸울 수 있었고, 모국을 위해 목숨을 바칠 수 있었고, 모국의 공무원으로서 헌신할 수 있었겠죠. 하지만 여러분이 지금 할 수 있는 것만큼 많은 정보와 지식 그리고 더 강건한 사회를 만들 수 있는 능력을 가지고 있지는 않았습니다.

더 멋진 연설을 소개하겠습니다. 이 연설은 왜 GNP가 사람들에게 별 감흥을 주지 못하는가에 대한 로버트 케네디의 매혹적인 설명입니다. 'GNP는 우리 아이들의 건강, 교육의 질, 혹은 즐겁게 노는 것과 아무 상관이 없습니다. 시의 아름다움이나 결혼의 장점, 혹은 공개토론의 지성을 내포하고 있지도 않습니다. 우리의 위트나 용기를 측정하지도 않고, 우리의 지혜나 학습을 측정하지도 않습니다. 우리의 열정이나 나라에 대한 헌신 역시 측정하지 않습니다. 그것은 간단히 말해서 인생을 가치 있게 만드는 것을 제외한 모든 것을 측정할 뿐입니다.' 이 40년 전의 아름다운 꿈을 현재 정보기술의 막대한 발전을 이용하고, 행동경제학의 엄청난 변화를 이용하고, 어떻게 하면 더 행복할 수 있는지 알고 있는 모든 것을 이용해서 그리고 민중에게 권력을 넘겨주고, 정보기술이 그것을 가능하게 하리라는 통찰력을 더한 다음, 인간 본성에 대한 믿음과 동시에 왜 사람들이 지금처럼 행동하는지에 대한 통찰력을 잘 활용한다면 오늘날 현실로 이루기에 더 쉬운 꿈이 될 것입니다."

Caption 3

Q. 다음 물음에 적절히 답하시오.

1. 인간 본성에 대한 믿음을 인정하는 방식을 설명하면서, 캐머런 수상은 '에너지 절약'을 위해서 사람들이 스스로 변화하는 것이 더 효과적이라고 믿는데, "불을 끄고 이를 닦으라."라고 강요하기보다는 어떠한 방법이 더 좋다고 설명하고 있는가?
2. 행동경제학적 측면에서, 국민들 스스로가 '재활용'에 동참하도록 하려면 어떠한 방법이 더 효과적이라고 주장하고 있는가?
3. 케머런 수상이 인용한 연설문에서 '국가를 위한 자발적 충성'과, '건강, 교육, 놀이, 위트나 용기 등이 돈(GNP)보다 훨씬 가치가 있다.'고 연설한 두 사람은 누구인가?

○ 대인 관계의 장애물은 자신의 성격

'법(法)'이 없으면 군주는 국민을 통제할 수 없고, '술(術)'이 없으면 눈과 귀가 없는 것과 같다. '법과 술'은 그 어느 하나도 없어서는 안 될 통치의 불가결한 요소이다. -《한비자》

여기서 '법'이란 오늘날의 법령이고, '술'이란 조직을 관리하는 방법을 가리킨다. 즉, '법'이 명문화된 원리 원칙이라면 '술'은 인간관계를 지배하는 비결을 의미한다.

출처: 보리야 히로시, 《성공으로 가는 리더십》, 새벽이슬, 2009

14.4 용어해설과 연습문제

용어해설

:: **청정석탄 기술** : 석탄을 태울 때 발생하는 온실가스를 최소화하는 기술을 총칭한다. 석탄을 액화, 가스화 또는 수소화해 발전하는 방법 등이 있으며 이 중 석탄 가스화 복합발전(IGCC)이 가장 앞서가고 있다. IGCC는 고체인 석탄을 단순히 태워서 발전하는 기존의 석탄 화력발전 방식과 달리 석탄을 고온, 고압 처리해 합성가스로 만든 뒤 가스터빈과 증기터빈으로 이루어지는 복합 사이클을 통해 전력을 생산하는 시스템이다. 열효율을 높이면서 이산화탄소와 수은 배출을 줄일 수 있다. 석탄발전소에서 배출되는 이산화탄소를 포집해 지하에 저장하는 '탄소 포집과 저장(CCS)' 기술도 청정석탄 기술에 포함된다.

:: **모라토리엄(moratorium)** : 국가나 지방자치단체(지자체)가 외부에서 빌린 돈을 일방적으로 만기에 상환을 미루는 행위를 통칭한다. 라틴어로 'Morari'는 '지체하다'를 뜻하는데 모라토리엄의 어원은 여기서 찾을 수 있다. 기업이나 개인이 파산이나 지불 유예를 선언하는 것과 달리 국가의 이 같은 지불 거부는 후유증이 매우 크다. 국가의 경우 통화가치가 급락하고, 실물경제에도 심대한 타격을 미친다. 국가신인도에도 장기간 부정적인 영향이 가는 것은 물론이다. 이 때문에 어떤 나라든 모라토리엄은 가능한 최후의 카드로 남겨둔다. 국제통화기금(IMF)을 위시한 국제금융기구도 채무상환 유예라는 파국을 막는 역할을 하는 게 사실이다. 그러나 모라토리엄은 최근에도 일어나고 있는데, 가깝게는 사막의 기적으로 찬사를 듣던 두바이가 2009년 11월 모라토리엄을 선언했고, 우리나라에선 지방자치단체인 성남시가 2010년 7월 지불유예를 선언해 관심을 집중시킨 바 있다.

:: **유리천장(琉璃天障, glass ceiling)** : 여성이나 소수민족 출신자에 대해 고위직 승진을 가로막는 조직 내에 보이지 않는 장벽. 미국의 경제주간지 〈월스트리트 저널〉이 1980년대 중반, 미국 사회에 깊숙이 뿌리박혀 있는 성차별 · 인종차별을 비판하면서 만든 신조어이다. '유리천장'이라는 개념은 여자나 소수민족 출신자는 능력이 있어 '올라갈 곳(고위직위)'은 훤히 보이지만 보이지 않는 투명한 장벽(유리벽, glass wall) 때문에 중역직이나 고위 간부직에 올라가지 못하고 머리가 부딪히고 만다라는 승진 임용상의 신분적 차별 현상을 말한다. 이러한 차별 현상이 사회문제로 부각되자 미국 정부는 여성과 소수민족에 대한 차별 대우를 없애기 위해 1991년에 이른바 '유리천장 위원회'(Glass Ceiling Commission)

를 설치하였다. 우리나라의 경우는 미국 · 영국 · 독일 등의 선진국에 비해 유리천장의 정도가 매우 심한 편이다. 최근 한국 노동연구원(KLI) 조사에 따르면 국내 기업체 임원급 중 여성의 비율은 1.9% 수준이니 기업에서 유리천장을 뚫기가 얼마나 어려운지를 실감할 수 있다.

연습문제

01. 다음 중 지구 온난화와 가장 관계가 적은 현상은?

① 엘니뇨 발생 ② 이산화탄소 증가
③ 빙하의 감소 ④ 해수면 상승

02. 과학자들에 의하면 빙하가 녹으면 해수면의 상승이 일어난다고 한다. 그렇다면 지구 전체 빙하가 녹아서 1미터 감소하면 해수면은 몇 센티미터 상승하는가?

① 1센티미터 ② 3센티미터
③ 5센티미터 ④ 10센터미터

03. 다음 중 지구 온난화를 일으키는 이산화탄소의 발생과 가장 관계가 적은 것은?

① 화력발전소 건설 ② 화석연료 사용
③ 조력발전소 건설 ④ 청정석탄 사용

04. 다음 중 셰릴 샌드버그와 가장 관계가 적은 곳은?

① 구글 ② 페이스북
③ 미국 재무부 ④ 미국 은행협회

05. 다음 중 셰릴 샌드버그가 '여성의 사회적 지위 향상을 위해 주는 조언'과 다른 것은 무엇인가?

① 자신의 업적을 만들라 ② 진정한 동료를 만들라
③ 책상에 앉으라 ④ 그만둬야 하기 전엔 그만두지 말라

06. 셰릴 샌드버그는 여성이 자신의 능력보다 과소평가되는 이유 중 하나를 '여성의 소극적 태도'라고 보았다. 그 예로서 취업자의 첫 연봉에 대한 협상을 들었는데, 여성 취업자의 경우에는 몇 퍼센트 정도가 연봉협상에 나서는가?

① 3%　　② 7%
③ 15%　　④ 23%

07. 데이비드 캐머런 영국 수상은 '인간 본성에 대한 (　　)'이 중요하다고 주장한다. (　　)에 들어갈 말은 무엇인가?

① 이해　　② 희망
③ 믿음　　④ 사랑

08. 다음 중 데이비드 캐머런이 주장한 '민중집권'을 가능하게 하는 개념과 다른 것은?

① 투명성(transparency)　　② 선택성(choice)
③ 책임성(accountability)　　④ 공공성(public)

09. 데이비드 캐머런은 '민중권력'을 이룰 수 있는 토대를 무엇으로 보았는가?

① 인터넷 혁명　　② 올바른 정치철학
③ 올바른 정치사고　　④ 합리적 자제심

10. 다음 중 지구 기후변화에 관심을 갖고 화석연료의 사용을 자제해야 한다고 주장한 사람은?

① 데이비드 캐머런　　② 앨 고어
③ 셰릴 샌드버그　　④ 룰라 다 실바

11. 어떤 빙하의 붕괴가 인류의 생존과 직결되는가?

① 미국의 국립 빙하 공원　　② 알래스카의 컬럼비아 빙하
③ 그린란드 빙하　　④ 스위스 차에바르 빙하

연습문제 – 단답형

01. 지구 온난화를 일으키는 가장 주된 원인을 두 가지로 설명하고 있는데, 그 중 하나는 벌목으로 인한 삼림감소이다. 또 다른 주요 원인은 무엇인가?

02. 영국 수상 데이비드 캐머런은 부패한 정치가들, 너무 많은 정치인들, 그로 인해 민중들의 관심 밖의 대상이 되어버린 정치가들을 어떤 동물에 비유하고 있는가?

03. 데이비드 캐머런은 진정한 민중권력의 지배를 위해 큰 변화를 일으킬 수 있는 방법으로 '민중의 선택', '책임성', '(　　　　)'을 제안하였다. 빈칸에 들어갈 말은 무엇인가?

04. 여성은 제도적으로 자신의 능력에 비해 과소평가되고 있기도 하지만 여성 자신의 소극적 태도도 문제가 될 수 있다고 한다. 셰릴 샌드버그가 예시한 미국의 한 연구에 의하면 남성 취업자 중 50%이상이 첫 연봉에 대해서 협상을 시도했다. 그러나 여성의 경우는 대략 (　　　　)% 정도만 협상을 시도했다. 괄호에 들어갈 말은?

05. 엘 고어에 의하면 지구의 만년설은 몇 퍼센트가 감소하였다고 하였는가?

06. 셰릴 샌드버그는 어느 SNS 회사의 최고 운영 책임자인가?

07. 비합리적이고 변덕이 심한 고객의 심리와 행동을 연구하는 학문을 무엇이라고 하는가?

08. 남극이나 북극의 빙하가 녹으면 전세계 해수면은 어떻게 되는가?

09. 고산지대의 만년설이 유실되어 녹아서 강을 통해 바다로 흘러 들어감으로써 인간에게 직접적으로 미치는 영향은 무엇인가?

10. 지구 온난화를 일으키는 가장 주된 원인 2가지를 쓰시오.

11. 옛날 아프리카 속담에 “빨리 가려면 (   ) 가라. 멀리 가려면 (   ) 가라”라는 말이 있다. (   ) 안에 들어갈 내용을 쓰시오.

12. 연구에 따르면, 수입이 비등하고 가사노동을 평등하게 분담하는 가정일수록 이혼율은 어떤 추세를 보이는가?

13. 데이비드 캐미런은 국민들에게 더 많은 권한을 주고 그들의 삶을 조절할 수 있도록 (   )과 인간의 본성에 대한 믿음인 (   ), 두 가지의 언급을 통해 더 행복하고 더 강건한 사회를 만들 수 있다고 했다.

✦ 본문출처(사이트)

네이버 사전, 백과사전
EBS 직업의 세계
KBS 글로벌 성공시대
TED
http://climaterealityproject.org/
http://cafe.naver.com/fivelose/1226
http://terms.naver.com/entry.nhn?docId=960440&mobile&categoryId=3070
http://blog.naver.com/ffwasr?Redirect=Log&logNo=120087888663
http://gene121.blog.me/60113834943
http://realtime.wsj.com/korea/2012/07/11/%EC%97%AC%EC%84%B1-%EB%82%A8%EC%84%B1%EC%97%90-%EB%B9%84%ED%95%B4-%EA%B2%BD%EC%9F%81%EC%8B%AC%EC%9D%B4-%EC%A0%81%EC%9D%80-%EC%9D%B4%EC%9C%A0/
http://www.eric888.com/2011/10/24/%EC%BA%84%EB%B3%B4%EB%94%94%EC%95%84%EA%B0%80-%EB%AA%A8%EA%B3%84%EC%82%AC%ED%9A%8C%EC%9D%B4%EC%9E%90-%EC%9D%BC%EB%B6%80%EB%8B%A4%EC%B2%98%EC%A0%9C%EC%9D%98-%EB%82%98%EB%9D%BC/
http://view.asiae.co.kr/news/view.htm?idxno=2012042010220613510&nvr=Y
http://cafe.naver.com/uistudy/3406
http://blog.naver.com/skaghdcns?Redirect=Log&logNo=140130258852
http://blog.ohmynews.com/specialin/308116

찾아보기